COMMENT MÉLANGER LES COULEURS

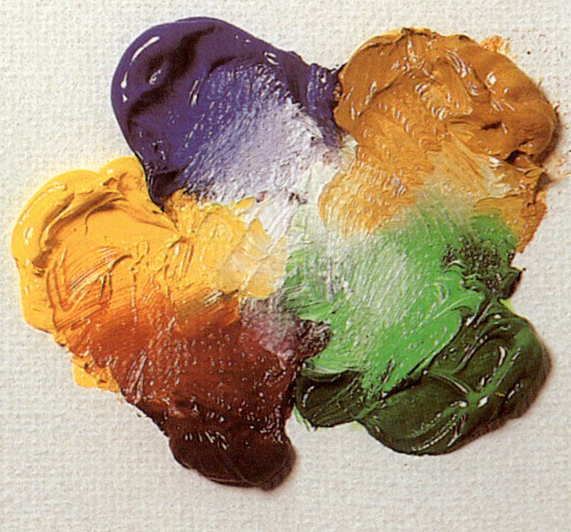

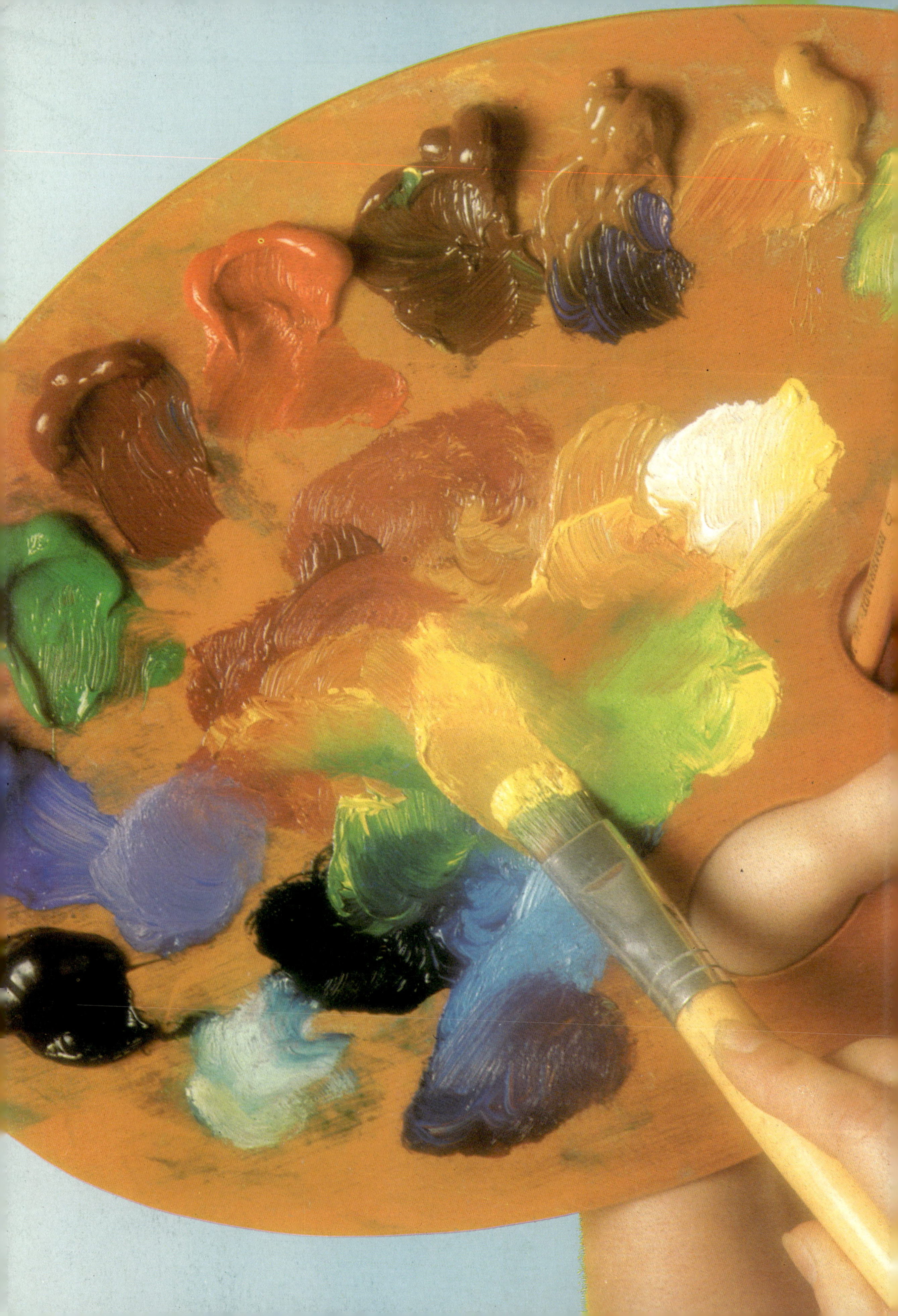

COMMENT MÉLANGER LES COULEURS

Une étude pratique et complète,
un enseignement progressif et visuel
sur l'art de mélanger les couleurs
à l'huile ou à l'aquarelle.

Dessain et Tolra

Table des matières

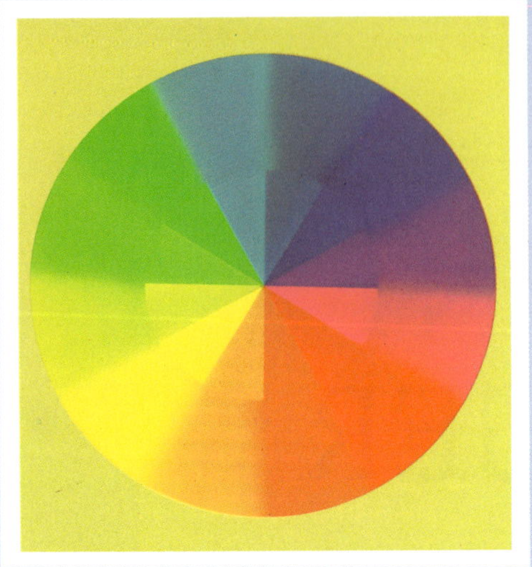

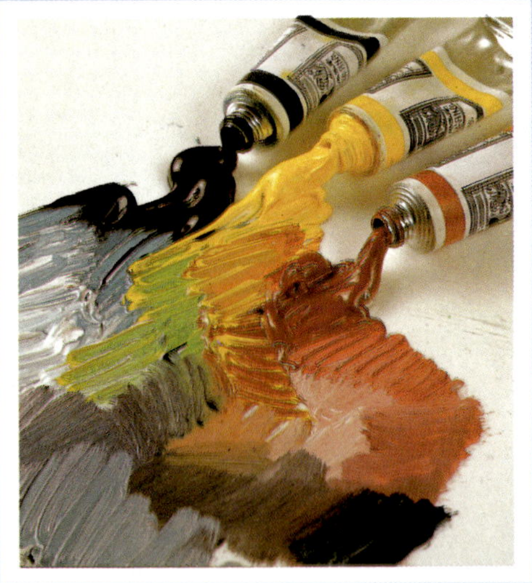

Édition originale :
Directeur de collection : José M. Parramón
Éditeur : Amparo Carvajal
Textes : David Sanmiguel
Illustrations : Vicenç Ballestar, Jordi Casas
Avec la participation des artistes : Parramón, Ballestar, Ferrón

Cómo mezclar colores
1re édition : septembre 1993

Édition française :
Traducteur : Dominique Jarry-Voillereau
© Larousse-Bordas, 1997
ISBN : 2-04-720008-3
Réimpression : Dépôt légal : juillet 2000
Achevé d'imprimer : juillet 2000
Imprimé en Espagne

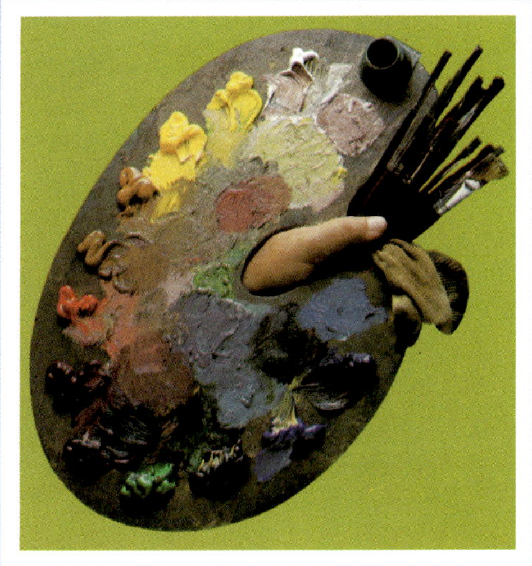

En mélangeant toutes les couleurs, 43

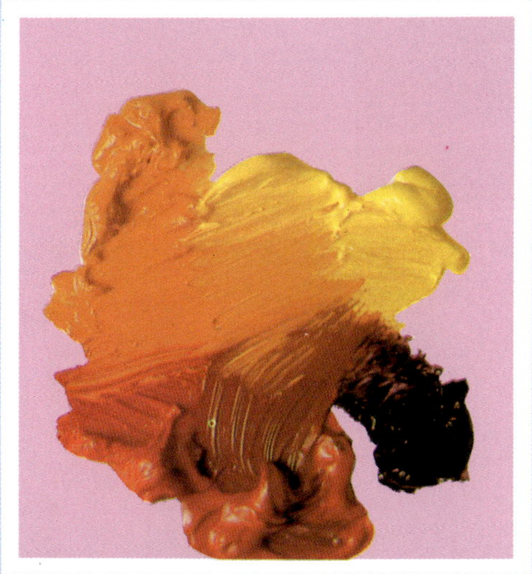

Mélanges et gammes de couleurs, 77

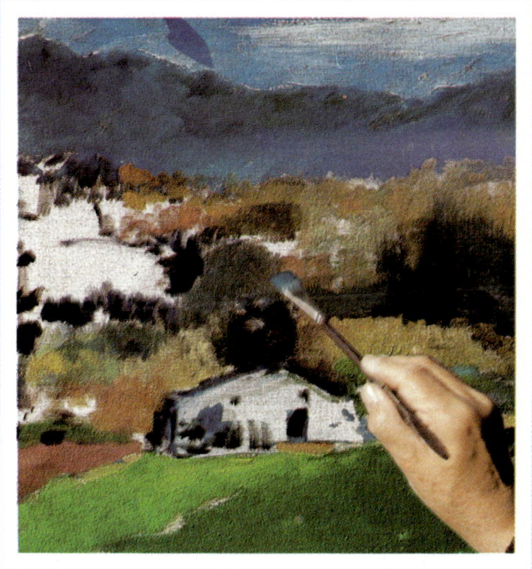

Le mélange des couleurs dans la pratique, 93

1

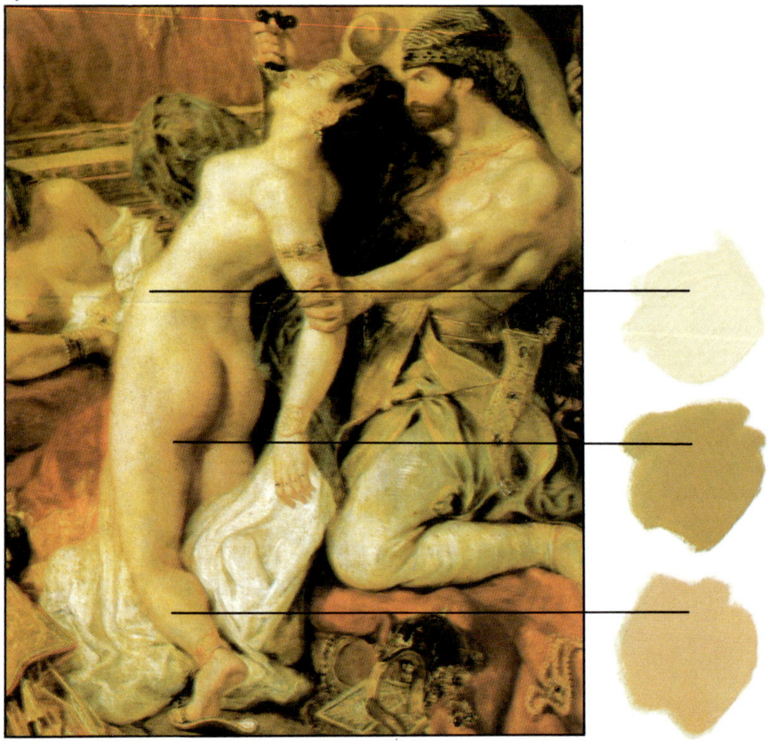

2

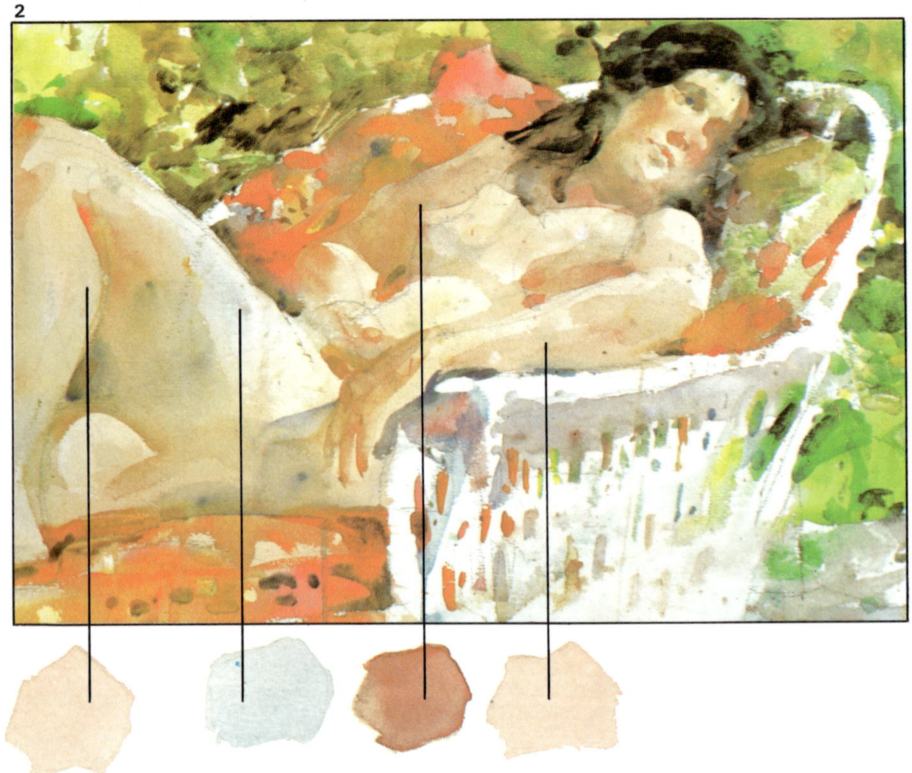

Introduction

Un élève me demanda un jour : « Quelles couleurs faut-il mélanger pour peindre un chandelier doré ? » Je lui répondis que l'or n'avait pas une couleur déterminée, que ce pouvait être un mélange d'ocre, de terre de Sienne et de blanc, avec une pointe de carmin... ou bien du vert, du rouge et du blanc, avec un peu d'ocre... ou encore du brun et du bleu, ou du jaune...

J'ai pensé alors à ce livre ; à un livre où seraient expliqués les mélanges de couleurs. Puis j'ai imaginé son contenu : je commencerai par la théorie de la couleur, qui permet de comprendre qu'en mélangeant trois couleurs seulement – un bleu, un rouge et un jaune –, il est possible d'obtenir toutes les couleurs de la nature, de peindre un paysage, une nature morte, un portrait ou un chandelier doré. Mais pour apprendre à mélanger et à obtenir toutes les couleurs, depuis un simple vert – mélange de bleu avec plus ou moins de jaune – jusqu'à la complexe couleur chair peinte à l'huile par Delacroix, ou à l'aquarelle par Charles Reid, il devient nécessaire de mener à bien une étude progressive, en commençant par des mélanges simples et en accroissant peu à peu la difficulté. C'est ainsi qu'a été conçu le contenu de ce livre.

En partant du principe que vous êtes disposé à *apprendre en vous exerçant*, c'est-à-dire à apprendre à mélanger les couleurs en effectuant vous-mêmes les mélanges, vous ferez tout d'abord connaissance avec le matériel nécessaire pour les pratiquer, aussi bien à l'huile qu'à l'aquarelle. Vous apprendrez les caractéristiques propres à ces deux techniques, telles que l'opacité et la transparence. Puis vous tenterez votre premier exercice avec le bleu de Prusse, le carmin de garance et le jaune qui, dégradés avec du blanc, vous donneront les trois couleurs primaires. C'est un premier mélange très facile à réaliser, à partir duquel vous obtiendrez sans difficulté, en associant les couleurs deux à deux et ensuite en ajoutant du blanc ou du noir... un total de cent cinquante-six couleurs différentes, réalisées avec *trois couleurs* seulement ! À cette première partie succède une série d'exercices sur le mélange des couleurs effectué en travaillant avec un assortiment semblable à ceux utilisés habituellement par les artistes. L'enseignement sera toujours progressif. Il débutera par des mélanges assez faciles, avec des gammes comme celles des *verts du printemps, de l'été, de l'automne,* etc., pour parvenir graduellement à des mélanges aussi complexes que les couleurs chair de Vélasquez et de Renoir, ou encore de Delacroix et de Charles Reid, déjà cités.

Pour résumer enfin tout cela sous la forme d'applications pratiques, nous développerons la réalisation d'un paysage à l'huile, d'un autre à l'aquarelle, ainsi qu'un portrait à l'huile. Les mélanges colorés avec lesquels ont été peints ces tableaux seront illustrés et commentés.

Je suis convaincu que l'équipe des éditions Parramón a réalisé là un excellent travail, grâce à Amparo Carvajal comme éditeur, à David Sanmiguel comme rédacteur, à Vicenç Ballestar comme peintre, à Jordi Casas comme graphiste, et enfin à Nos et Soto pour les photographies. Tous ont travaillé avec un réel enthousiasme pour concrétiser le livre que j'avais imaginé et qui, je l'espère, vous sera utile pour la pratique et la maîtrise du mélange des couleurs, à l'huile comme à l'aquarelle. Ceci est mon unique souhait.

José M. Parramón

« La couleur est le plus subjectif des instruments utilisés par l'artiste. » La phrase est du peintre allemand Josef Albers, pédagogue et théoricien de la couleur, spécialiste des effets psychologiques du chromatisme pictural. Plus d'un demi-siècle avant qu'Albers fasse ce constat, Vincent Van Gogh, dans une lettre à son frère Théo, parlait de l'impérieuse nécessité de connaître les lois régissant la couleur, « sans lesquelles – affirmait le grand artiste – on ne parvenait jamais à créer ». Ces deux énoncés apparemment contradictoires sont, en fait, le même aspect d'une seule réalité.
À l'évidence, la couleur se manifeste subjectivement. Toutefois, cette manifestation s'effectue en accord avec une logique élémentaire. Ce sont les principes théoriques de cette logique que nous allons exposer dans ce chapitre, ainsi que les conditions pratiques permettant de les appliquer, à savoir : les notions techniques de base, ainsi que les matériaux et les outils indispensables qui vous permettront de vous initier, en toute connaissance de cause, au mélange des couleurs.

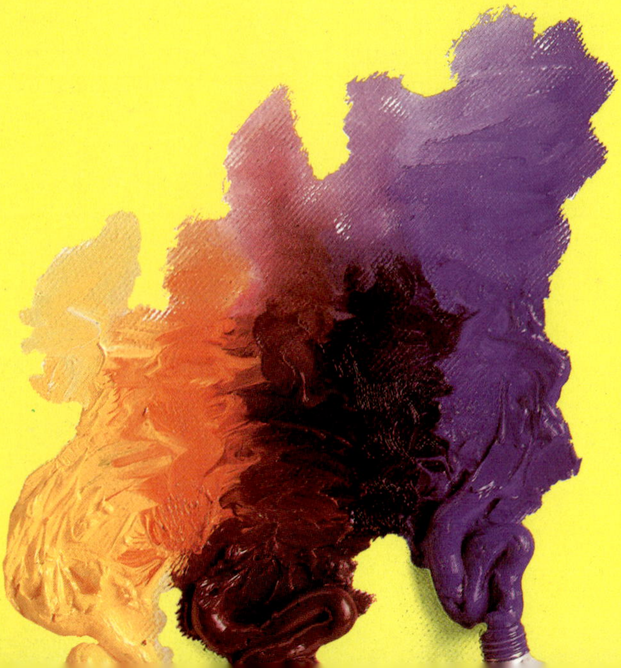

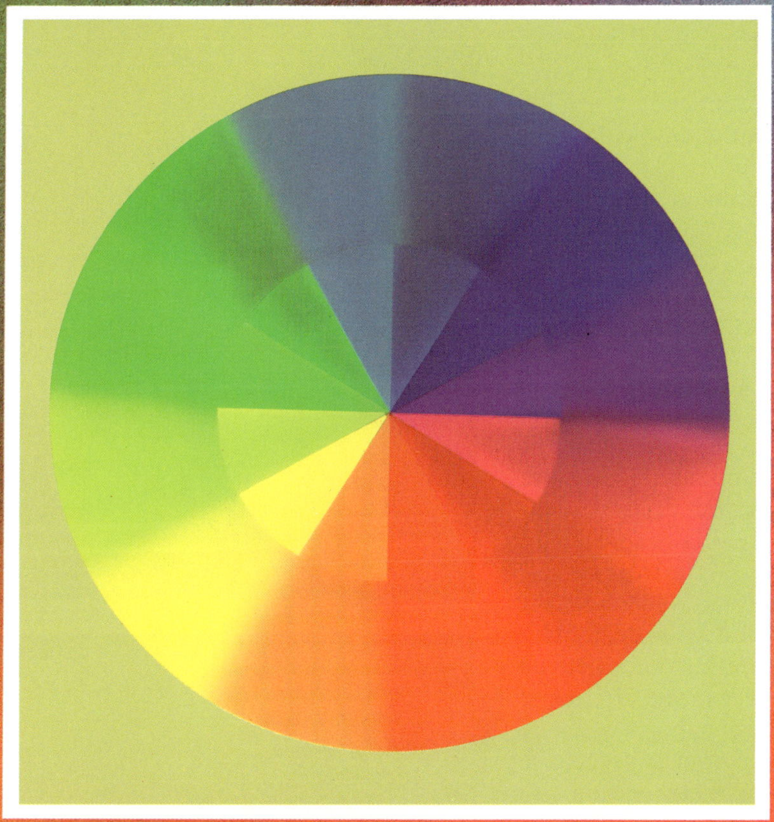

Théorie de la couleur : connaissance et pratique

Les fondements de la théorie

À la question : « Qu'est-ce que la couleur ? », le sens commun répond que la couleur est une propriété des objets (le vert de l'herbe, le blanc de la neige, le rouge du sang, etc.). Ceci nous est dicté par notre expérience des choses. Mais cette même expérience nous dit aussi que tout paraît plus bleuté à la lumière du soir, qu'un paysage change de couleur lorsqu'un nuage obscurcit la lumière du soleil, ou encore que tout est gris dans la pénombre d'un intérieur. Le sens commun nous dit qu'il n'y a plus de couleur dans une obscurité totale.

La science de la couleur affirme que la couleur des corps est identique à celle qu'ils reflètent, que la couleur est lumière. L'arc-en-ciel, qui n'est pas un corps solide, est une démonstration de cette théorie. Il est le résultat de la décomposition de la lumière solaire sous l'effet des gouttes de pluie. Il y a trois siècles, le physicien anglais Isaac Newton utilisa un petit « arc-en-ciel » pour démontrer que les couleurs étaient une propriété de la lumière et que celle-ci est la somme des différentes couleurs. Newton plaça un prisme en cristal devant la trajectoire d'un mince rayon lumineux entrant par un interstice dans une pièce obscure. Cela donna lieu au phénomène du spectre chromatique, un faisceau de lumière colorée composé du rouge, de l'orangé, du jaune, du vert, du bleu, de l'indigo et du violet. Newton interposa ensuite un second prisme — inversé par rapport au précédent — et le spectre se recomposa en un rayon de lumière blanche.

La démonstration était faite que la lumière blanche était la somme des couleurs du spectre. Plus tard, le docteur Young superposa des lanternes de lumières colorées (correspondant aux couleurs du spectre), et parvint à la conclusion que trois d'entre elles seulement étaient nécessaires pour restituer la lumière blanche. Puis, en projetant deux à deux les faisceaux vert, bleu-violet et rouge orangé sur un écran, il obtint les autres lumières colorées du spectre. La superposition des trois faisceaux restituait la lumière blanche.

3

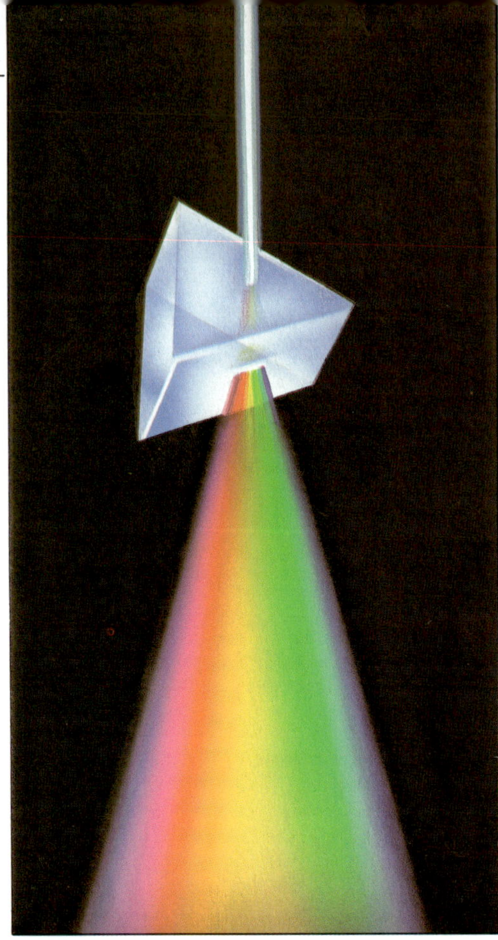

Fig. 3. Le physicien anglais Isaac Newton utilisa un prisme triangulaire pour démontrer que la lumière naturelle est un ensemble de lumières colorées. Celui-ci est connu sous le nom de « spectre chromatique ».

5

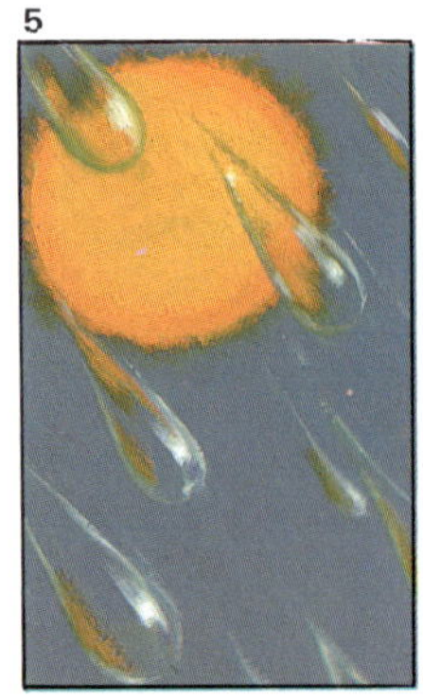

4

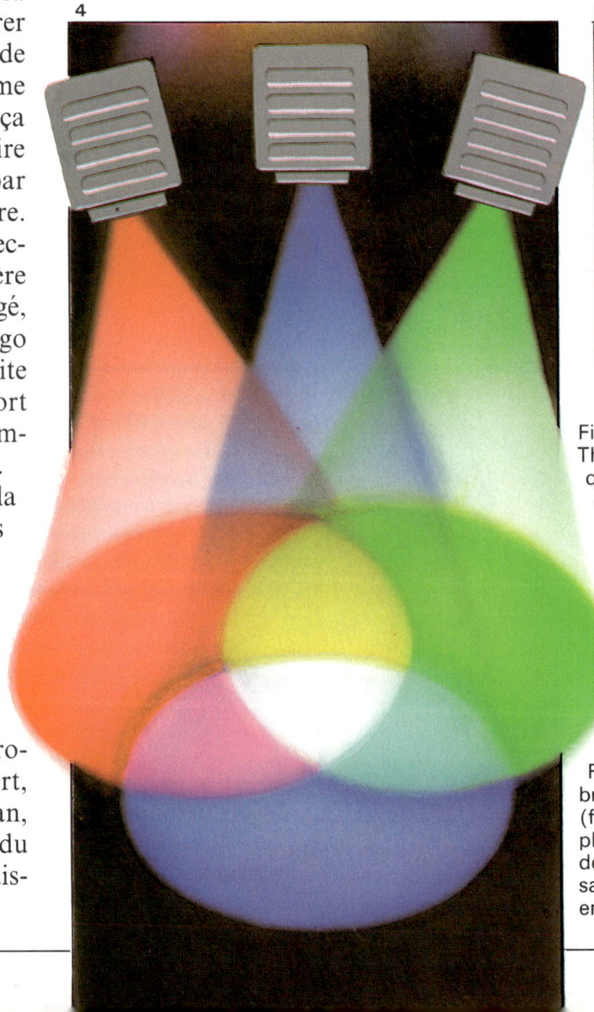

6

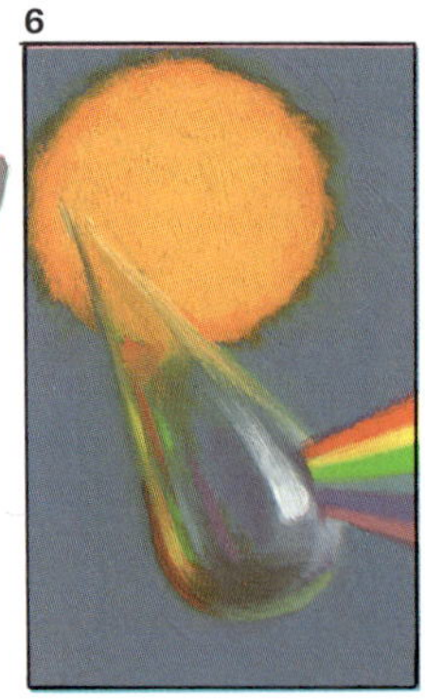

Fig. 4. Le scientifique Thomas Young vérifia que trois lumières colorées suffisaient pour obtenir les autres couleurs du spectre et recomposer la lumière blanche. Ces couleurs sont les couleurs-lumière primaires rouge orangé, verte et bleu-violet.

Fig. 5 et 6. Si le soleil brille et s'il pleut (fig. 5), les gouttes de pluie agissent comme des prismes décomposant la lumière blanche en couleurs spectrales.

Telle est la logique de la lumière et des couleurs-lumière. En superposant des couleurs-lumière, nous obtenons des couleurs plus claires parce que nous ajoutons de la lumière. Nous réalisons une synthèse additive. Nous obtenons le jaune en ajoutant le rouge orangé au vert, le bleu clair (cyan) en ajoutant le vert au bleu-violet, et le magenta en superposant les faisceaux bleu-violet et rouge orangé. Le rouge orangé, le vert et le bleu-violet sont les couleurs de base, appelées *couleurs-lumière primaires*. Le jaune, le bleu clair (cyan) et le magenta sont les couleurs composées, appelées *couleurs-lumière secondaires*.

Nous pouvons maintenant comprendre l'origine de la couleur des objets. Un citron ne reflète qu'une partie de la lumière qu'il reçoit, celle composée des couleurs rouge orangé et verte. Ce qui revient à dire qu'il reflète la couleur secondaire jaune. Un mur enduit reflète toute la lumière qu'il reçoit, c'est-à-dire la somme de toutes les couleurs-lumière, le blanc. Un velours noir absorbe toute la lumière reçue, sa couleur noire correspond à une absence totale de couleur. Si la synthèse des trois couleurs-lumière primaires est le blanc, et si une couleur-lumière secondaire est la somme de deux couleurs-lumière primaires, il suffit alors d'ajouter une couleur-lumière primaire à une couleur-lumière secondaire donnée pour obtenir la lumière blanche. Nous pouvons donc réunir trois paires de couleurs qui possèdent cette propriété : rouge orangé et bleu clair (cyan), bleu-violet et jaune, vert et magenta. La première couleur est une primaire lumière, la seconde une secondaire lumière obtenue par la somme des deux autres primaires. Ces paires de couleurs reçoivent le nom de *couleurs complémentaires*.

Fig. 7. Ces trois faisceaux (rouge orangé, vert et bleu-violet) constituent les couleurs-lumière primaires. La superposition deux à deux de ces faisceaux donne les couleurs-lumière secondaires : le magenta, le jaune et le bleu clair (cyan). Le mélange de ces couleurs-lumière restitue la lumière blanche.

Fig. 8. Les corps blancs (A) reflètent toutes les couleurs du spectre, ce qui équivaut à une lumière blanche. Les corps noirs (B) absorbent toute la lumière qu'ils reçoivent. Un corps rouge orangé (C) absorbe toutes les couleurs à l'exception du rouge orangé. Un corps jaune (D) absorbe le bleu-violet et reflète le vert et le rouge orangé qui, mélangés, donnent la couleur-lumière jaune. Un corps magenta (E) absorbe le vert et reflète le rouge orangé et le bleu-violet dont la somme donne le magenta.

7

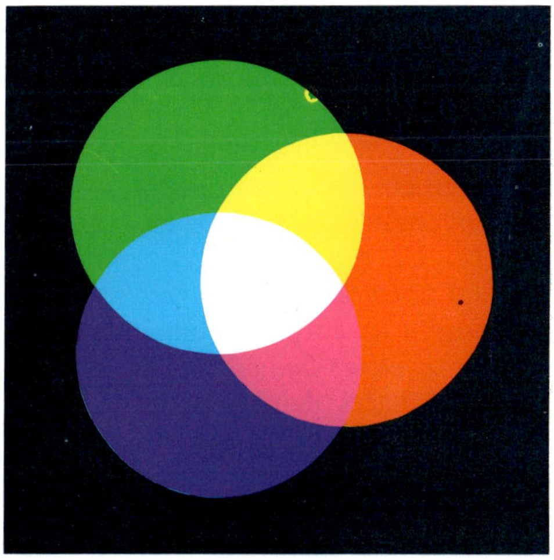

8

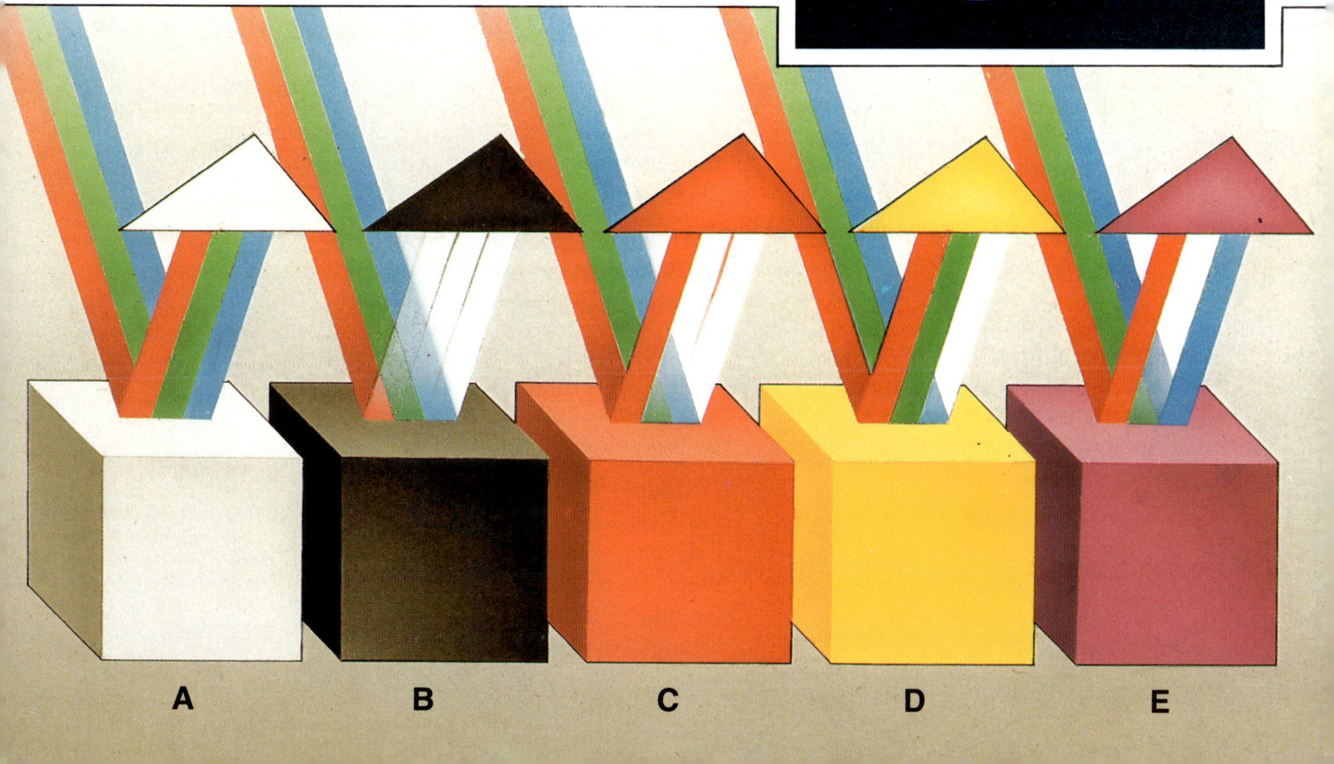

Toutes les couleurs avec trois couleurs seulement

Vous savez que les objets colorés reflètent la lumière, et que celle-ci se compose de couleurs-lumière possédant certaines propriétés lorsqu'on les associe. Pourquoi insister autant sur les couleurs-lumière ? Parce que cela permet de comprendre la logique des couleurs qu'utilise tout artiste : les **couleurs-pigment**.

Les couleurs-pigment sont des substances colorantes (des pigments) associées à un liant qui permet de les faire adhérer sur du papier, de la toile, du bois, etc. En peignant avec ces médiums, nous recouvrons le blanc (la lumière blanche) de la toile ou du papier d'une couche colorée ; par conséquent, nous soustrayons du blanc. En mélangeant deux couleurs-pigment, nous obtenons une autre couleur qui absorbe autant de lumière que la somme de ce que soustrait chacune d'elles. Ainsi, mélanger des couleurs-pigment donne un résultat opposé à l'association des lumières en *synthèse additive*. Le mélange de couleurs-pigment est une *synthèse soustractive*. Pour « peindre » les corps, la lumière se sert de *trois couleurs-lumière intenses, foncées*. Mélangées deux à deux, celles-ci nous procurent *trois autres couleurs plus claires*. Lorsqu'elles sont toutes additionnées, le blanc, la *lumière blanche* est recomposée. Mais nous ne pouvons pas « peindre avec la lumière. Autrement dit, nous ne pouvons pas obtenir des couleurs plus claires par le mélange de couleurs foncées ». En prenant comme base les six couleurs du spectre, nous pouvons affirmer que :

Nos couleurs primaires sont les couleurs-lumière secondaires et, inversement, nos couleurs secondaires sont les couleurs-primaires lumière[1].

Couleurs-PIGMENT primaires (fig. 10) :

Bleu cyan, jaune, magenta

9

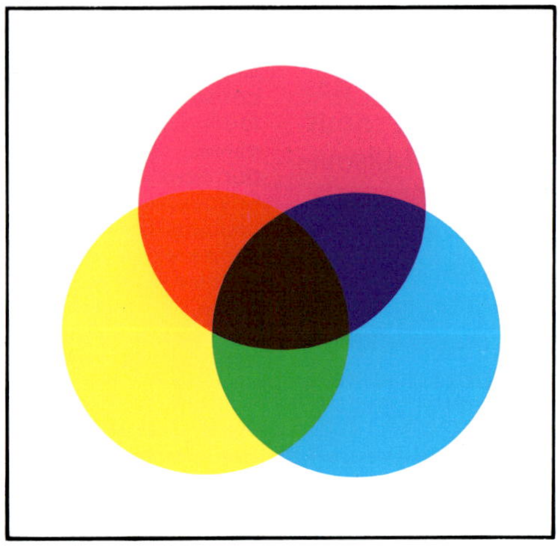

Fig. 9. Les trois cercles correspondent aux trois couleurs-pigment primaires : magenta, cyan et jaune. Leur mélange par paires nous donne les couleurs-pigment secondaires : le violet, le vert et l'orangé. L'orangé est obtenu avec le magenta et le jaune ; le vert, avec le jaune et le cyan ; le violet, avec le magenta et le cyan. Le mélange des trois primaires donne le noir.

10

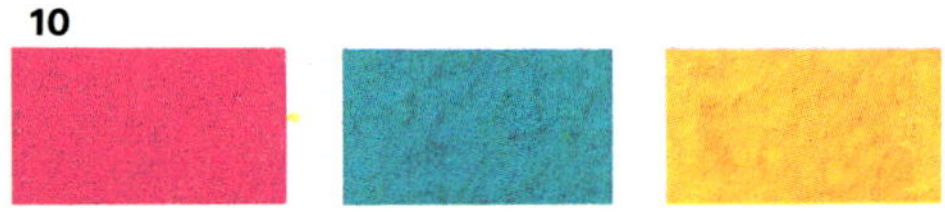

11

12

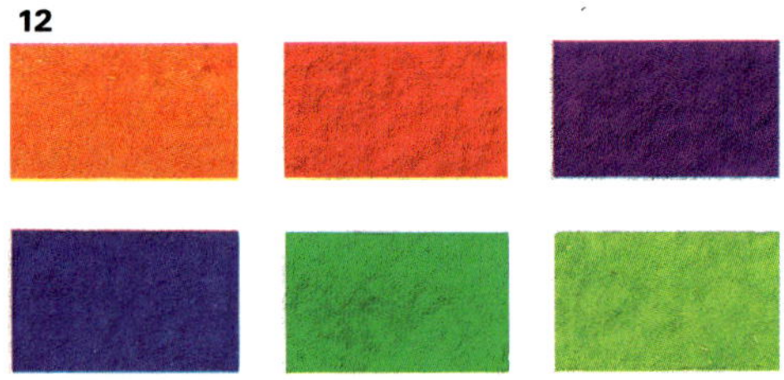

Fig. 10 à 12. Les trois couleurs de la rangée supérieure sont les couleurs-pigment primaires : magenta, cyan et jaune. La seconde correspond aux couleurs-pigment secondaires : violet, vert et orangé. Les troisième et quatrième rangées réunissent les couleurs-pigment tertiaires[1]. Les termes utilisés pour les désigner sont empruntés à J. Itten (*L'Art de la couleur*, Dessain et Tolra, Paris), et recouvrent des appellations spécifiques : vert émeraude, carmin, bleu outremer, etc.

Couleurs-PIGMENT secondaires (à partir du mélange des primaires entre elles) (fig. 11) :

Magenta + jaune = orangé
Bleu cyan + jaune = vert
Bleu cyan + magenta = violet[1]

En mélangeant une couleur primaire avec la secondaire la plus proche sur le cercle chromatique, nous obtenons les *couleurs-pigment tertiaires* (fig. 12) :

Jaune + vert = jaune-vert
Vert + cyan = bleu-vert
Cyan + violet = bleu-violet
Violet + magenta = rouge-violet
Magenta + orangé = rouge orangé
Orangé + jaune = jaune orangé

Fig. 13 et 14. Le soleil « peint » avec des couleurs-lumière (fig. 13), tandis que l'artiste emploie des couleurs-pigment (fig. 14). Les correspondances existant entre elles permettent à celui-ci de représenter fidèlement toutes les couleurs de la nature.

1. La correspondance entre couleurs-lumière et couleurs-pigment trouve ses limites dans la nature même des instruments utilisés (trichromie visuelle, d'une part, pigments, d'autre part), c'est pourquoi le bleu-violet sera désormais considéré comme un violet, tandis que le rouge orangé devient un orangé (voir J. Fillacier, *La Pratique de la couleur*, Dunod).

13

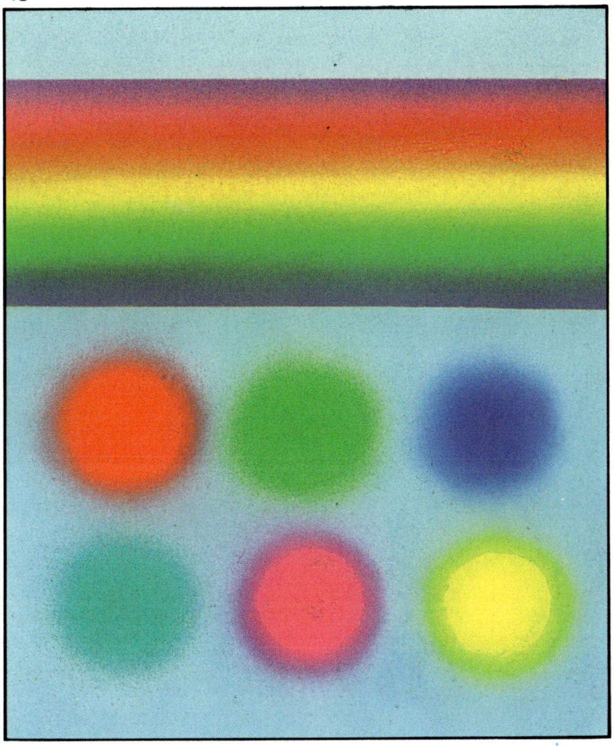

14

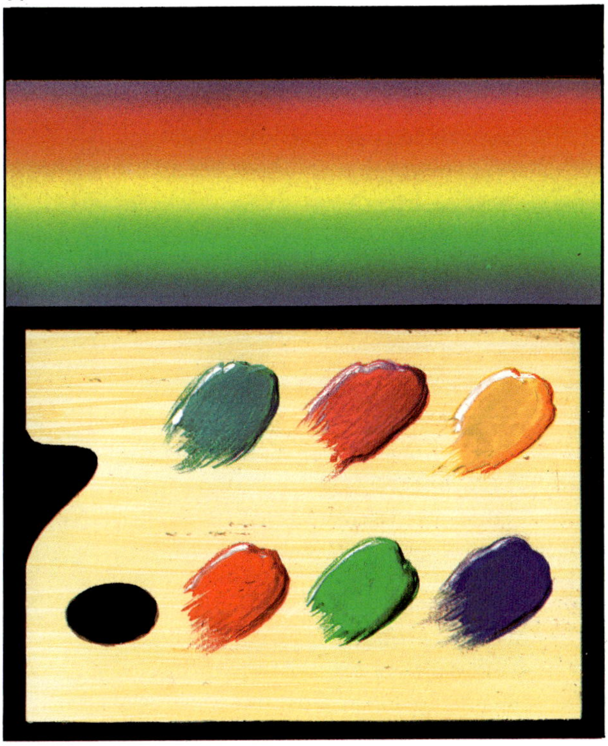

15

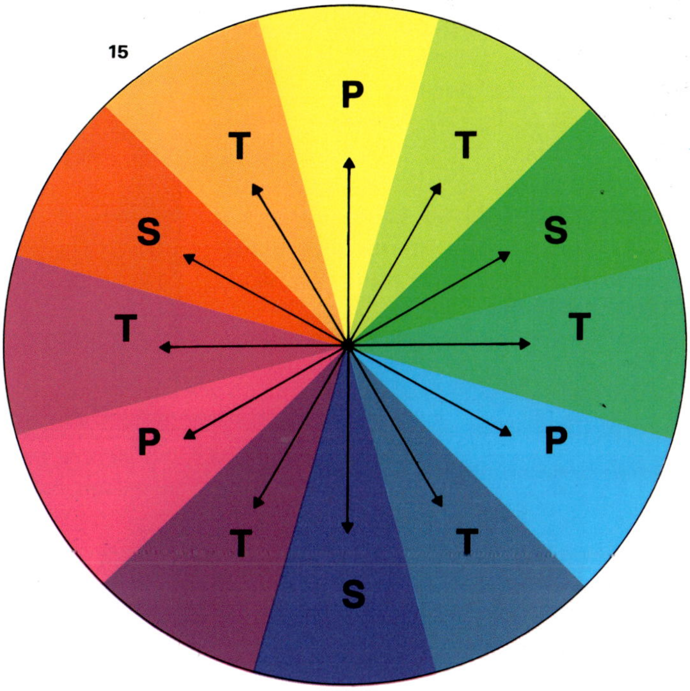

Fig. 15. Ce cercle chromatique nous montre la disposition des couleurs primaires (P), secondaires (S) et tertiaires (T).

Le mélange des couleurs-pigment primaires permet d'obtenir TOUTES les couleurs de la nature avec trois couleurs.

Toutes les couleurs, à l'exception du blanc. Les mélanges de couleurs-pigment soustraient de la lumière et engendrent des couleurs foncées. En mélangeant les trois couleurs-pigment primaires en proportions égales, nous obtenons du noir. Pour cette raison, nous travaillerons aussi avec le blanc.
Les paires qui composent les couleurs-lumière complémentaires sont les mêmes pour les couleurs-pigment :

Magenta, complémentaire du vert
Cyan, complémentaire de l'orangé
Jaune, complémentaire du violet

Comme il s'agit de nos couleurs, le mélange des complémentaires ne donne pas le blanc, mais un noir brunâtre : les intensités s'annulent.

Le mélange des couleurs à l'huile

Avec des peintures à l'huile, il est toujours possible de rectifier en cours de route en éclaircissant ou en fonçant une couleur directement sur la toile, en appliquant du blanc par exemple, ou en superposant une tonalité différente.
C'est un avantage important pour l'artiste, qui peut commettre des erreurs et les rectifier en passant une nouvelle couche lorsque la couleur sèche. C'est ce qui caractérise d'ailleurs le travail du professionnel.
Pour vérifier si les tonalités s'accordent, le peintre effectue des essais de couleur sur la toile en appliquant des coups de pinceau approximatifs qu'il rectifiera par la suite, si besoin est, tout en mélangeant directement d'autres couleurs sur la toile jusqu'à obtenir la tonalité voulue. C'est ainsi que font tous les peintres travaillant à l'huile depuis que ce procédé fut mis au point il y a près de cinq cents ans.
Vélasquez lui-même se trompait parfois. On voit bien (fig. 16) l'un de ses plus célèbres « repentirs » (Vélasquez en était coutumier). Les pattes du cheval ont été corrigées par l'artiste pour la version définitive de ce portrait équestre. Au cours des ans, l'erreur commise dans la position des sabots est apparue en transparence à travers la mince couche superficielle, mais lorsque cette œuvre fut réalisée, les repentirs recouvraient entièrement la peinture précédente. Vélasquez peignait à l'huile.

16

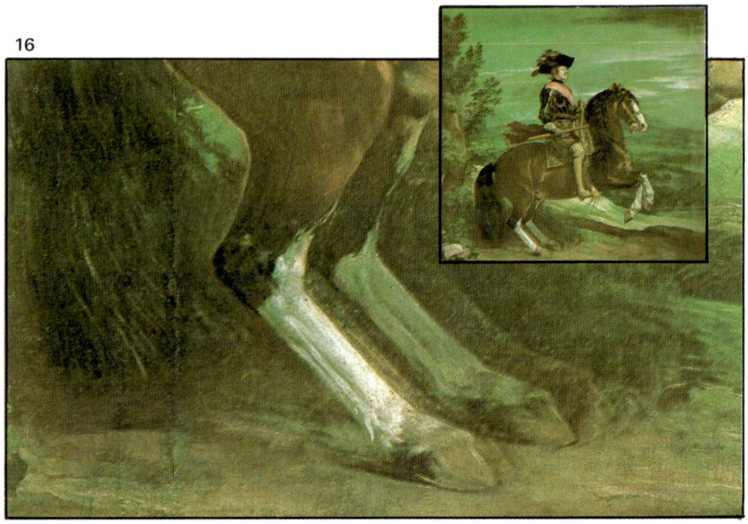

17

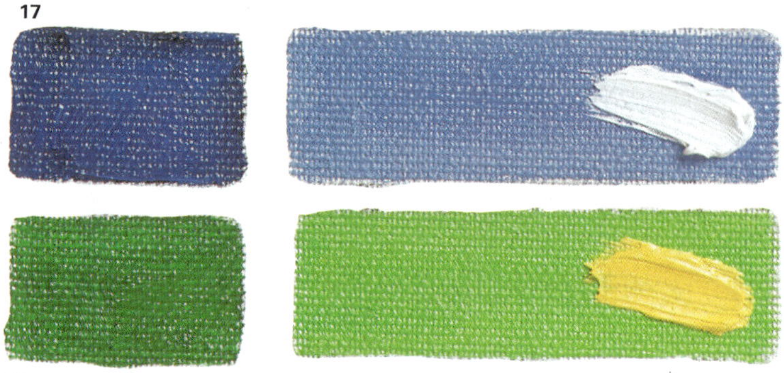

18

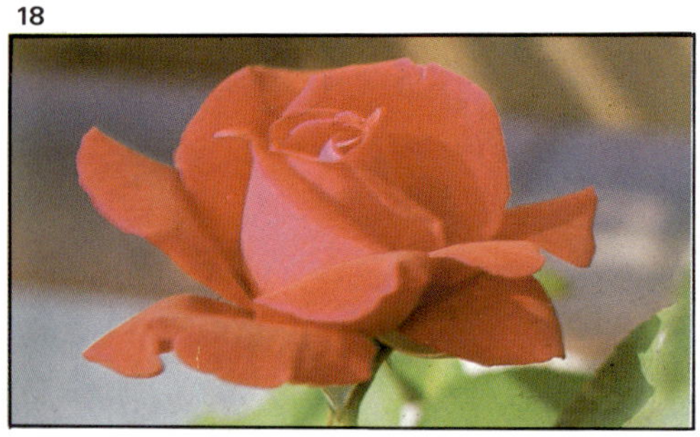

Fig. 18 à 20. Par son pouvoir couvrant, la peinture à l'huile autorise toute sorte de rectifications. Les couleurs inappropriées de la rose (fig. 19) peuvent être corrigées en les recouvrant d'une nuance plus juste (fig. 20).

Fig. 16. Diego Vélasquez (1599-1660), *Portrait équestre de Philippe IV* (détail). Musée du Prado, Madrid.

Fig. 17. À gauche, le bleu et le vert « purs », sortant du tube. À droite, les tonalités obtenues en mélangeant du blanc et du jaune. Sur ces dernières, deux touches de couleurs recouvrent parfaitement la tonalité, sans effet de transparence.

19

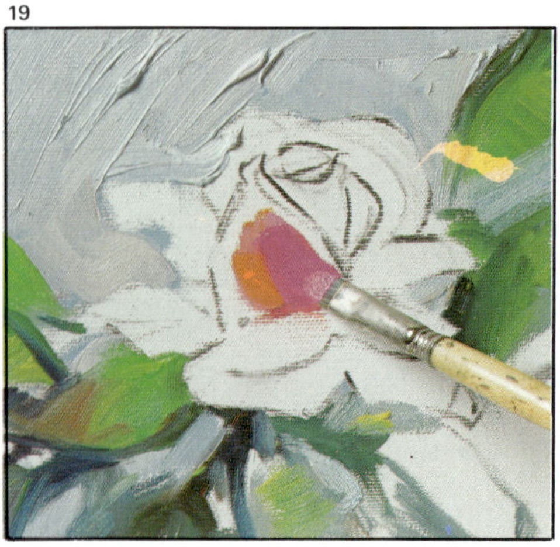

20

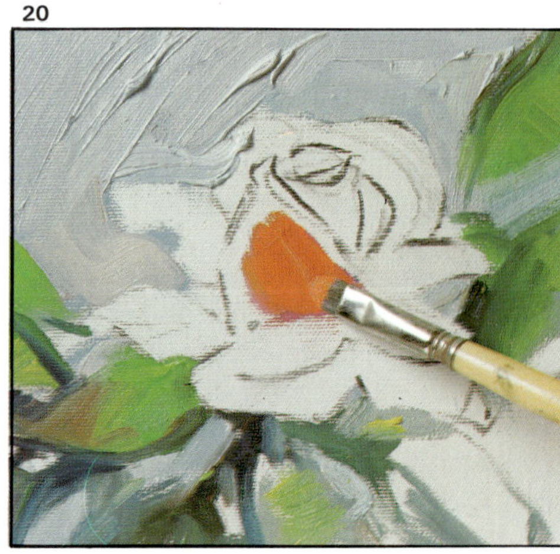

Le mélange des couleurs à l'aquarelle

L'aquarelle et l'huile sont comme le jour et la nuit. Ce qui à l'huile est insistance, correction, superposition de couches, opacité, est à l'aquarelle transparence et exécution en une seule fois. Par conséquent, on ne rectifie pas lorsqu'on travaille à l'aquarelle. Tout au plus peut-on foncer une couleur avant qu'elle ne sèche, ou superposer une tonalité par transparence, mais toujours en travaillant du plus clair au plus foncé. L'artiste doit prévoir les zones où la lumière sera la plus forte et réserver le papier intact ; de là le nom de « réserves » que l'on donne aux blancs à l'aquarelle.

La figure 25 illustre l'éclaircissement progressif d'une couleur à mesure que l'on dégrade l'intensité de sa tonalité en la diluant à l'eau. Observez aussi (fig. 26 et 27) comment la superposition de deux couleurs génère, par transparence, une tonalité correspondant au mélange des deux. Nous avons illustré quatre phases significatives de la réalisation d'une réserve à la gomme liquide : dessin préalable et réserve de la fleur (fig. 21), peinture à l'aquarelle et réserve directe (fig. 22), recherche des tonalités et élimination de la gomme liquide (fig. 23), et enfin travail de finition (fig. 24).

Fig. 21 à 24. La gomme liquide s'applique sur la zone que l'on souhaite réserver (fig. 21). Après avoir peint l'aquarelle (fig. 22), la gomme s'élimine en frottant (fig. 23). Il ne reste plus qu'à nuancer et à préciser les détails (fig. 24).

Fig. 25 à 27. Dégradé de couleur à l'aquarelle obtenu en diluant à l'eau (fig. 25). Superposition de bleu et de jaune (fig. 26) pour obtenir un vert par transparence (fig. 27).

21

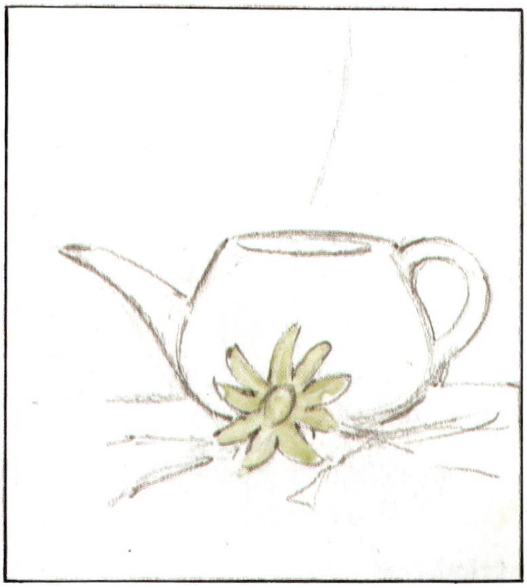

22

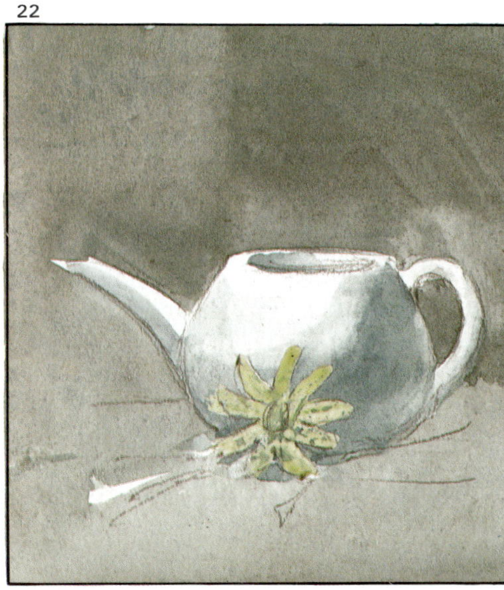

25

26

23

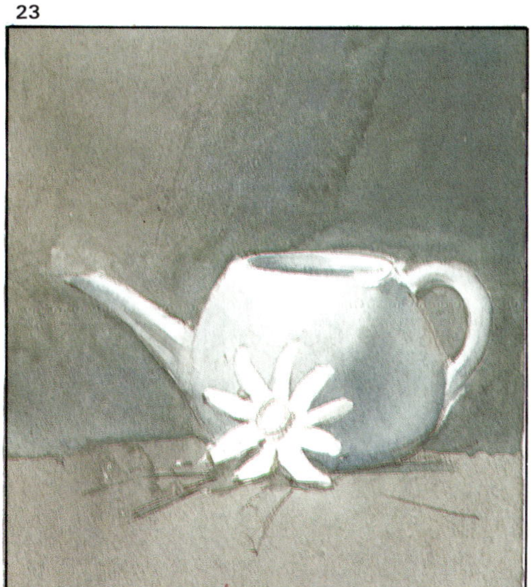

24

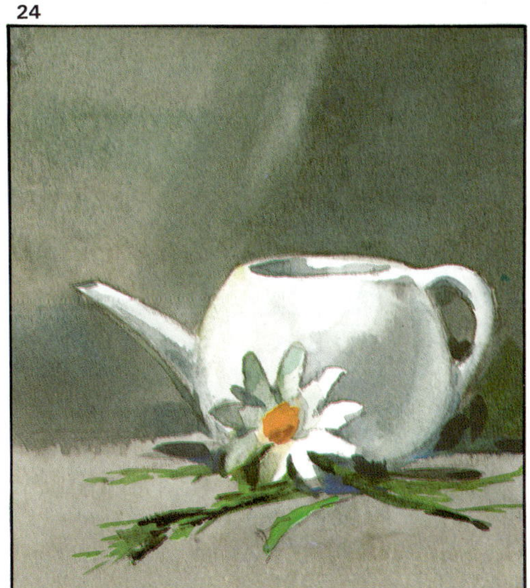

27

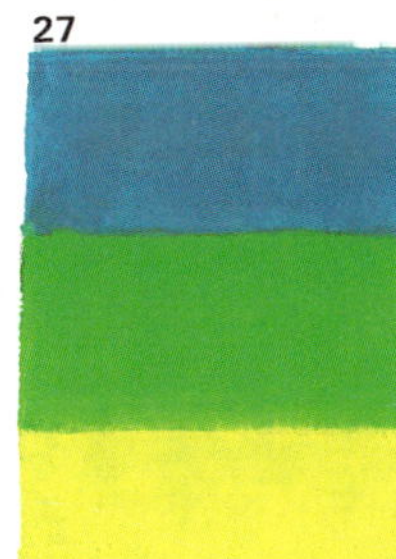

Toutes les couleurs avec trois couleurs seulement

Notez bien ces couleurs : bleu de Prusse, carmin de garance et jaune de cadmium citron. Avec elles, vous pouvez obtenir toutes les autres.

Fig. 28. Par le mélange des trois couleurs primaires (bleu de Prusse, carmin de garance et jaune de cadmium citron), il est possible d'obtenir toutes les autres couleurs.

Comme vous pouvez le constater (fig. 28), l'adjonction de blanc — pour les couleurs à l'huile — permet d'obtenir une gamme très étendue d'intensités, aussi bien pour le bleu que pour le carmin. C'est sur cette gamme qu'apparaissent les tons correspondant au cyan et au magenta.
Pour le jaune, couleur très claire en elle-même, la gamme est moins étendue, mais toutefois suffisante pour y trouver le ton qui reflète ce jaune « théorique ».
Lorsque l'on peint à l'huile, la solution consiste donc à ajouter du blanc à la couleur.

28

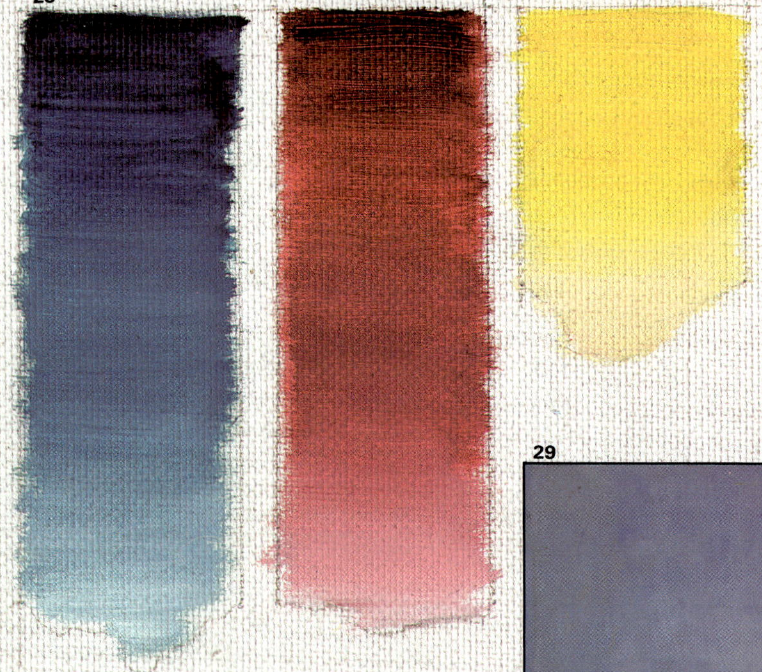

Fig. 29. José M. Parramón. Collection particulière. Ce paysage à l'huile a été peint avec les trois couleurs primaires.

29

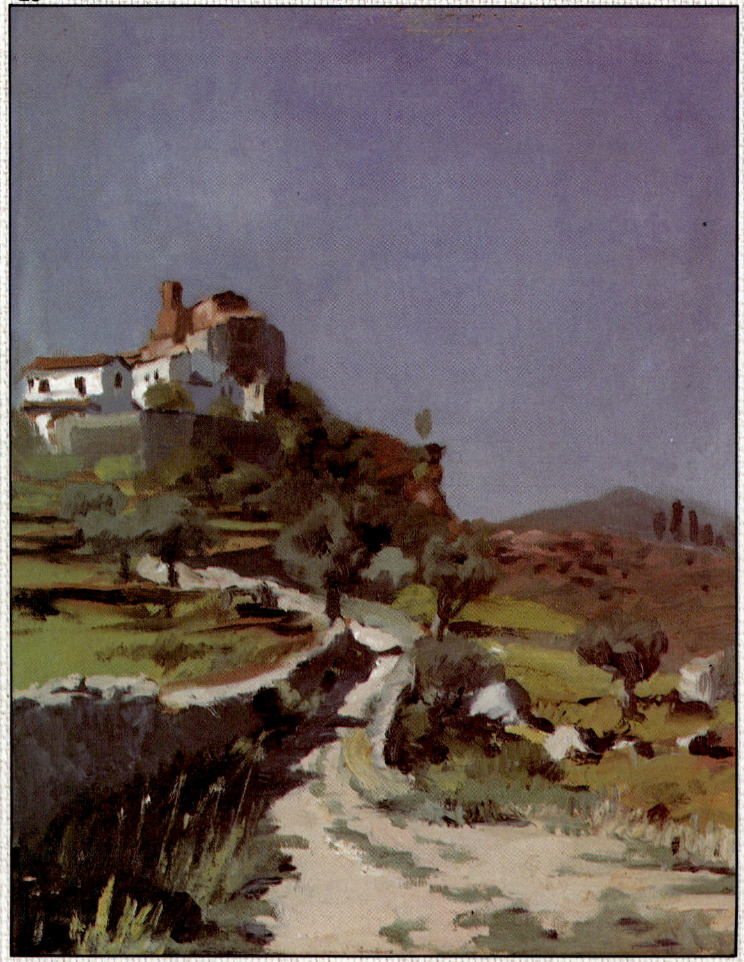

Si vous vous rappelez ce que nous avons écrit dans les pages sur la théorie de la couleur, vous constaterez que ces trois couleurs ne correspondent pas aux trois primaires que nous avons citées : le magenta, le cyan et le jaune. Ces teintes sont très utilisées en arts graphiques, mais pas en peinture artistique (bien que quelques fabricants de couleurs à l'huile commencent à les commercialiser). L'artiste emploie diverses tonalités de rouge, de bleu et de jaune, ainsi en est-il traditionnellement et rien n'indique que cette habitude va changer.
Mais ce n'est pas seulement la coutume, ou l'inertie, qui détermine cette manière de procéder. En fait, c'est à partir du bleu de Prusse, du carmin de garance et du jaune de cadmium citron que l'on peut obtenir les tons cyan, magenta et jaune que nous dicte la théorie. Il suffit pour cela de les éclaircir.

Pour obtenir ces mêmes gradations à l'aquarelle (fig. 31), il est nécessaire d'ajouter de plus en plus d'eau, puisque le blanc est celui du papier. Nous verrons plus tard quels sont, en théorie, les tons justes et comment les obtenir.

31

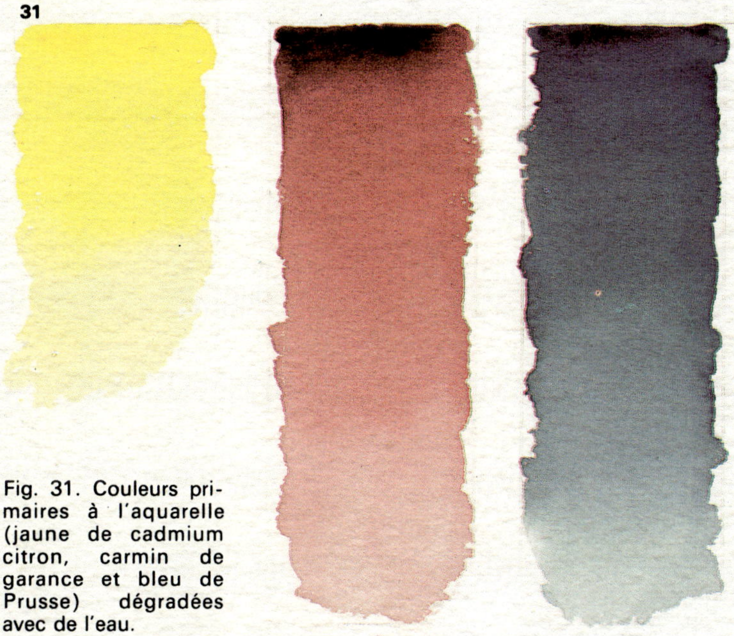

Fig. 31. Couleurs primaires à l'aquarelle (jaune de cadmium citron, carmin de garance et bleu de Prusse) dégradées avec de l'eau.

Fig. 30. José M. Parramón. Collection particulière. Aucune des couleurs primaires n'apparaît « pure » sur cette aquarelle ; cependant, celle-ci n'a été réalisée que grâce à elles.

30

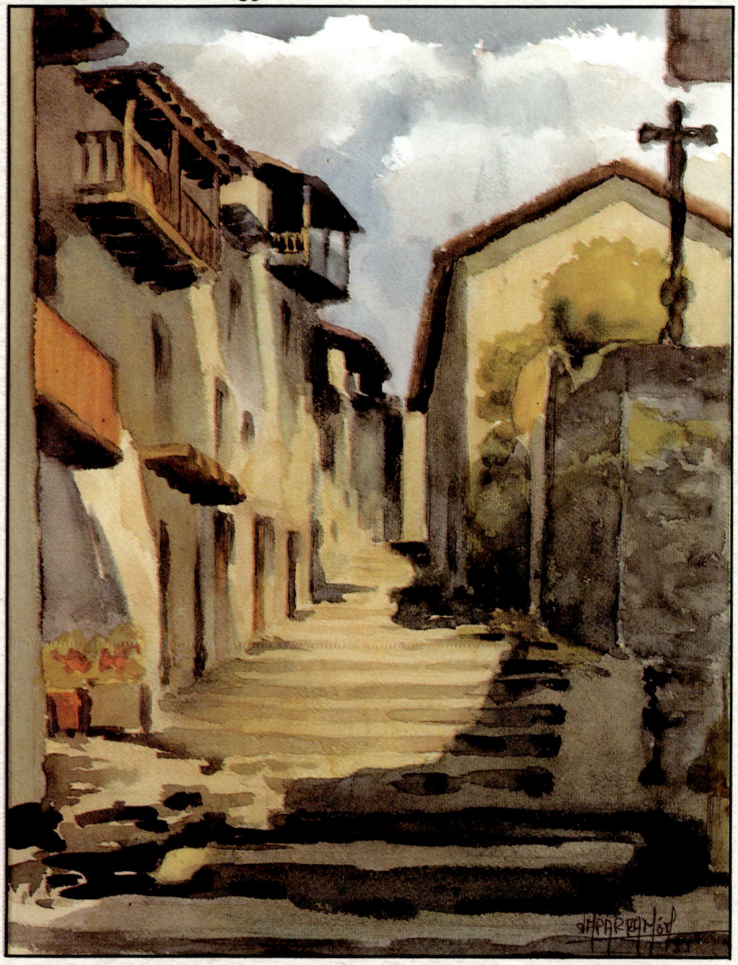

Appréciez-vous maintenant l'avantage qu'il y a à peindre avec ces trois couleurs ?
Dégradées avec du blanc ou diluées à l'eau, elles nous donnent les trois couleurs primaires. Appliquées pures, ce sont des couleurs intenses, riches, qui remplacent ces primaires dans des tonalités plus foncées, sans avoir à les obscurcir.
Les peintures illustrant ces pages ont été réalisées à l'huile (fig. 29) et à l'aquarelle (fig. 30), en utilisant uniquement le bleu de Prusse, le carmin de garance et le jaune de cadmium citron (plus le blanc pour la peinture à l'huile). Elles démontrent parfaitement qu'il est possible d'obtenir toutes les nuances possibles avec trois couleurs seulement.

Le matériel pour mélanger les couleurs à l'huile

Nous allons voir maintenant tous les outils qui vous seront indispensables pour réaliser à l'huile les différents exercices proposés dans ce livre (fig. 33). Parlons tout d'abord des couleurs (1). Les couleurs à l'huile sont conditionnées dans des tubes de trois tailles différentes. On achète le plus souvent des petits ou des moyens, excepté pour le blanc qu'il convient d'acquérir en grand tube. Les marques Talens, Winsor & Newton, Schmincke, Titan, Blockx ou Lefranc et Bourgeois offrent des gammes étendues de couleurs à l'huile de qualité. Les palettes traditionnelles pour peindre à l'huile sont en bois (2), carrées ou ovales. Elles existent en différentes tailles.

Vous aurez aussi besoin d'un couteau à peindre en forme de truelle (3) pour nettoyer la palette après chaque séance de travail.

Pour ce qui est des pinceaux (4), vous devrez disposer d'au moins quatre ou cinq brosses plates et de trois ou quatre rondes numéro 6, 8, 12 et 14. Nous vous conseillons les pinceaux en soie de porc pour leur durée, mais vous pouvez également utiliser ceux en poils synthétiques. Pour nettoyer les pinceaux, utilisez des feuilles de papier journal coupées en quatre pour retirer l'excès de peinture pendant l'exécution (5), ainsi qu'un chiffon pour compléter ce travail (6). Le solvant pour la peinture à l'huile est l'essence de térébenthine (7), utilisée dans un récipient qui doit être en métal, en verre ou en plastique très dur (8). Après le travail, les pinceaux doivent être bien nettoyés, d'abord avec le papier et le chiffon, puis à l'eau et au savon.

Vous pouvez sans inconvénient travailler sur un papier épais (9), fixé à l'aide de punaises (10) sur une tablette en bois (11). Le chevalet n'est pas toujours indispensable. La figure 32 vous montre comment peindre en utilisant une chaise comme support pour la tablette en bois.

32

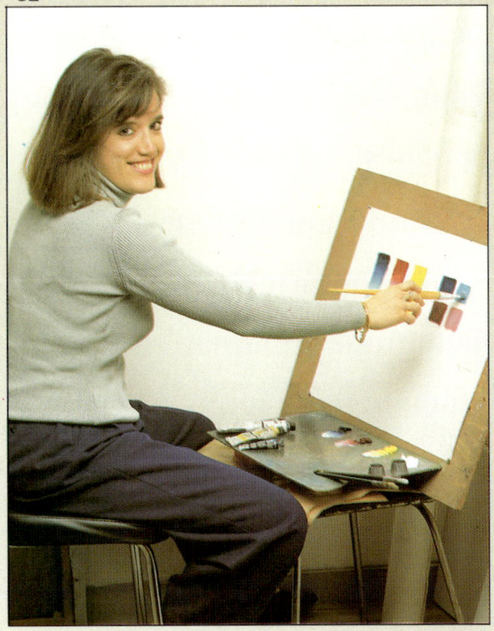

Fig. 32. Un chevalet n'est pas indispensable pour réaliser les exercices sur le mélange des couleurs à l'huile. Il suffit d'appuyer sur le dossier d'une chaise la tablette en bois sur laquelle on a fixé un papier épais à l'aide de punaises.

Fig. 33. Le matériel pour la peinture à l'huile : tubes de couleurs (1), palette (2), couteau (3), pinceaux en soie de porc (4), morceaux de papier journal (5), chiffon (6), térébenthine (7), récipient pour la térébenthine (8), papier épais, (9), punaises (10), tablette en bois (11).

33

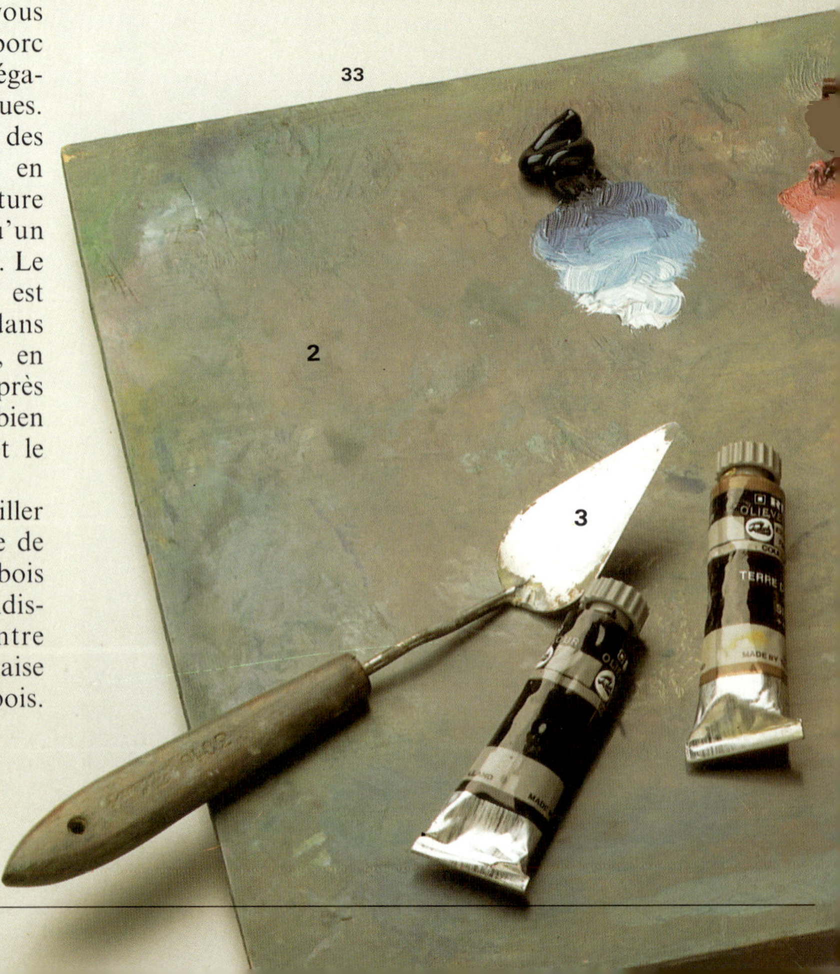

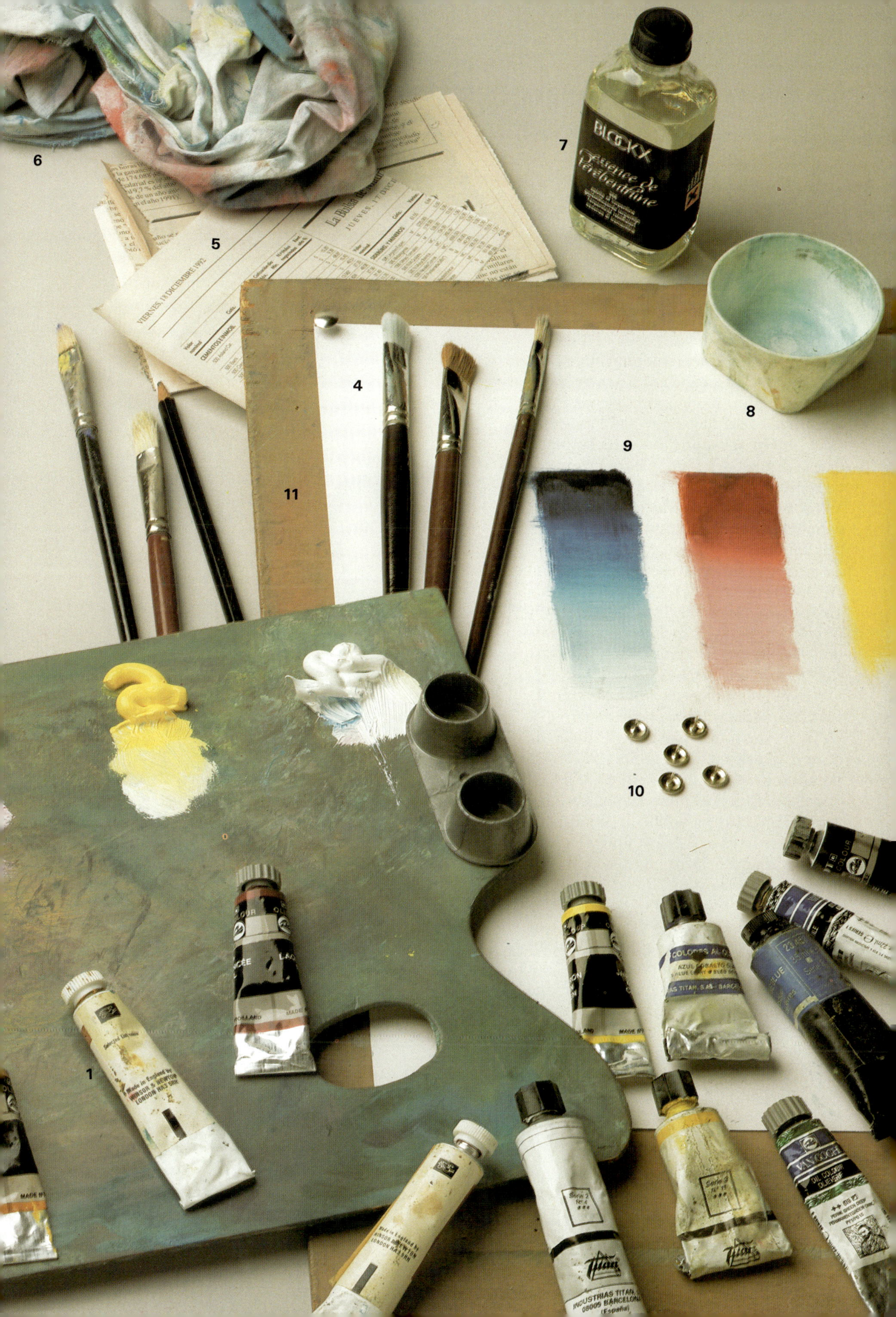
6
7
5
4
8
9
11
10
1

Le matériel pour mélanger les couleurs à l'aquarelle

Vous trouverez ci-contre (fig. 34) tout le matériel nécessaire pour la peinture à l'aquarelle. Les couleurs sont, soit pâteuses en tubes, soit humides en godets. Pour l'usage courant, nous vous conseillons les boîtes en métal (1) faisant office de palette et garnies de godets d'aquarelle humide (de 12 ou 24 couleurs). Elles sont pratiques, faciles à transporter et ne nécessitent aucune préparation avant de peindre. Outre cette boîte, et afin de mieux contrôler les quantités et les mélanges pour les exercices ultérieurs, nous vous recommandons de posséder les couleurs primaires en tube. Les marques Talens, Schmincke, Winsor & Newton, Blockx et Rowney commercialisent sous ces diverses formes des aquarelles de grande qualité.

Le papier pour aquarelle peut s'acquérir en feuilles ou en blocs. Ces derniers vous seront plus utiles (2), prenez-les à grain moyen et d'assez grand format. Les marques les plus courantes sont Arches, Fabriano, Schoellers et Canson.

Les meilleurs pinceaux pour l'aquarelle sont les pinceaux en poils de martre (3). Ce sont aussi les plus chers, mais ils durent plusieurs années lorsqu'on en prend soin. Ce qui veut dire qu'ils ne doivent pas reposer sur la pointe dans le récipient d'eau, et qu'il faut les nettoyer soigneusement à l'eau claire après chaque séance. Deux pinceaux ronds n°s 8 et 14, ainsi qu'un pinceau plat de 2 ou 3 cm sont suffisants.

Vous ajouterez un assez grand récipient en verre ou en plastique (4), du papier absorbant pour éliminer l'excès d'eau sur les pinceaux ou sur le papier (5), une éponge pour humidifier les grandes surfaces (6), ainsi qu'un flacon de gomme liquide (7) pour les réserves, que vous appliquerez avec un pinceau en poils synthétiques, jamais en poils de martre. La tablette en bois ainsi que les punaises seront aussi nécessaires pour fixer le papier (8).

La manière idéale de travailler consiste à poser la tablette sur un chevalet de table en position inclinée, et de s'asseoir à une hauteur permettant de peindre en étant près du papier (fig. 33 bis), mais vous pouvez installer la tablette sur une chaise, comme pour la peinture à l'huile.

33

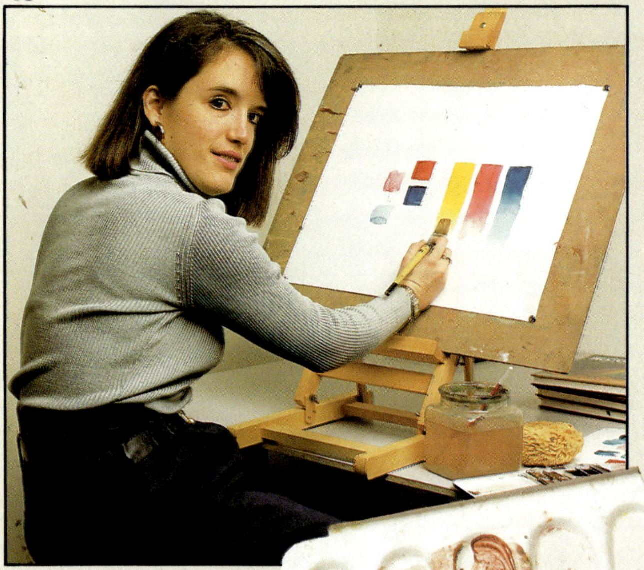

Fig. 33 bis. Les chevalets de table sont tout spécialement étudiés pour la pratique de l'aquarelle. Cependant, le peintre peut toujours appuyer la tablette sur le dossier d'une chaise.

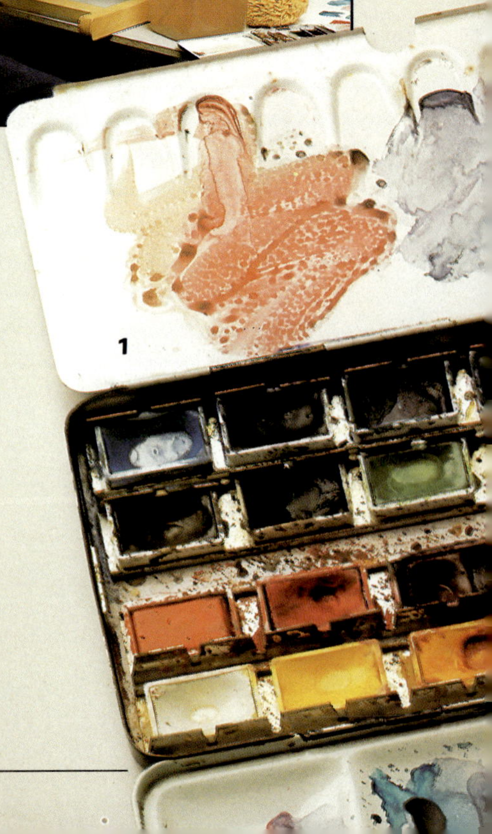

Fig. 34. Matériel pour peindre à l'aquarelle : boîte d'aquarelle en godets servant de palette (1), bloc de feuilles de papier encollé (2), pinceaux (3), récipient pour l'eau (4), rouleau de papier absorbant (5), éponge (6), gomme liquide (7), tablette et punaises (8).

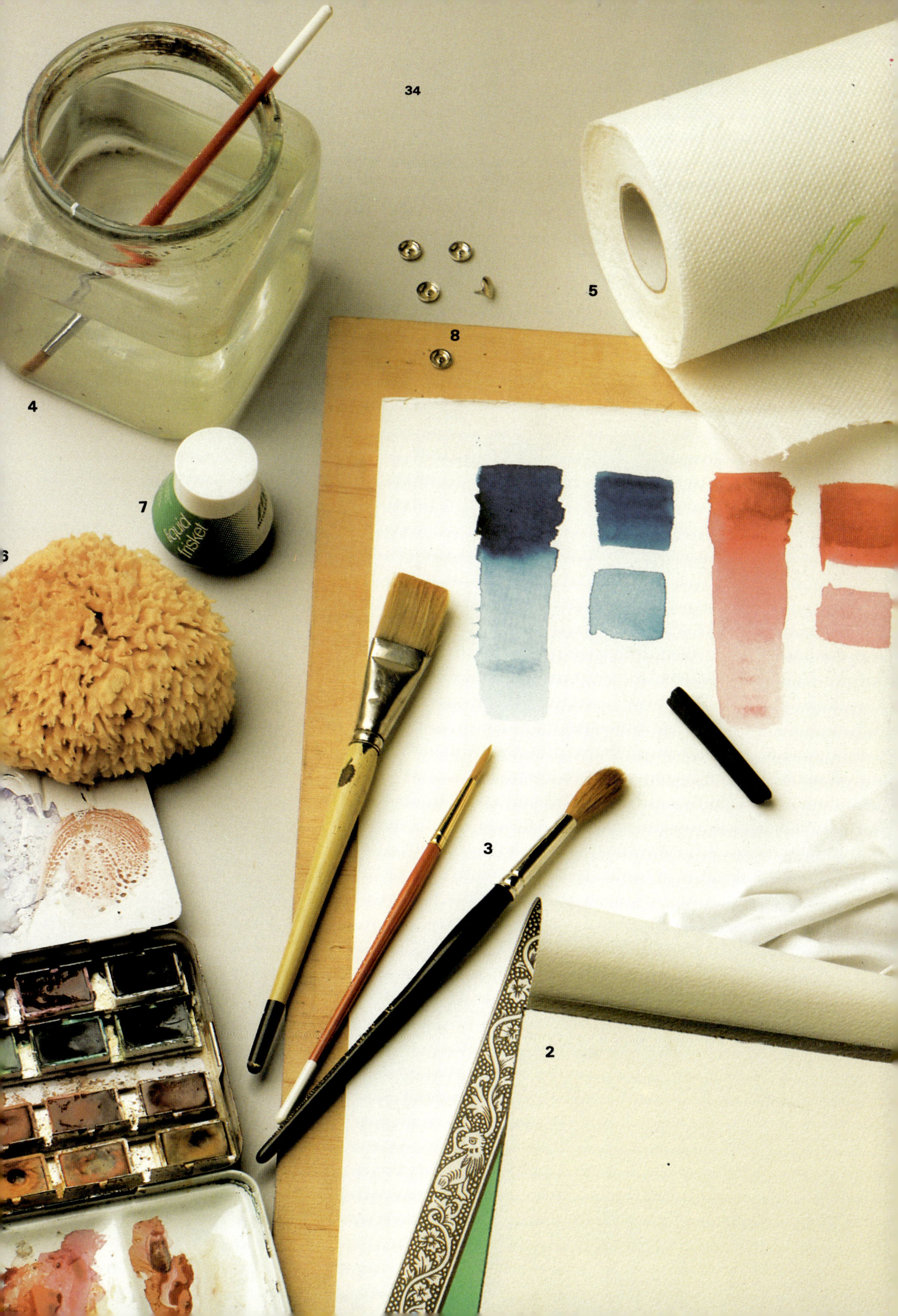
34
5
8
4
7
liquid frisket
6
3
2

Le chapitre précédent contenait les éléments indispensables à une introduction au mélange des couleurs. Maintenant que vous connaissez les principes de base de la théorie et que vous avez pris note du matériel nécessaire, le moment est arrivé de passer à la pratique. Les études que nous allons développer dans les pages suivantes sont peu difficiles. Ce sont des exercices pratiques conçus spécialement pour être réalisés méthodiquement, en suivant les instructions contenues dans le texte, afin de parvenir aux résultats qui apparaissent sur les illustrations. L'utilité de ces exercices est double : démontrer par la pratique les lois sur la couleur et vous familiariser avec l'utilisation du matériel par des mélanges simples. Cela vaut la peine de les réaliser car c'est la meilleure manière de vous initier au travail pictural, peut-être même la seule, celle qui consiste à commencer par le début.

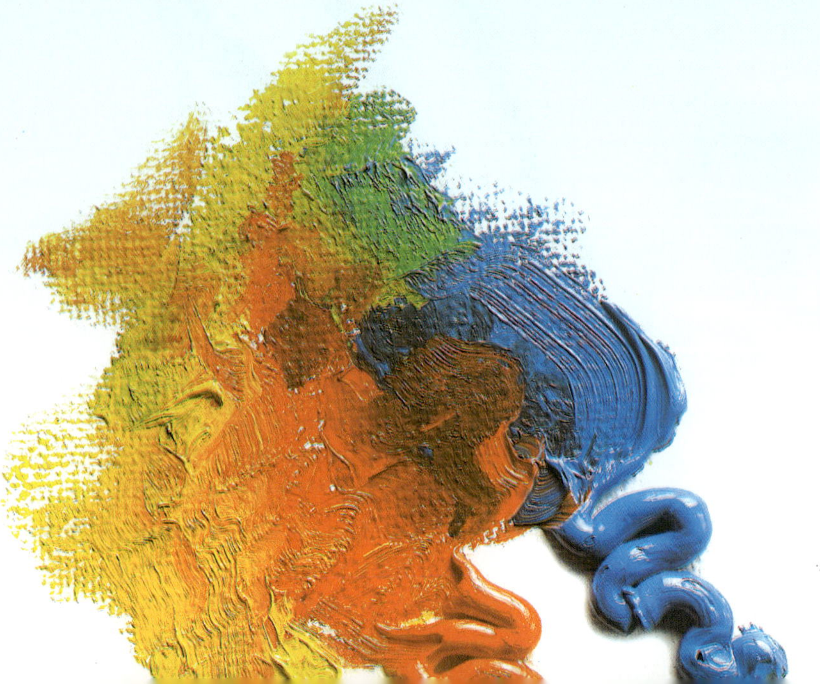

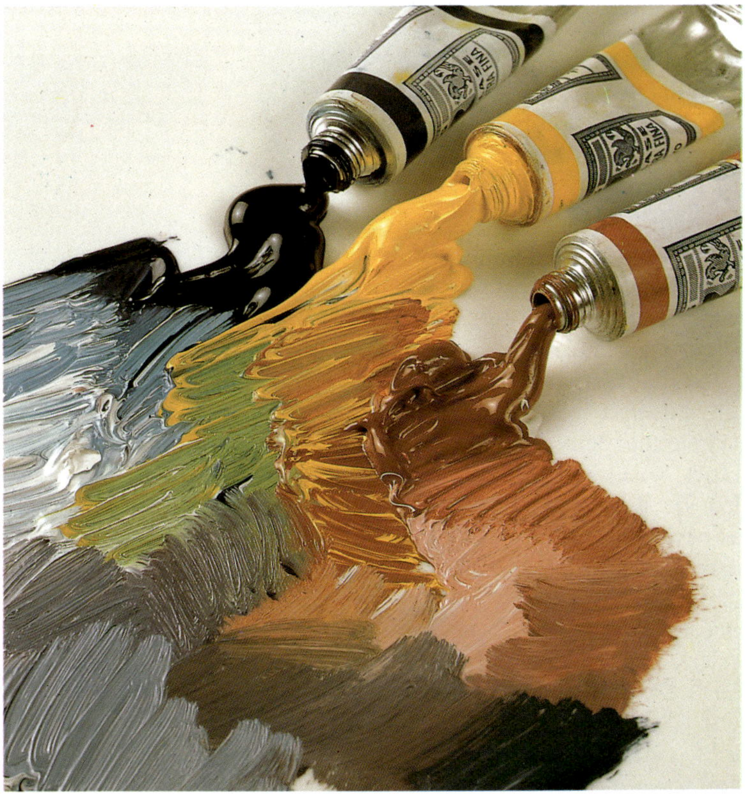

35

Mélanges avec les primaires, les secondaires, le blanc et le noir

Le mélange à l'huile des couleurs primaires

Maintenant, au travail. Il s'agit pour vous d'obtenir ici les intensités se rapprochant le plus du bleu cyan, du magenta et du jaune, en travaillant à l'huile avec du bleu de Prusse, du carmin de garance et du jaune de cadmium citron (ainsi qu'avec du blanc de titane). Il s'agit, à partir du mélange de ces couleurs primaires, d'obtenir les couleurs secondaires que sont l'orangé, le vert et le violet.

Dans la partie supérieure de l'illustration ci-contre (fig. 36 à 38), apparaissent les couleurs cyan, magenta et jaune avec leur intensité correcte. Ces couleurs sont celles dont vous devez vous rapprocher. C'est très facile. Distribuez du bleu, du carmin, du jaune ainsi que du blanc sur votre palette. Avec un pinceau plat, prenez un peu de blanc et étendez-le près du bleu de Prusse. Prenez ensuite une petite quantité de bleu de Prusse et mélangez-le au blanc ; le résultat sera un bleu intense très lumineux. Vous pouvez voir, sur la figure 36, un dégradé de bleu de Prusse allant du foncé au clair et, en dessous, trois intensités de ce même bleu. L'intensité correcte est celle du bas (fig. 39). Il suffit, pour l'obtenir, de rajouter du blanc ou du bleu au mélange selon que celui-ci est trop foncé ou trop clair. Après chaque tentative, appliquez la couleur obtenue sur la toile (il est difficile d'apprécier la tonalité exacte de la couleur sur la palette). Il est toutefois inutile de recouvrir toute la palette de mélanges ; éclaircissez ou foncez plutôt la couleur directement sur la toile en ajoutant à nouveau du blanc ou du bleu.

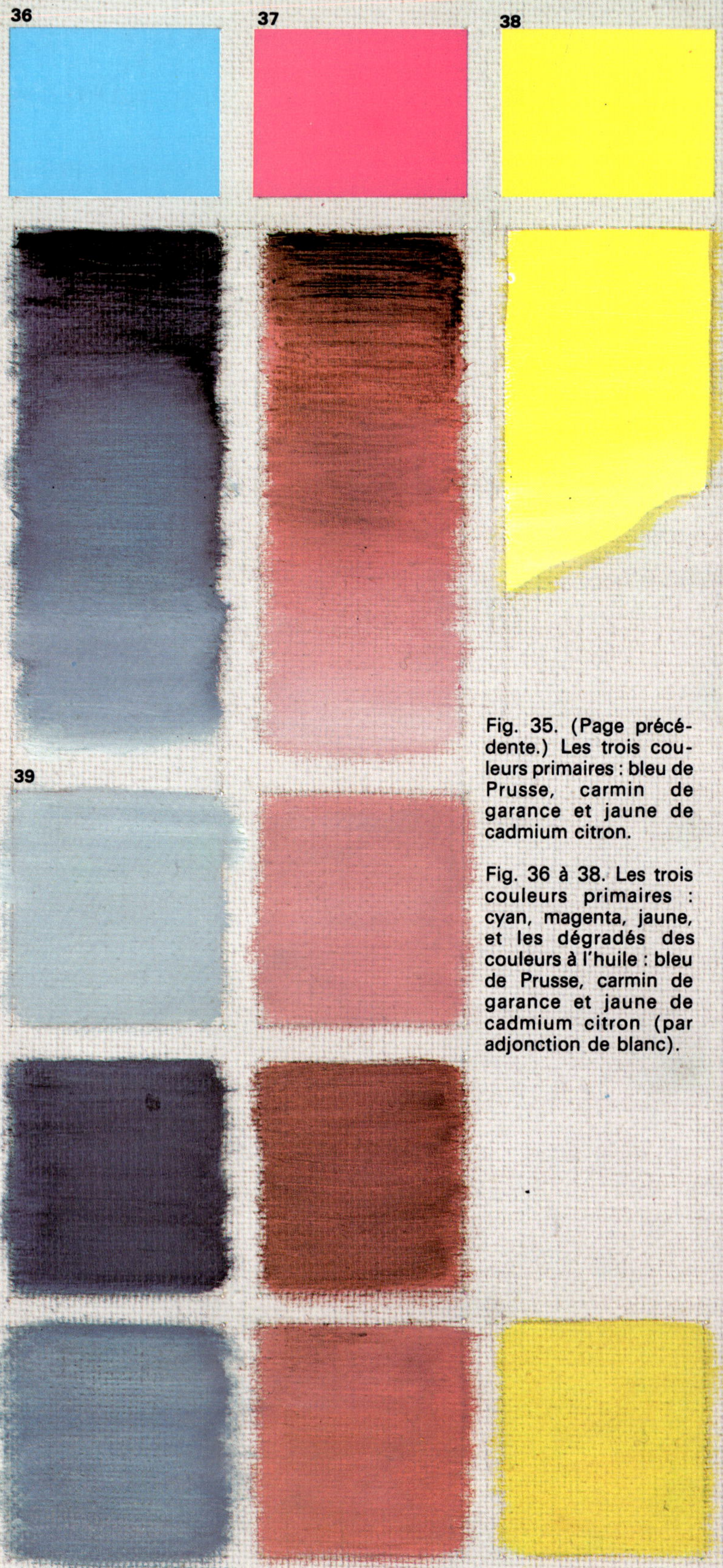

Fig. 35. (Page précédente.) Les trois couleurs primaires : bleu de Prusse, carmin de garance et jaune de cadmium citron.

Fig. 36 à 38. Les trois couleurs primaires : cyan, magenta, jaune, et les dégradés des couleurs à l'huile : bleu de Prusse, carmin de garance et jaune de cadmium citron (par adjonction de blanc).

Maintenant que vous avez obtenu l'intensité recherchée, recommencez l'opération avec le carmin et le jaune, en vous rappelant que peu de blanc suffit à ce dernier pour obtenir la tonalité correcte. N'oubliez pas de changer de pinceau pour chacune des couleurs.
Vous suivrez la même démarche pour obtenir les couleurs secondaires, mais en partant maintenant des mélanges précédents. Pour cela, vous utiliserez de petites quantités de bleu, de carmin et de jaune (dans les intensités voulues) et vous travaillerez avec ces mélanges comme s'il s'agissait de couleurs en tube, sans utiliser le blanc. Vous pouvez commencer par mélanger deux à deux le bleu de Prusse, le carmin de garance et le jaune de cadmium citron, puis éclaircir ces mélanges avec du blanc. Dans tous les cas, le résultat doit correspondre à ce que vous voyez sur la figure 40.

40

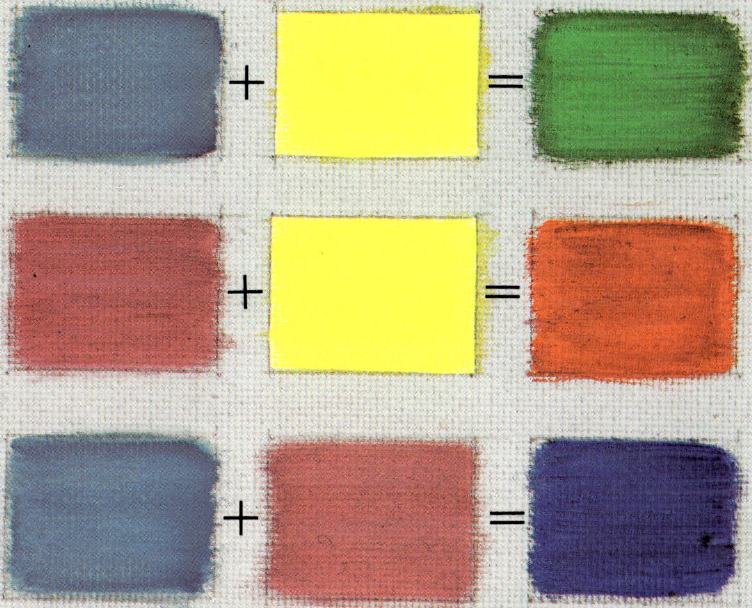

Fig. 39. Trois intensités différentes de bleu de Prusse et de carmin de garance. L'intensité de la rangée supérieure est trop claire, tandis que la suivante est trop foncée. Les trois tonalités de la rangée inférieure se rapprochent le plus des trois couleurs primaires : cyan, magenta et jaune.

Fig. 40. Mélange des couleurs primaires entre elles, et couleurs secondaires correspondantes. De haut en bas et de gauche à droite : le cyan et le jaune donnent le vert, le magenta et le jaune donnent l'orangé, le cyan et le magenta donnent le violet.

Fig. 41. Couleurs primaires et secondaires telles qu'elles sont commercialisées en tubes de peinture à l'huile.

Fig. 42. Le cercle chromatique avec les trois couleurs primaires (P), les trois secondaires (S) et les six tertiaires (T).

42

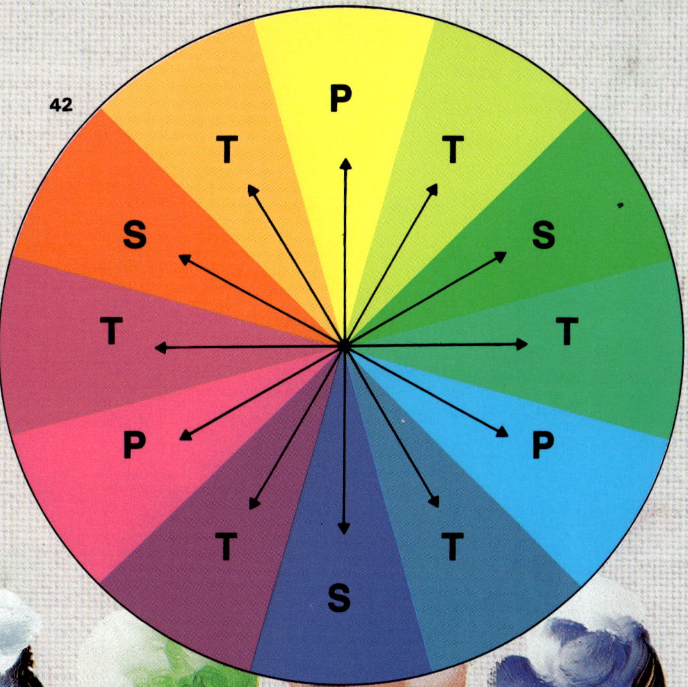

41

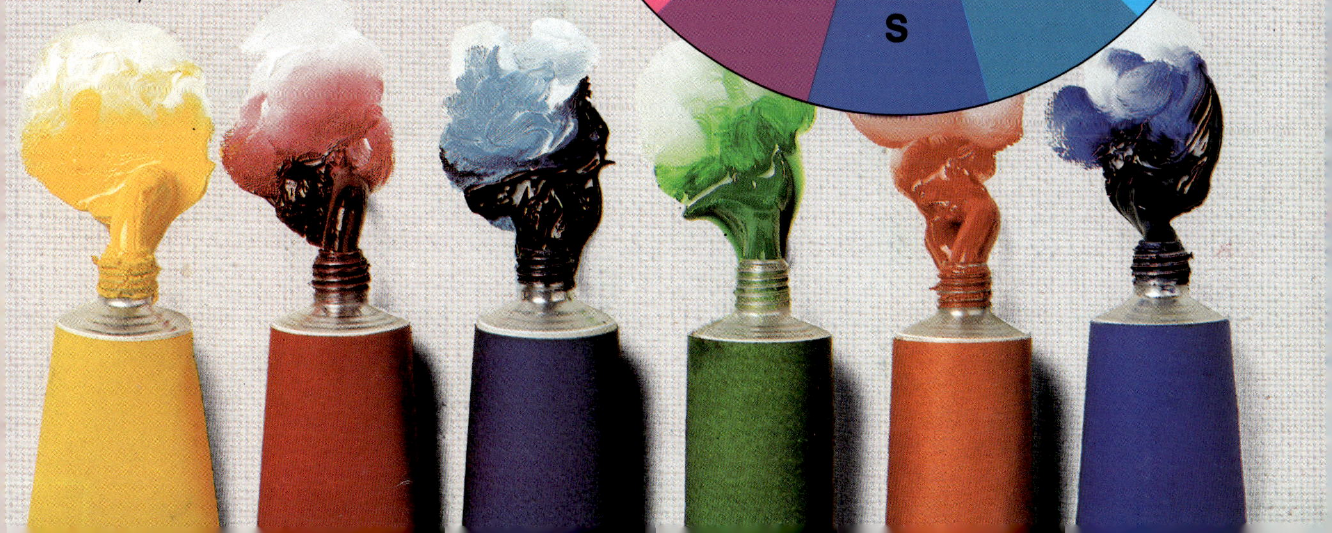

Le mélange à l'aquarelle des couleurs primaires

Pour le mélange des couleurs primaires à l'aquarelle, vous devez avoir un papier à aquarelle à grain moyen, trois godets pour la couleur, un pinceau en poils de martre, un grand récipient contenant de l'eau claire et des couleurs à aquarelle en tubes.
Comme pour l'exercice précédent, vous commencerez par rechercher les trois couleurs primaires à partir du bleu de Prusse, du carmin de garance et du jaune de cadmium citron. Mettez une petite quantité de chaque couleur dans les godets et... allez-y !
Si vous recouvrez une certaine surface de papier avec du bleu de Prusse et si vous étendez progressivement cette tache avec le pinceau imbibé d'eau, vous allez obtenir un dégradé semblable à celui de la figure 43. Sur ce dégradé, le bleu s'éclaircit jusqu'à se confondre avec le blanc du papier. Par endroits, le bleu a pris une tonalité identique à celle reproduite ici (fig. 46, BIEN), qui est celle qui se rapproche le plus du bleu cyan. C'est cette tonalité que vous devez obtenir maintenant en ajoutant de l'eau dans le godet, en diluant la couleur jusqu'à ce que vous parveniez à un résultat correct. Vérifiez la tonalité que vous obtenez à chaque apport d'eau en passant des coups de pinceau sur la feuille de papier. Augmentez peu à peu la quantité d'eau, sinon la tonalité sera trop claire et vous devrez rajouter de la couleur.
Procédez de la même manière avec le carmin de garance et le jaune de cadmium citron afin d'obtenir le magenta et le jaune que nous avons reproduits ici (fig. 44 et 45), en n'oubliant pas de bien nettoyer le pinceau avant de changer de couleur.
Maintenant que vous avez correctement dilué les couleurs et que chaque godet contient la tonalité adéquate, ce qui suit va être très facile.

43 44 45

46

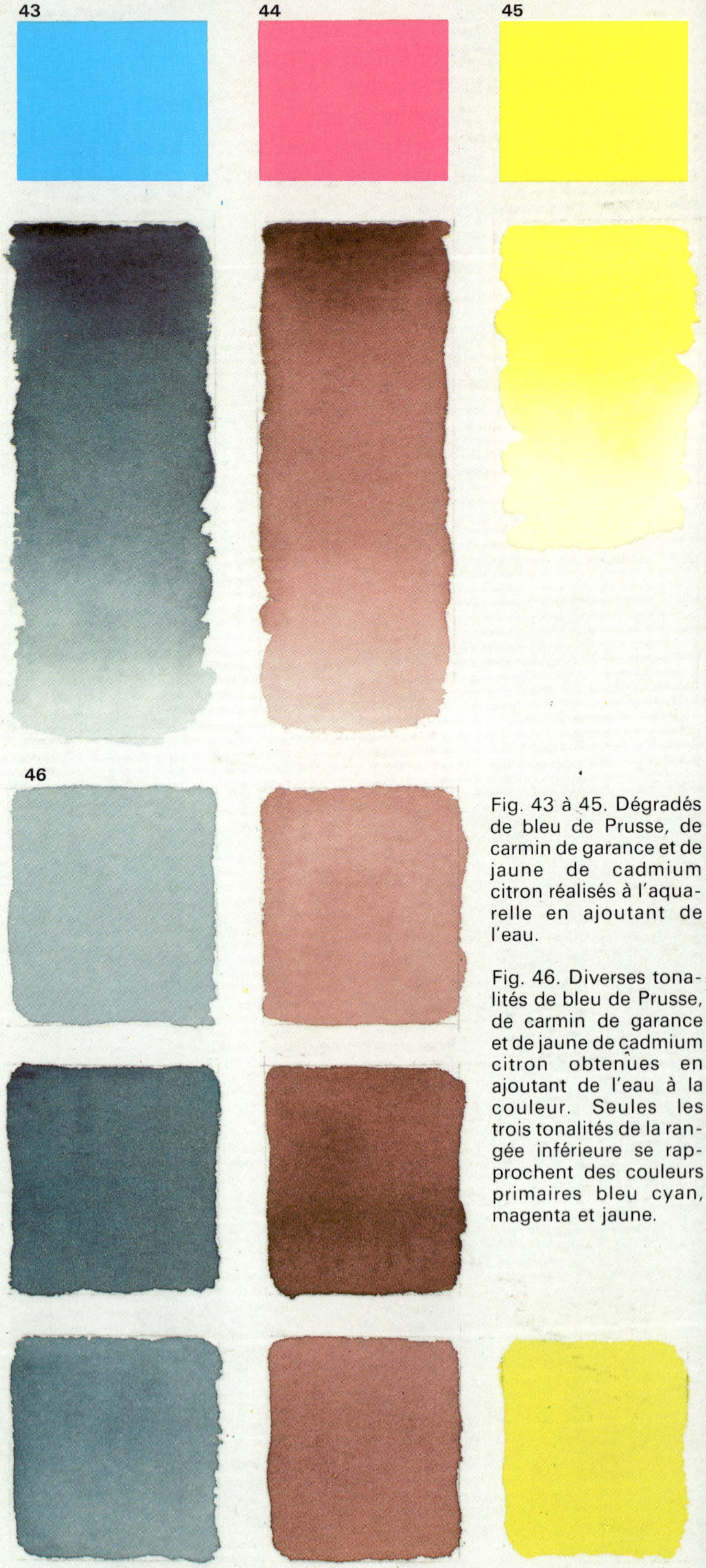

Fig. 43 à 45. Dégradés de bleu de Prusse, de carmin de garance et de jaune de cadmium citron réalisés à l'aquarelle en ajoutant de l'eau.

Fig. 46. Diverses tonalités de bleu de Prusse, de carmin de garance et de jaune de cadmium citron obtenues en ajoutant de l'eau à la couleur. Seules les trois tonalités de la rangée inférieure se rapprochent des couleurs primaires bleu cyan, magenta et jaune.

Vous pouvez observer, sur l'illustration ci-contre (fig. 47), les couleurs secondaires résultant du mélange deux à deux des couleurs primaires. Pour obtenir l'orangé, par exemple, étendez d'abord le jaune puis ajoutez un peu de carmin. Mélangez ces deux couleurs sur le papier en augmentant peu à peu la quantité de carmin jusqu'à obtenir la couleur que vous voyez ici. Rappelez-vous que vous devez toujours, à l'aquarelle, aller du clair au foncé, et que la couleur fonce à chaque nouveau mélange. Si votre orangé est trop foncé, nettoyez le pinceau et faites un nouvel essai, mais nous sommes convaincu que vous réussirez du premier coup.
Le processus est le même pour les autres mélanges. Si vous nettoyez bien le pinceau entre chacun d'eux, le résultat sera aisé à obtenir.
Pour finir, nous attirons votre attention sur les couleurs des cercles superposés (fig. 48A) et sur celles des tubes d'aquarelle reproduites en bas de cette page. Sur ces deux illustrations apparaissent les trois couleurs primaires et les trois secondaires, c'est-à-dire les mêmes que celles des mélanges de la figure 47. Considérez attentivement les tonalités et les nuances de ces couleurs (fig. 48 et 48A) afin d'améliorer les mélanges de la figure 47 que vous avez à réaliser.

47

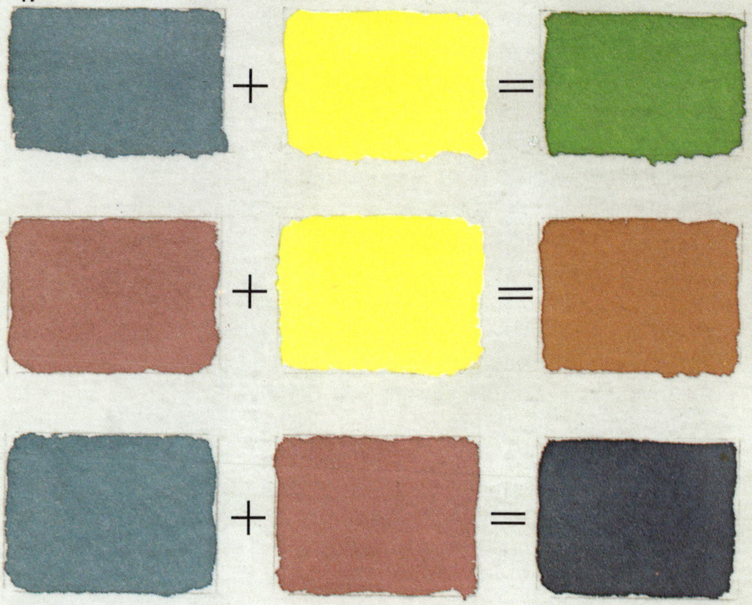

Fig. 47. Mélanges à l'aquarelle entre couleurs primaires pour obtenir les couleurs secondaires.

Fig. 48 et 48A. Couleurs primaires et secondaires d'aquarelle pâteuse en tubes. Ces couleurs sont les mêmes que celles des cercles ci-contre, où les trois couleurs primaires (P) jaune, bleu cyan et magenta donnent par superposition les trois couleurs secondaires (S) orangé, vert et violet.

48 A

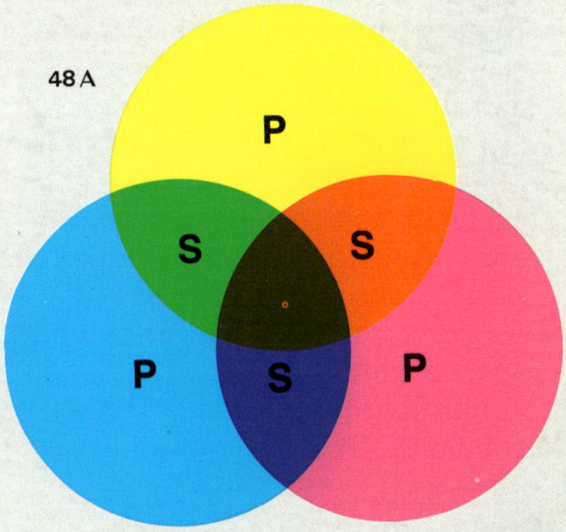

48

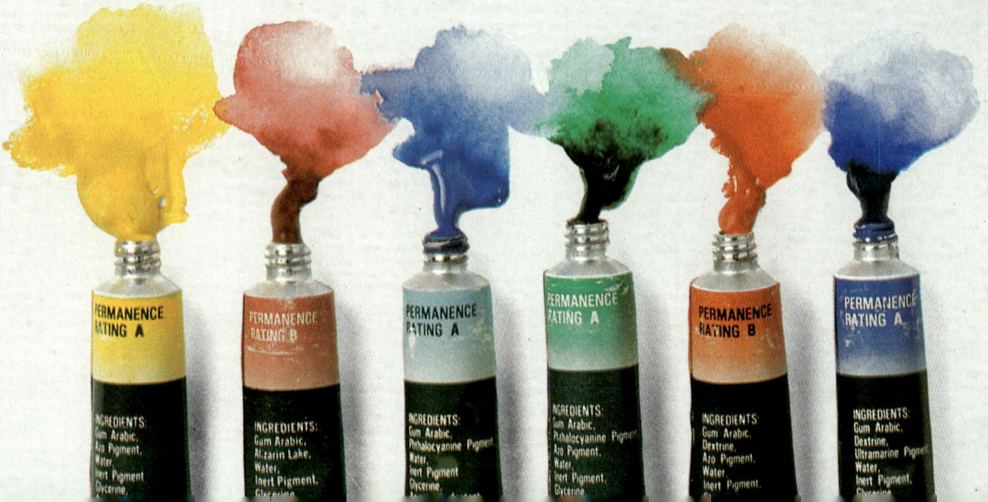

Mélange à l'huile des couleurs primaires et secondaires pour obtenir les tertiaires

La théorie nous enseigne qu'une couleur tertiaire résulte du mélange d'une couleur primaire avec une couleur secondaire. Maintenant, la théorie nous apprend aussi qu'il ne suffit pas de mélanger n'importe quelle couleur secondaire et primaire pour obtenir une tertiaire.
Certaines couleurs primaires mélangées à des secondaires vont nous donner un gris. Et nous savons aussi que le mélange des trois primaires entre elles, et en quantité égale, nous donne un gris très foncé, presque un noir. Grâce à la théorie, mais aussi à la pratique, nous avons appris qu'une couleur secondaire résulte du mélange à part égale de deux primaires, puis que le mélange de certaines primaires avec certaines secondaires revient à mélanger les trois primaires entre elles pour obtenir un gris foncé.
À partir de là, et en considérant les notions sur la théorie de la couleur, on peut en déduire une conséquence intéressante : les paires de couleurs dont le mélange donne un gris sont, en fait, des paires de couleurs complémentaires.
Ainsi, nous pouvons en déduire un principe nouveau : à l'exception des couleurs complémentaires entre elles, les mélanges entre couleurs primaires et secondaires donnent des couleurs tertiaires.
Les deux cercles des couleurs ci-contre, réalisés à l'huile et au pastel (fig. 50 et 51), illustrent les couleurs primaires (P), secondaires (S) et tertiaires (T).

49

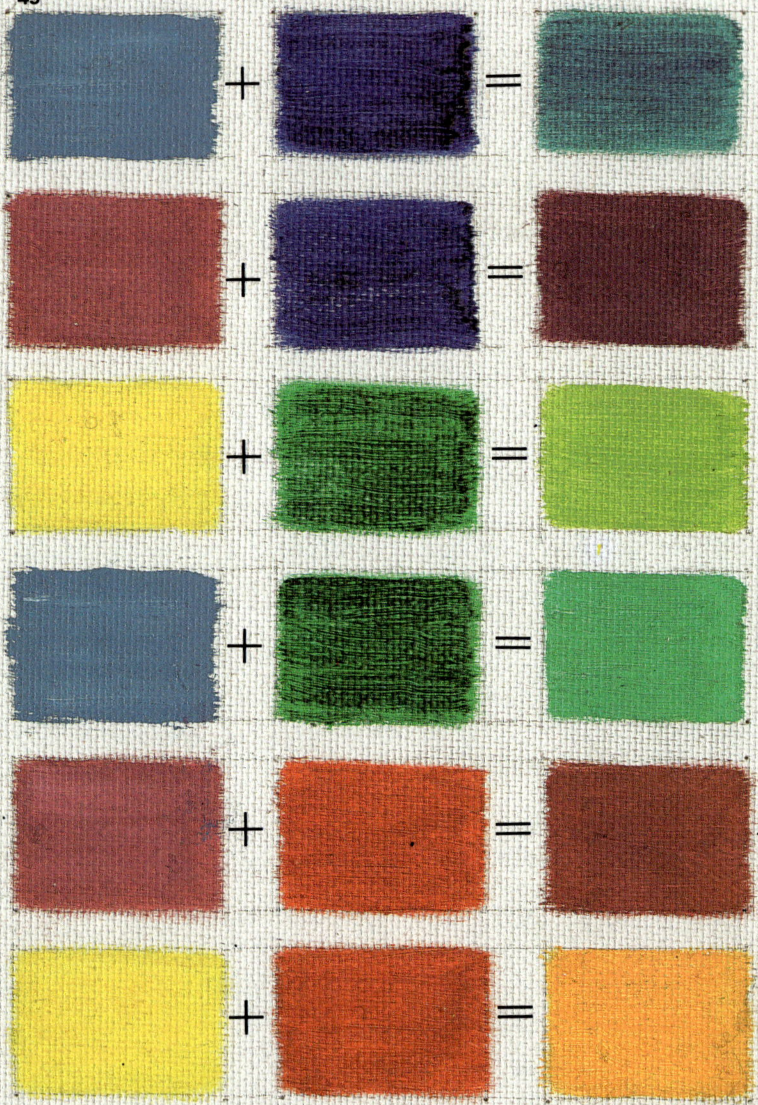

Vous avez déjà obtenu les couleurs secondaires en travaillant à l'huile avec les trois primaires plus le blanc. Pour les couleurs tertiaires reproduites ici (fig. 49), il suffit de mélanger les secondaires avec les primaires dans l'ordre indiqué.
Avant de commencer, nous vous recommandons de préparer une certaine quantité de couleurs secondaires sur votre palette en effectuant au couteau le mélange des primaires et du blanc. Vous éviterez ainsi de recommencer les divers mélanges pour chaque couleur.

Fig. 49. Mélanges à l'huile entre couleurs primaires et secondaires pour obtenir les couleurs tertiaires.

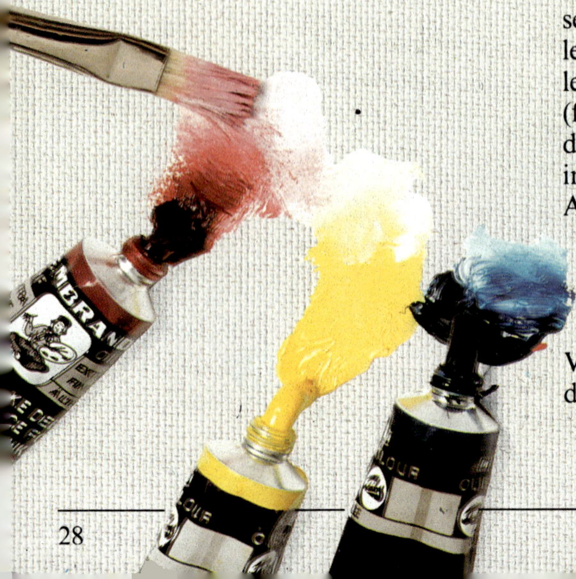

50

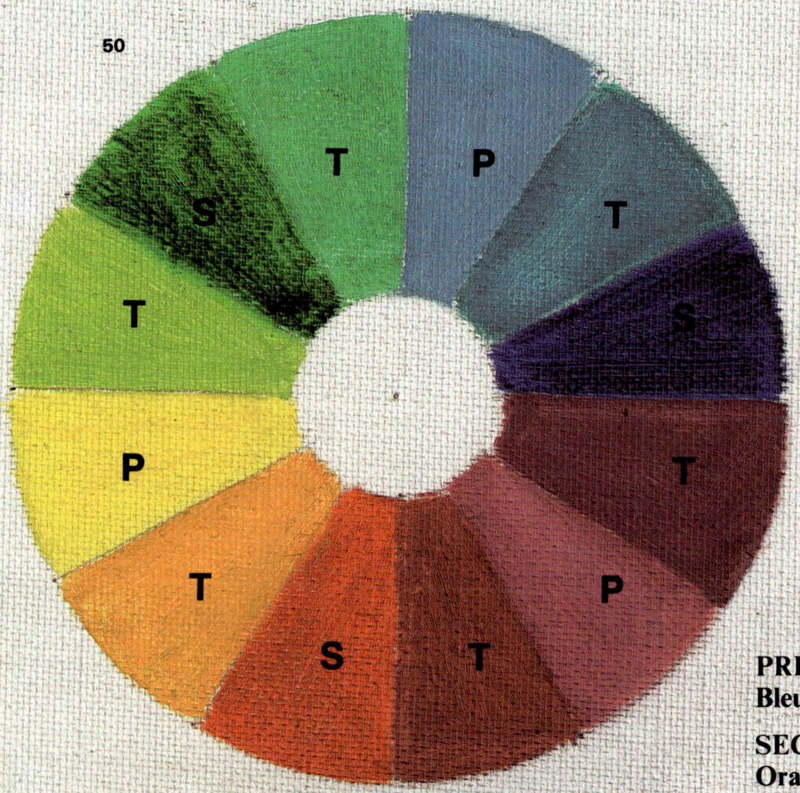

Fig. 50. Cercle chromatique comprenant les couleurs primaires (P), secondaires (S) et tertiaires (T), réalisé avec des couleurs à l'huile.

Fig. 51. Cercle chromatique réalisé avec des couleurs au pastel.

PRIMAIRES (P)
Bleu cyan, magenta, jaune

SECONDAIRES (S)
Orangé, vert, violet

TERTIAIRES (T)
Bleu-violet, rouge-violet, jaune-vert
Bleu-vert, rouge orangé, jaune orangé

51

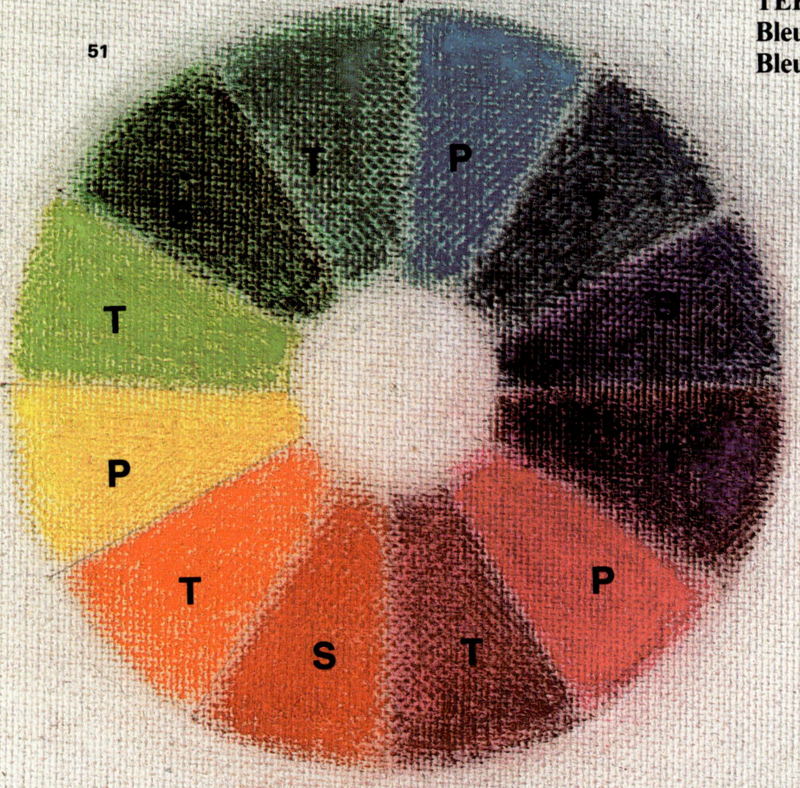

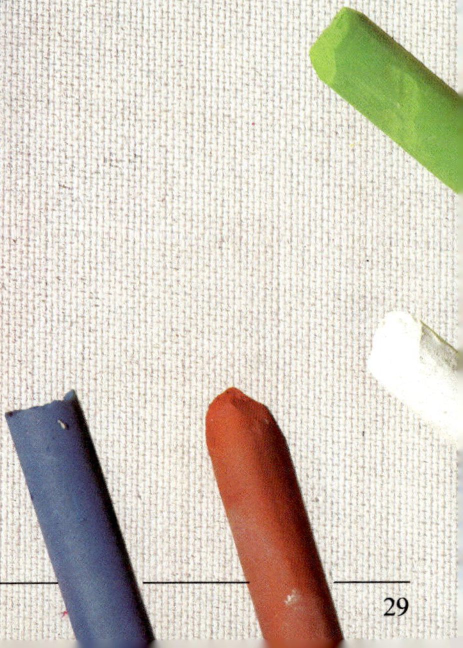

Mélange à l'aquarelle des couleurs primaires et secondaires

Comme nous l'avons déjà dit, vous avez besoin d'un papier à grain moyen, d'un pinceau en poils de martre, d'un récipient rempli d'eau, de plusieurs godets, de couleurs... et de papier absorbant.
Procédez de la façon suivante : avec un pinceau, préparez sur le papier une des couleurs secondaires. Lorsque la tonalité est celle qui convient, ajoutez-y une des couleurs primaires avec un autre pinceau jusqu'à ce que vous obteniez la tertiaire correspondant au mélange. Comme nous l'avons vu, tous les mélanges primaire-secondaire ne conviennent pas, il faut éliminer ceux correspondant aux couleurs complémentaires : le cyan et l'orangé, le magenta et le vert, ainsi que le jaune et le violet.
Comme vous le voyez sur la table des mélanges ci-contre (fig. 52), les trois mélanges que nous venons de citer n'y figurent pas. Vous pouvez toutefois les réaliser ; vous découvrirez alors qu'ils ne donnent pas une couleur tertiaire mais plutôt un gris foncé.
N'oubliez pas de travailler toujours du clair au foncé, en commençant le mélange par la couleur la plus claire, puis en ajoutant progressivement la plus foncée. Par exemple, pour le mélange jaune-vert, vous devez ajouter le vert au jaune et non le contraire. Ce n'est qu'en procédant ainsi que vous pourrez contrôler les mélanges.
Une fois les tertiaires obtenues, vous êtes en mesure de réaliser un cercle chromatique comme celui de la page ci-contre (fig. 53), et de disposer les couleurs primaires, secondaires et tertiaires dans l'ordre indiqué.

52

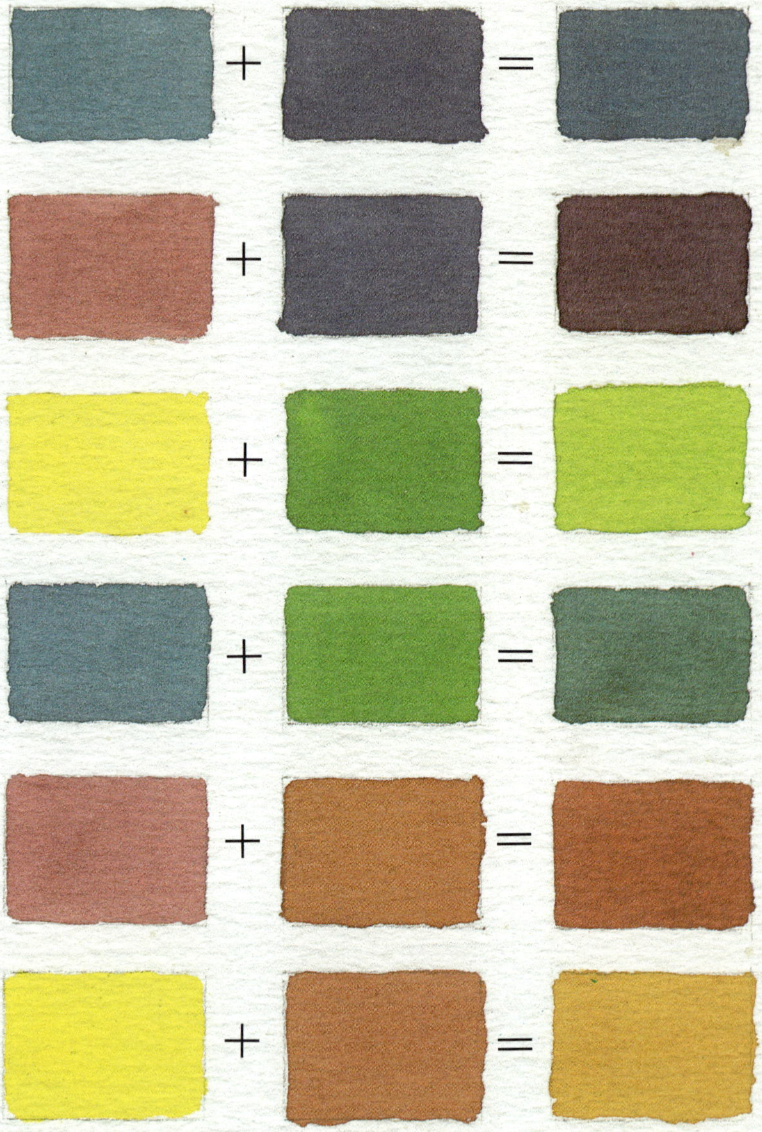

Fig. 52. Mélange à l'aquarelle entre couleurs primaires et secondaires pour obtenir les tertiaires.

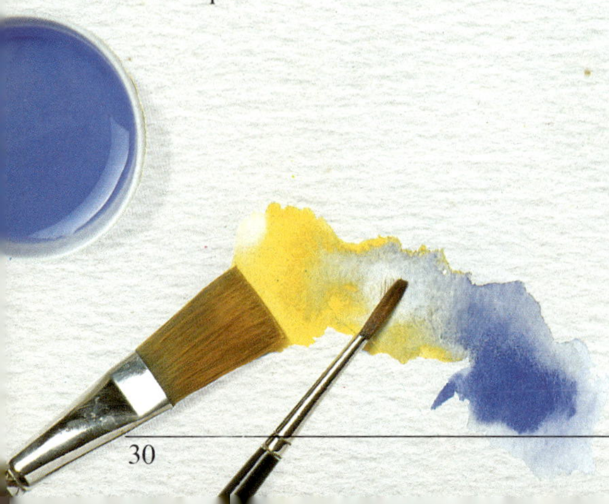

Fig. 53. Cercle chromatique réalisé à l'aquarelle.

Fig. 54. Cercle chromatique réalisé aux crayons de couleur.

53

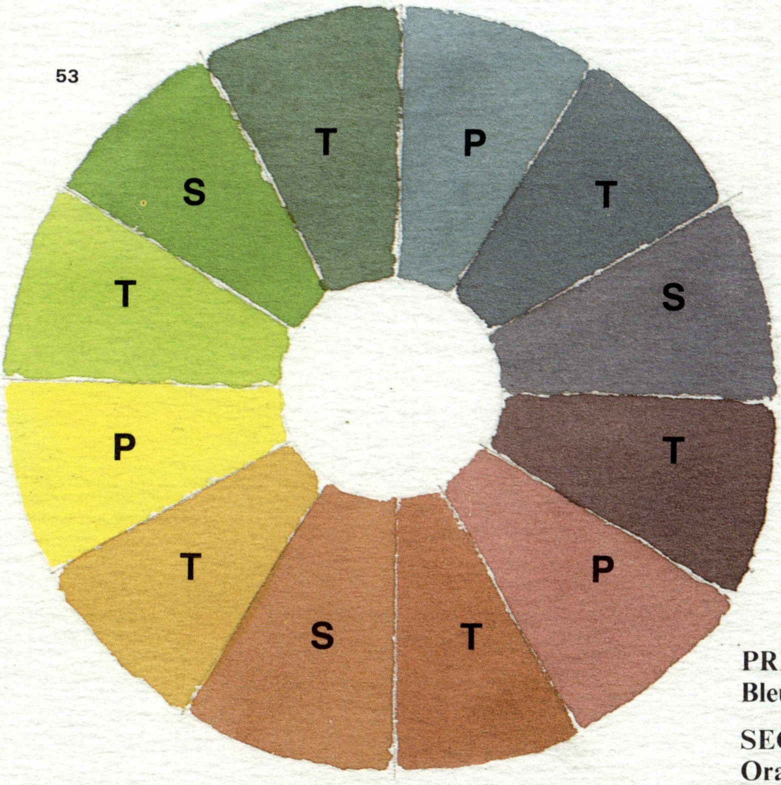

PRIMAIRES (P)
Bleu cyan, magenta, jaune

SECONDAIRES (S)
Orangé, vert, violet

TERTIAIRES (T)
Bleu-violet, bleu-vert, jaune-vert
Jaune orangé, rouge orangé, rouge-violet

54

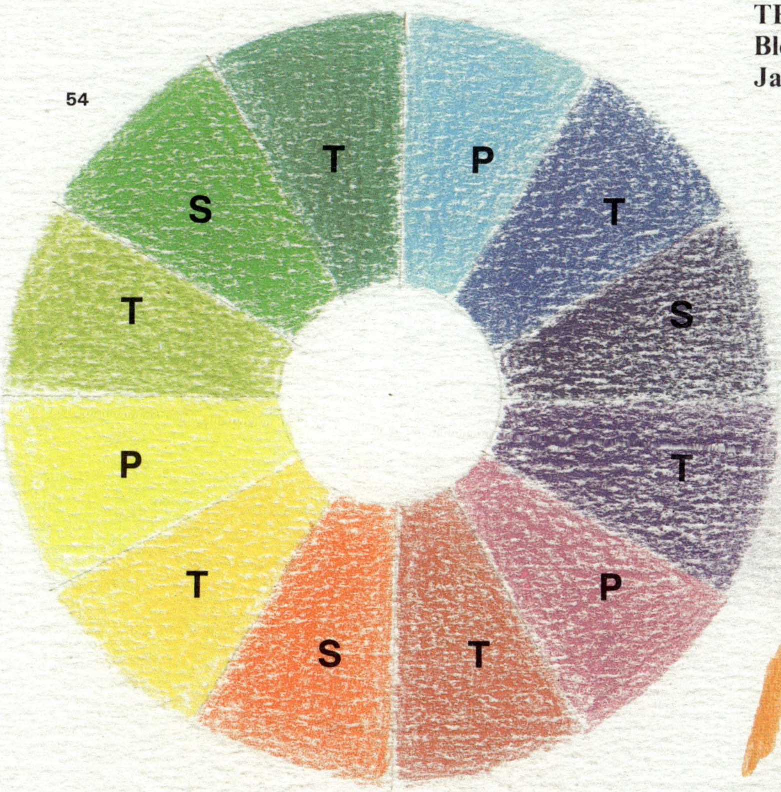

Mélange à l'huile des couleurs primaires, secondaires et tertiaires avec le blanc

Une des expressions les plus courantes en peinture, et surtout lorsqu'il s'agit du mélange des couleurs, est celle d'« intensité de la couleur ». Si on affirme que tel ton est plus intense que tel autre, cela signifie qu'en comparant deux couleurs on considère que l'une est plus éclatante que l'autre.

Ce peut être le cas, par exemple, d'un rouge vermillon par rapport à un vert olive (de tendance grisâtre) ; le premier attirera davantage l'attention que le second. Ces différences surgissent dès que l'on compare différentes couleurs, quoiqu'on ne puisse pas parfois être aussi affirmatif. Si nous comparons ce vermillon avec un vert émeraude clair (brillant et lumineux), nous hésiterons avant de décider quel est le plus intense, et probablement choisirons-nous le vert.

Chacune des couleurs du cercle chromatique possède sa propre intensité, et celle-ci peut être plus ou moins grande en fonction des autres couleurs. Cette intensité est étroitement liée à un autre facteur d'une extrême importance : la saturation.

Nous disons qu'une couleur est saturée lorsqu'elle atteint son intensité maximale, sa plus grande pureté. Dans le langage courant, la saturation est synonyme de « couleur sortant du tube », exempte de tout mélange. Ainsi, comparer des intensités revient, en fait, à évaluer des niveaux de saturation. Un bleu ciel et un bleu de cobalt représentent, plutôt que deux couleurs différentes, deux degrés de saturation distincts pour une même couleur (dans l'hypothèse où le bleu ciel provient d'un mélange de

Fig. 55. Dégradés vers le blanc, réalisés à l'huile, pour les couleurs primaires et secondaires.

55

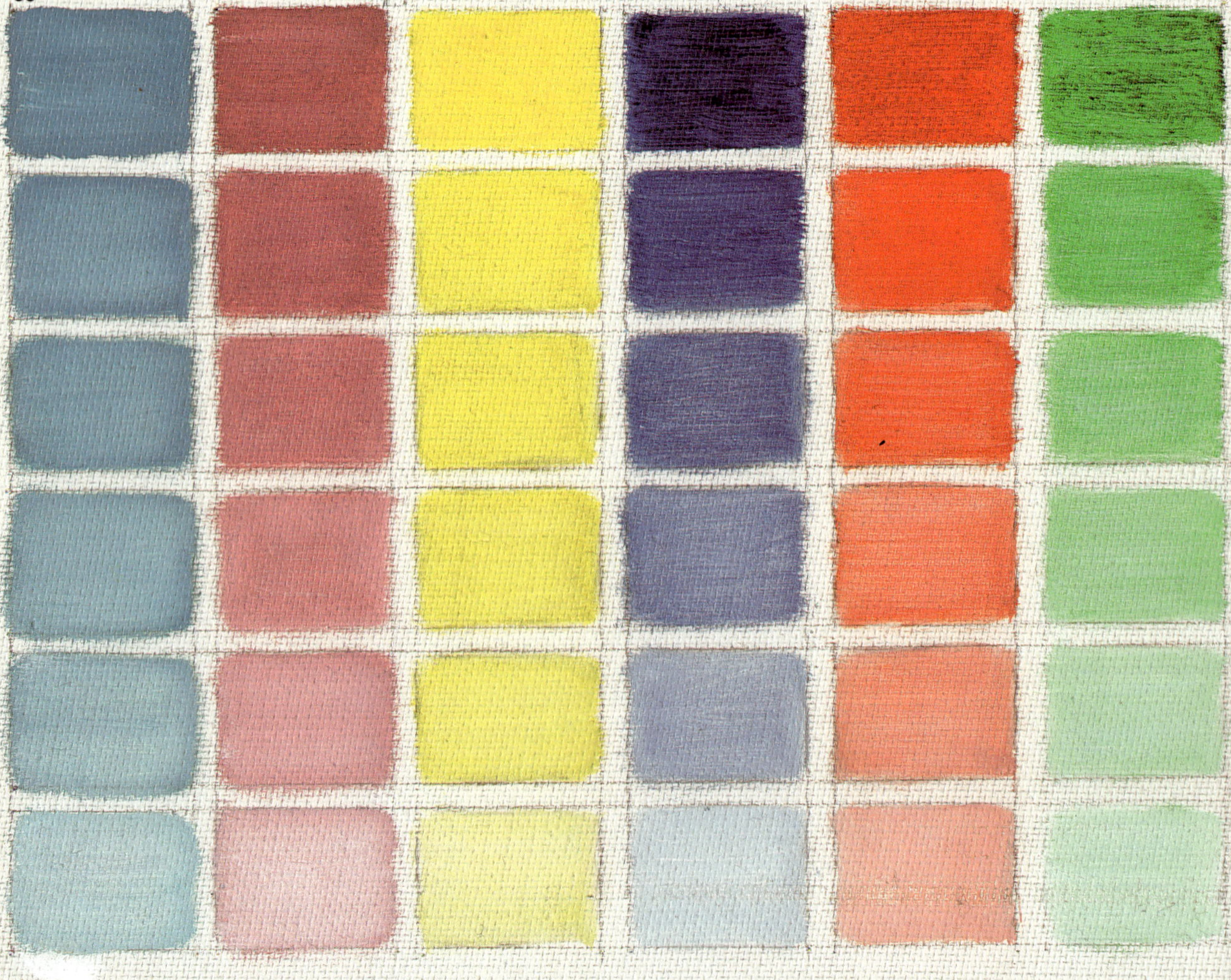

bleu de cobalt et de blanc). Ce bleu ciel est, en réalité, un bleu de cobalt « désaturé », c'est-à-dire dégradé avec du blanc.

En dégradant avec du blanc l'intensité de saturation des couleurs, nous accroissons les possibilités d'enrichissement chromatique et d'harmonisation de chaque couleur, jusqu'à obtenir un nombre impressionnant de gammes chromatiques.

Les dégradés sont plus ou moins étendus en fonction de la couleur éclaircie avec le blanc. C'est ainsi qu'un vert ou un bleu peut être progressivement dégradé en perdant assez peu de sa « personnalité ». Le jaune, en revanche, va pâlir très vite et rapidement disparaître dès que nous commençons à le dégrader. Vous avez ici une gamme ordonnée, réalisée à l'huile, et contenant les couleurs primaires, secondaires et tertiaires. Chaque couleur offre cinq niveaux de saturation allant en décroissant. Pour la réalisation de cet exercice, vous devez ajouter du blanc à chaque couleur en veillant à ce que les résultats soient le plus proches possible de ce que vous voyez ici. Il ne doit pas y avoir de changement brutal d'un degré de saturation à l'autre.

Fig. 56. Dégradés vers le blanc, réalisés à l'huile, pour les couleurs tertiaires.

56

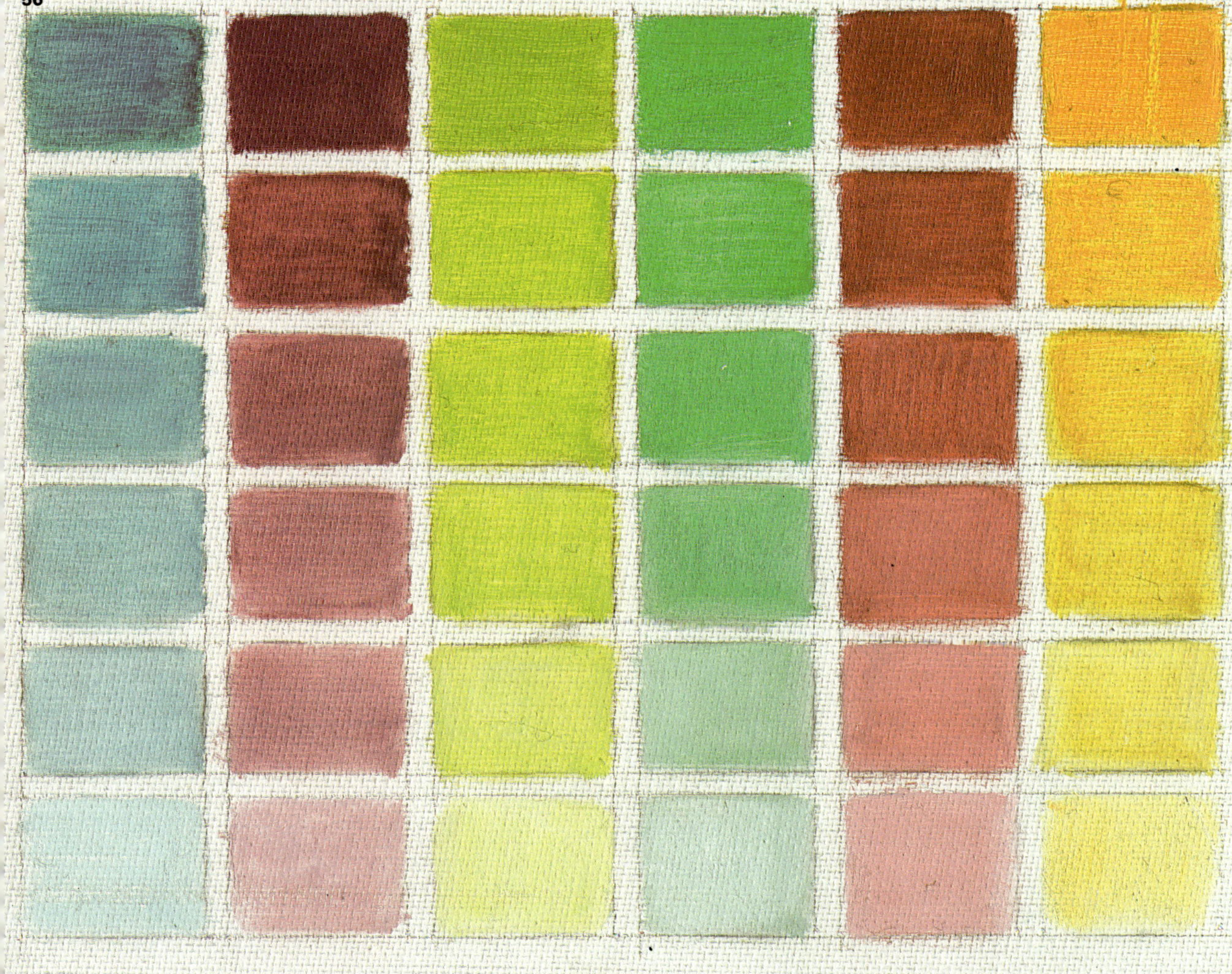

Mélange à l'huile des couleurs primaires, secondaires et tertiaires avec le noir

Vous avez pu constater, dans les pages précédentes, le nombre important de nuances et de tonalités naissant du mélange des couleurs primaires, secondaires et tertiaires avec le blanc.

Nous avons abordé ces nuances en fonction de la notion de saturation, ce qui nous a permis d'établir tout un ensemble de tonalités différentes pour chaque couleur.

Toutefois, les possibilités tonales ne se limitent pas aux tons progressivement plus clairs, elles incluent aussi ceux progressivement plus foncés. Le mélange d'une couleur quelconque avec le noir entraîne une perte de luminosité, un obscurcissement qui altère sa tonalité propre et l'amène vers des nuances différentes. Tel est le cas du jaune qui, mélangé à du noir, vire vers le vert ; ou encore du rouge qui vire vers une couleur terre. Pour autant, il ne s'agit pas là seulement d'un accroissement quantitatif, en nombre de couleurs, mais d'un enrichissement qualitatif, au sens de diversité. Les gammes qui illustrent ces pages ont été obtenues en mélangeant du noir à chacune des couleurs à l'huile primaires, secondaires et tertiaires. Comme pour le mélange avec le blanc, nous avons ici cinq gradations pour chaque couleur.

Quoique assez laborieux, cet exercice est très utile pour prendre conscience des possiblités tonales que possèdent les couleurs au-delà des tonalités primaires, secondaires et tertiaires. Des possibilités qui, pour l'expression artistique, compte tout autant, sinon plus, que la connaissance des couleurs de base.

Fig. 57. Couleurs à l'huile primaires et secondaires rabattues vers le noir.

57

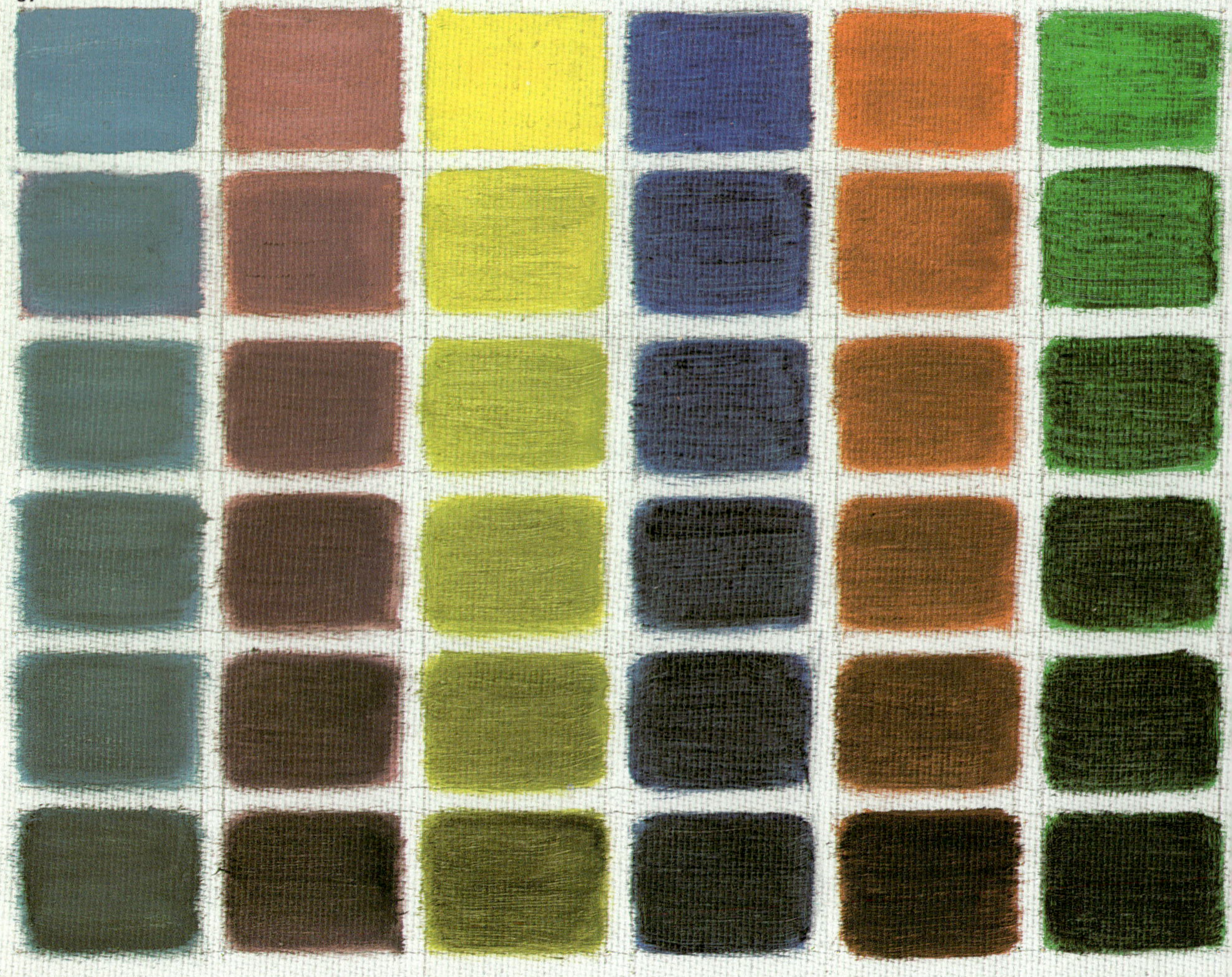

Pour réaliser cet exercice, vous pouvez travailler après avoir disposé sur votre palette une petite quantité de chaque couleur primaire et secondaire, ou bien réaliser les cinq gradations en procédant couleur après couleur et en reprenant à chaque fois les mélanges par le début. Cette seconde manière est plus pratique et moins spectaculaire et offre l'avantage de n'avoir à employer que la couleur nécessaire pour chaque mélange.
Progressez en ajoutant le noir à petites doses, afin de vous rapprocher le plus possible des tons reproduits ici de telle sorte que votre gradation soit continue et proportionnée.

Fig. 58. Couleurs à l'huile tertiaires rabattues vers le noir.

58

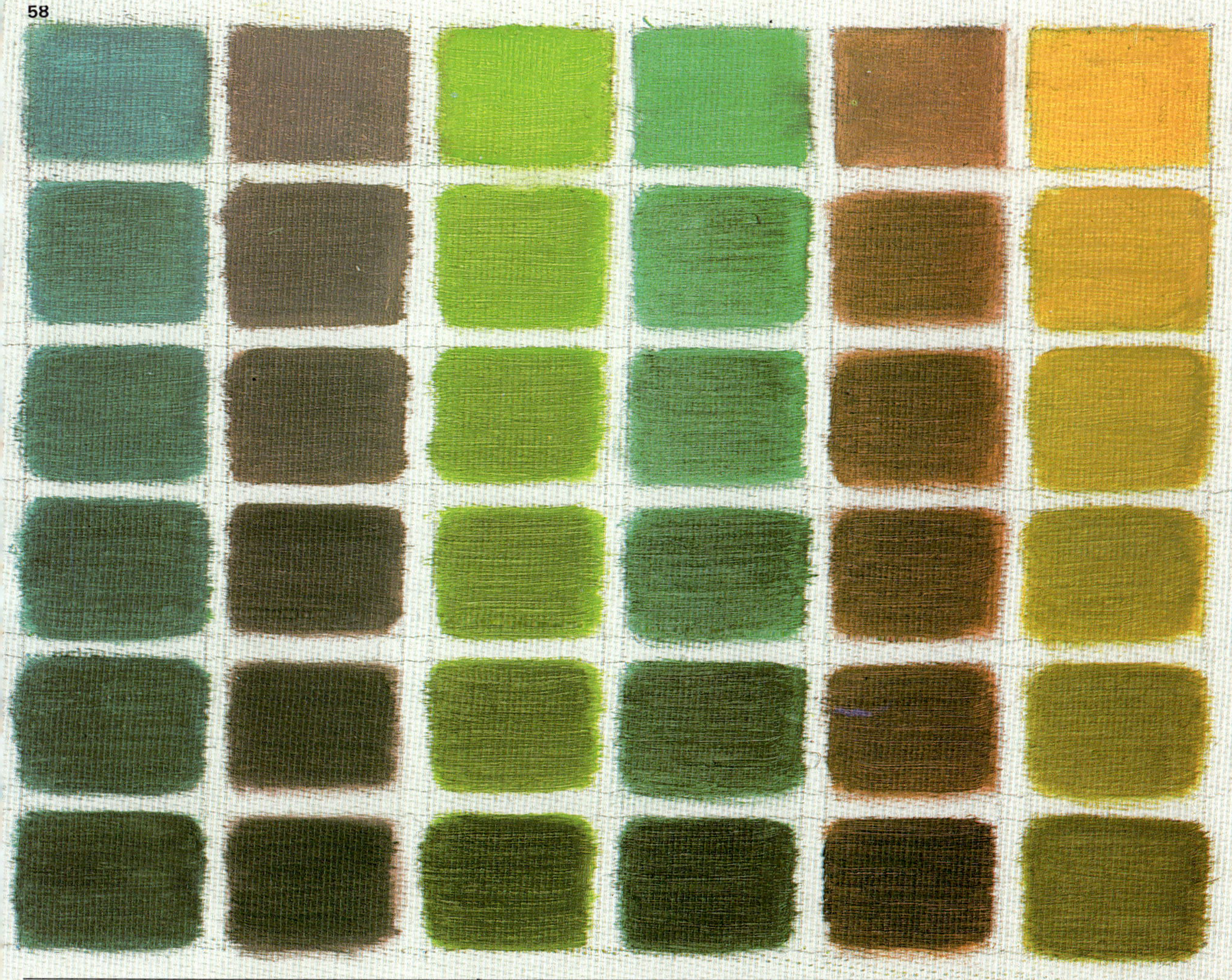

Mélange à l'aquarelle des primaires, secondaires et tertiaires, dégradées et rabattues avec le blanc et le noir

59

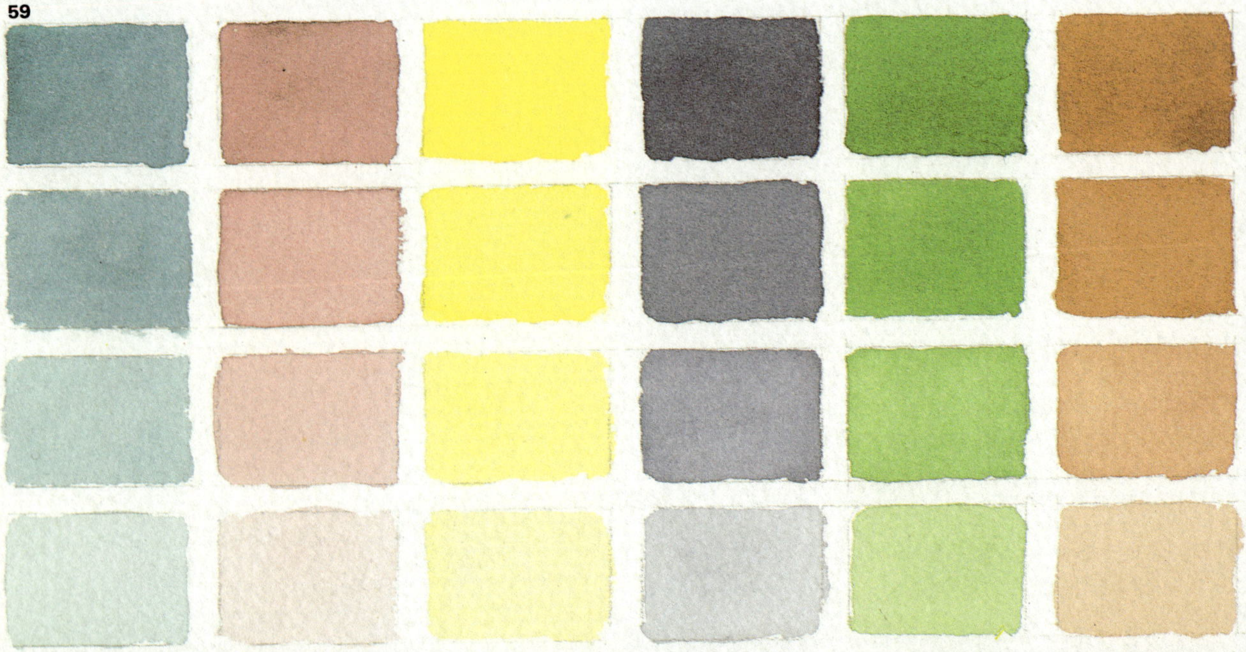

60

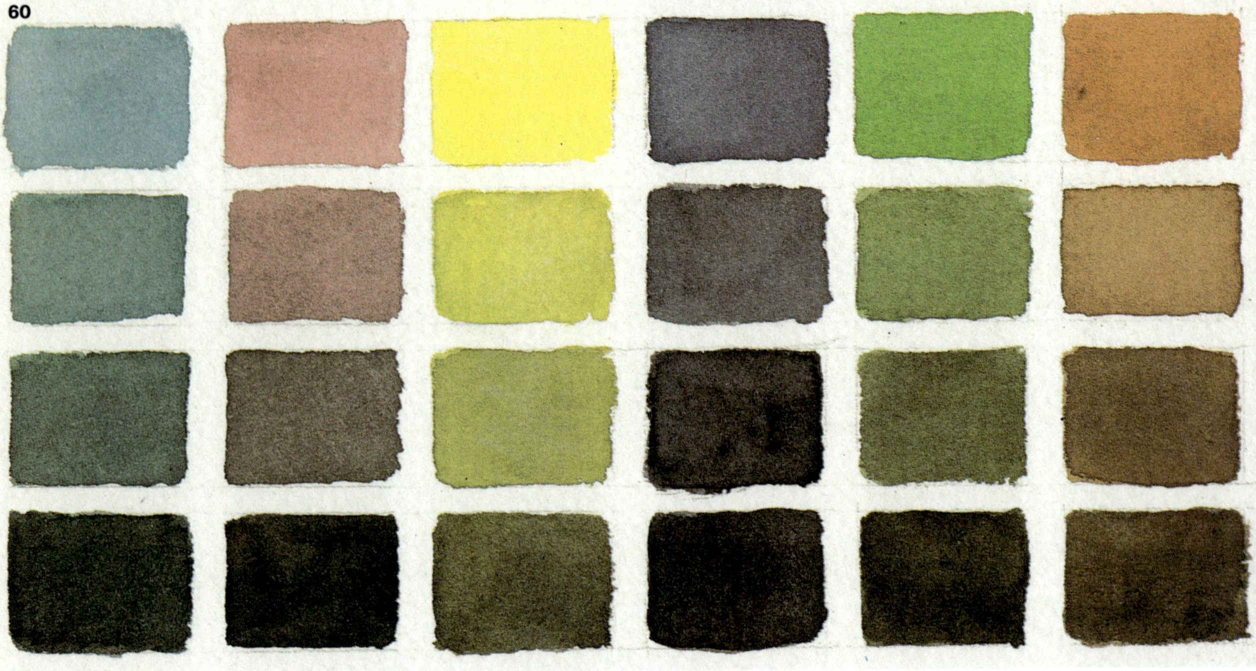

Ce que nous avons dit à propos du mélange des couleurs secondaires à l'aquarelle vaut aussi pour cet exercice. Il s'agit tout d'abord, en partant des couleurs primaires bleu de Prusse, carmin de garance et jaune citron, d'obtenir les couleurs secondaires : violet, vert et orangé. Chaque couleur est dégradée vers le blanc et rabattue vers le noir.

Dans les mélanges ci-dessus (fig. 59 et 60), les couleurs primaires occupent les trois premières colonnes et les secondaires, les trois suivantes. Observez attentivement la progression des dégradés (en quatre étapes) et essayez de les réaliser – d'abord avec de l'eau, puis avec du noir – en recherchant les mêmes degrés d'intensités.

Fig. 59 et 60. Couleurs primaires et secondaires à l'aquarelle, dégradées vers le blanc (fig. 59) puis rabattues vers le noir (fig. 60).

61

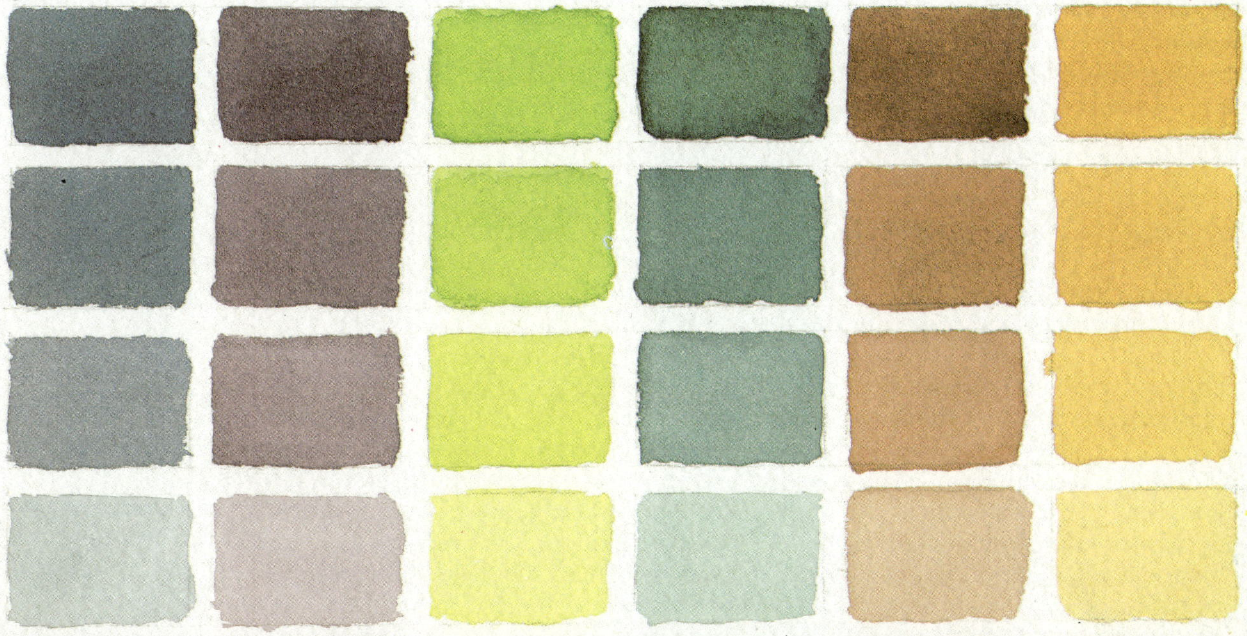

62

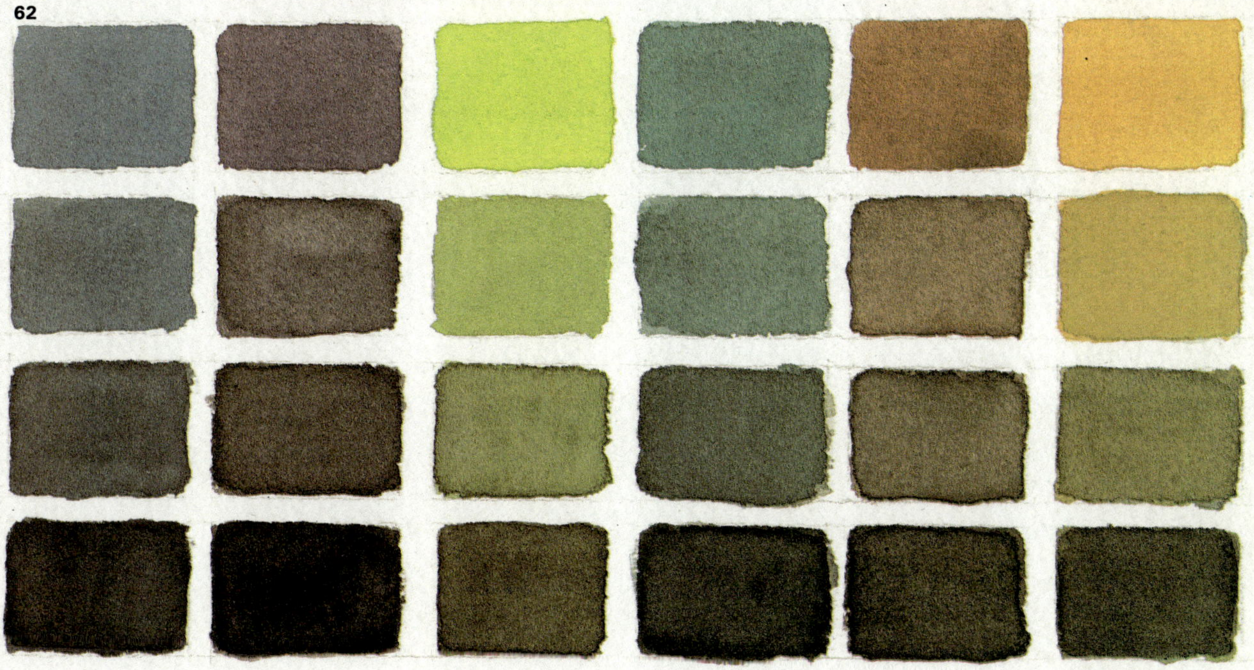

À la suite de cet exercice, nous allons maintenant dégrader et rabattre les couleurs tertiaires vers le blanc et le noir (fig. 61 et 62). Les couleurs correspondent, de gauche à droite, à chacun des mélanges suivants : bleu de Prusse et violet, carmin de garance et violet, jaune citron et vert, bleu de Prusse et vert, magenta et orangé, jaune et orangé.

Essayez, comme pour les dégradés précédents, de recréer ces gradations vers le blanc et le noir en progressant régulièrement et en évitant les « sauts » brusques de tonalité.

Fig. 61 et 62. Couleurs tertiaires à l'aquarelle dégradées vers le blanc (fig. 61), puis rabattues vers le noir (fig. 62).

Comment obtenir un noir... sans noir

Un noir n'est jamais n'importe quel noir. Il peut tendre vers le carmin, le brun, le bleu, ou encore le vert. Le choix d'une de ces tendances sera déterminé par la tonalité générale du tableau, par la gamme chromatique dominante. D'une manière générale, nous pouvons affirmer qu'il existe trois catégories de noirs : les noirs neutres, chauds ou froids.

L'illustration ci-dessous nous indique les couleurs intervenant dans la composition de chacun de ces noirs. Un noir neutre s'obtient par un mélange de terre d'ombre, de carmin de garance et de vert émeraude en quantités égales (fig. 63). Le mélange des couleurs complémentaires carmin et vert émeraude donne un gris neutre qui, foncé avec le terre d'ombre brûlée, la couleur idéale pour obscurcir et pour obtenir des gris, procure un noir d'une tonalité presque parfaite, mais toutefois plus riche et dense que le noir d'ivoire classique des couleurs à l'huile.

Le noir chaud s'obtient en réduisant de moitié la quantité de vert émeraude (fig. 64). Le résultat nous donne un noir profond et chaud, de tendance rougeâtre. En remplaçant le carmin par le bleu de Prusse et en conservant une quantité réduite de vert émeraude, on obtient un noir bleuté, froid et satiné (fig. 65). Pour vérifier la tendance de ces noirs, vous devrez éclaircir chacun d'eux avec du blanc, en procédant comme sur l'illustration de la page suivante (fig. 68A à 70A). Sur les gris colorés qui en résulteront, vous pourrez apprécier jusqu'à quel point votre noir est chaud, froid ou neutre. Si l'un des gris montre une tendance différente de celle recherchée, il vous faudra diminuer ou augmenter la proportion de l'un des composants du mélange.

63

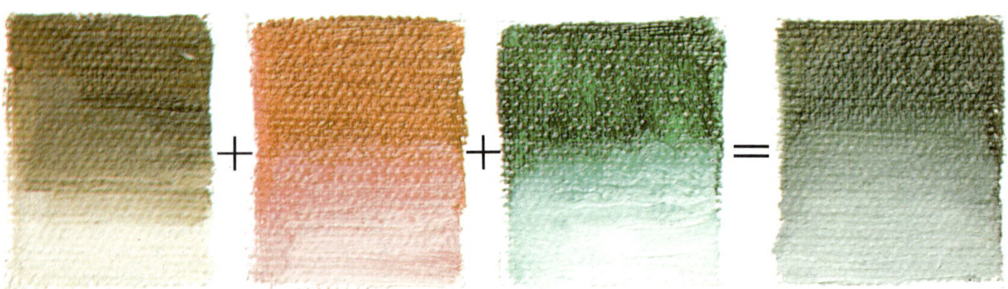

64

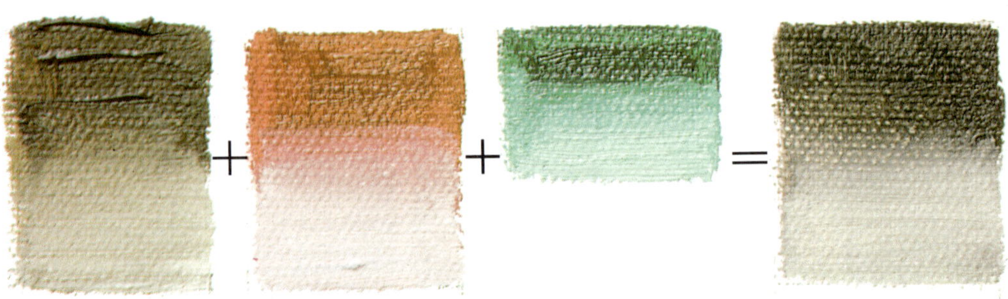

65

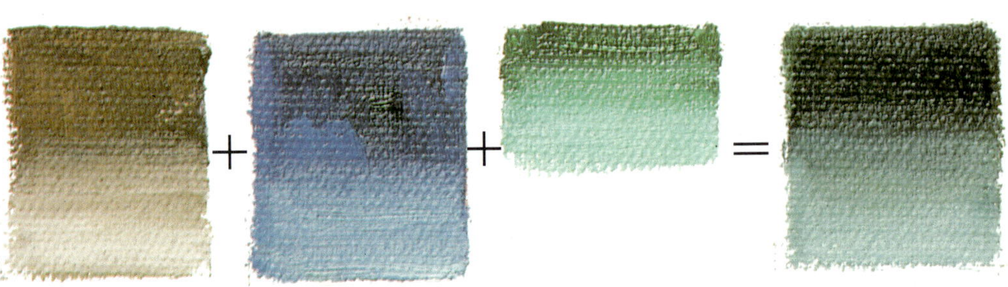

Fig. 63. Noir neutre obtenu par mélange de terre d'ombre, de carmin de garance et de vert émeraude en quantités égales.

Fig. 64. Noir chaud réalisé par un mélange de terre d'ombre, de carmin de garance et d'une demi-part de vert émeraude.

Fig. 65. Noir froid résultant d'un mélange de terre d'ombre, de bleu de Prusse et d'une demi-part de vert émeraude.

Fig. 66. José M. Parramón, *Place Neuve*. Collection particulière.

Fig. 66A. Sur ce détail agrandi de la peinture précédente, nous voyons que le noir est composé à partir de couleurs chaudes.

Fig. 67. José M. Parramón, *Paysage du Montseny*. Collection particulière.

Fig. 67A. Un noir de tendance froide apparaît sur ce détail agrandi de la peinture précédente.

Fig. 68 et 68A. Composition et dégradé d'un noir neutre.

Fig. 69 et 69A. Composition et dégradé d'un noir froid.

Fig. 70 et 70A. Composition et dégradé d'un noir chaud.

66

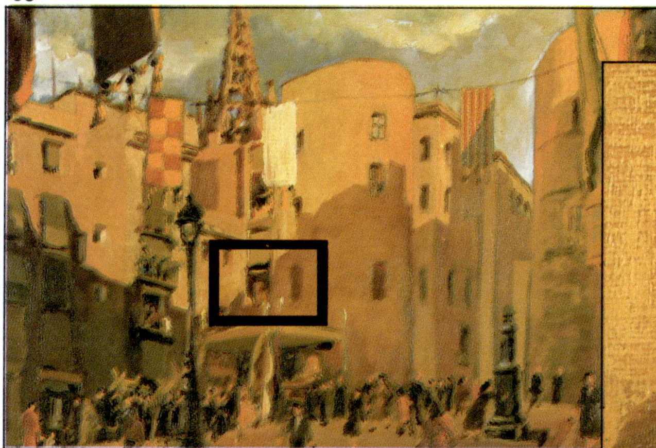

66 A

67

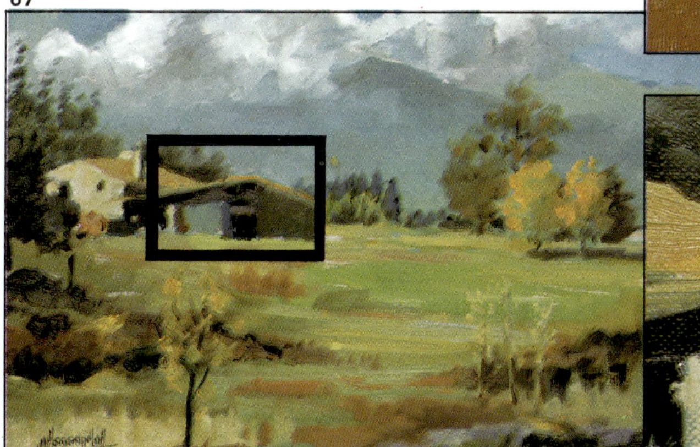

67 A

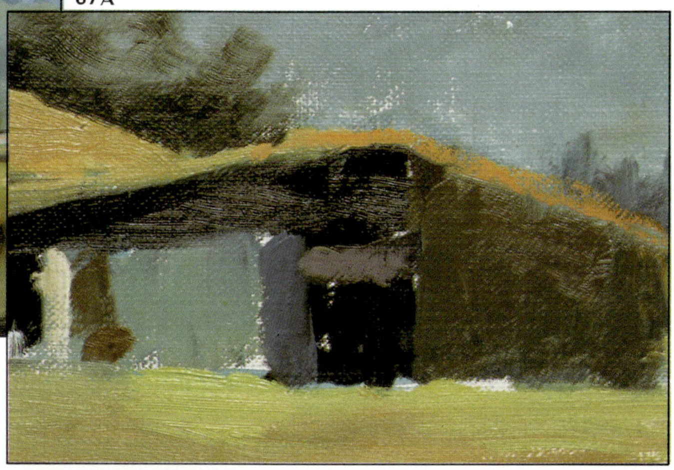

68

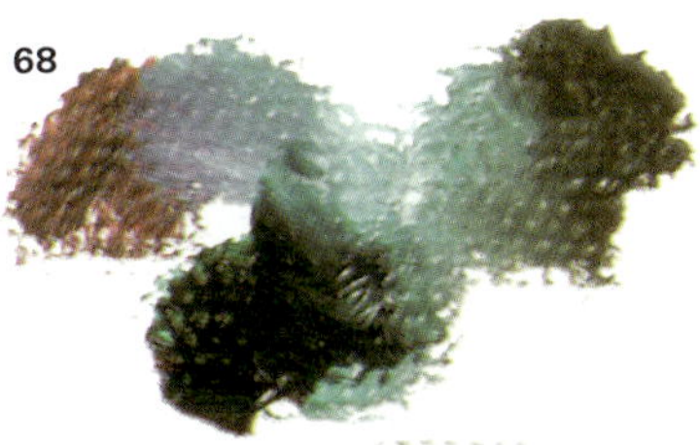

68 A

69

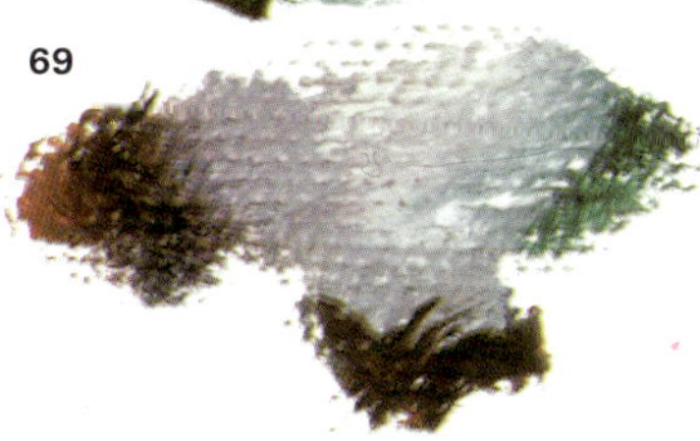

69 A

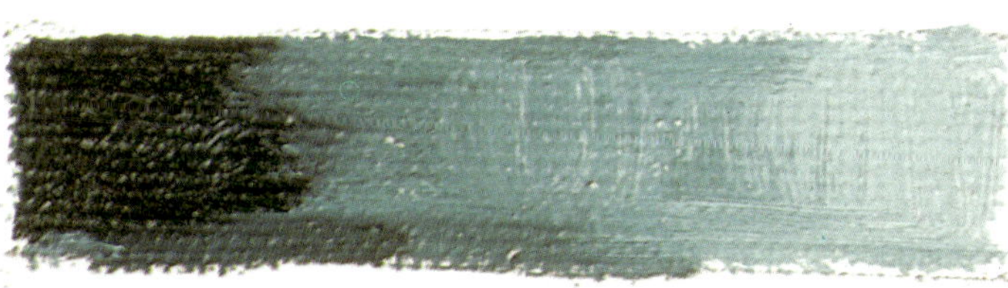

70

70 A

Les couleurs utilisées couramment par le peintre

Aucun artiste ne travaille qu'avec les trois couleurs primaires. La recherche des nuances et des tonalités compliquerait trop les mélanges. Pour obtenir une couleur aussi utilisée que l'ocre jaune, par exemple, il faudrait mélanger une quantité donnée de bleu et de jaune, puis ajouter du pourpre, reprendre le mélange, ajouter un peu de blanc au résultat obtenu... Par ailleurs, chacune de ces couleurs non primaires a en fait une nuance bien particulière, difficile à réaliser à partir du mélange des primaires. Il est préférable, par conséquent, de posséder un assortiment varié de couleurs.

Si vous entrez dans un magasin spécialisé en produits pour les Beaux-Arts et que vous demandiez les nuanciers des couleurs à l'huile ou à l'aquarelle de quelques grandes marques, vous serez surpris par l'étendue des assortiments qui vous sont proposés. Certains nuanciers offrent plus de deux cents couleurs différentes, avec une quinzaine de jaunes, une vingtaine de rouges et d'orangés, jusqu'à quarante bleus et verts...

Qui emploie autant de couleurs ? Personne, bien sûr. Non seulement parce qu'il serait difficile de manipuler une telle quantité de tubes, mais surtout parce que chacun veut peindre avec ses propres couleurs, avec une palette personnalisée et choisie en fonction de ses préférences. Certains vont utiliser le bleu céruléum à la place du bleu de cobalt, ajouter un orangé aux jaunes, prendre un vert de vessie pour casser les nuances vertes, ou encore un vert de cobalt pour « créer des transparences », etc.

Les peintres sont toutefois d'accord sur un point : le nombre de couleurs. Pour la peinture à l'huile, pas plus de douze (plus le blanc et le noir). À l'aquarelle, les boîtes déterminent la quantité ; les plus importantes contiennent vingt-quatre couleurs avec le noir, mais il n'en faut pas tant. Les boîtes contenant de l'aquarelle en tube — la plus utilisée par les professionnels — ne comportent que douze couleurs.

Nous vous suggérons, ci-dessous, une gamme choisie de couleurs pour l'aquarelle et pour l'huile que nous estimons suffisante et qui correspond à celles utilisées le plus souvent par les artistes, tout en sachant que des couleurs à l'aquarelle comme le vert de Hooker, le bleu céruléum ou le gris Van Dick sont aussi très souvent employées.

COULEURS À L'HUILE UTILISÉES COURAMMENT

1. Blanc de titane
2. Jaune de cadmium citron
3. Jaune de cadmium moyen
4. Ocre jaune
5. Terre de Sienne brûlée
6. Terre d'ombre brûlée
7. Vermillon clair
8. Carmin de garance foncé
9. Vert permanent
10. Vert émeraude
11. Bleu de cobalt foncé
12. Bleu outremer foncé
13. Bleu de Prusse
14. Noir d'ivoire

COULEURS À L'AQUARELLE UTILISÉES COURAMMENT

1. Jaune citron
2. Jaune foncé
3. Ocre foncé
4. Terre d'ombre
5. Sépia
6. Rouge de cadmium
7. Carmin de garance
8. Vert permanent
9. Vert émeraude
10. Bleu de cobalt
11. Bleu outremer
12. Bleu de Prusse
13. Gris de Payne
14. Noir d'ivoire

Fig. 71. Palette des couleurs à l'huile utilisées couramment par l'artiste.

Fig. 72. Couleurs à l'aquarelle les plus courantes.

Fig. 73. Pour la peinture au pastel, il convient de posséder un assortiment aussi vaste que possible de couleurs.

71

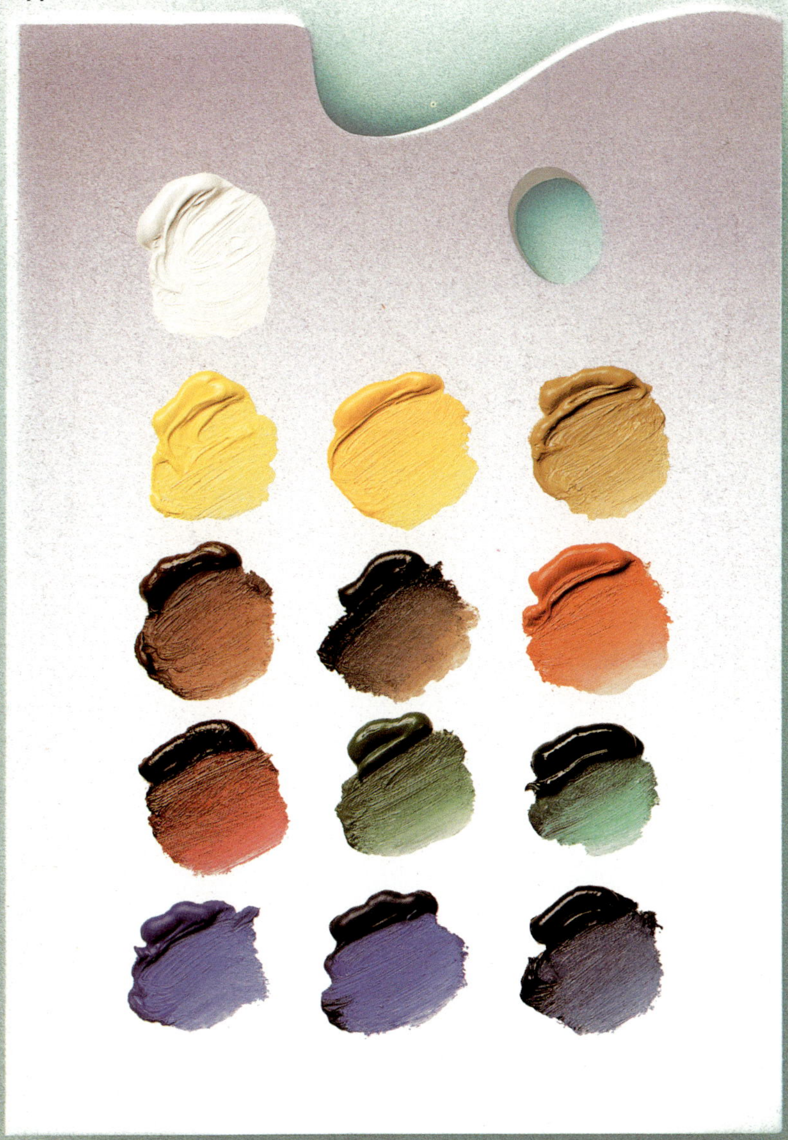

72

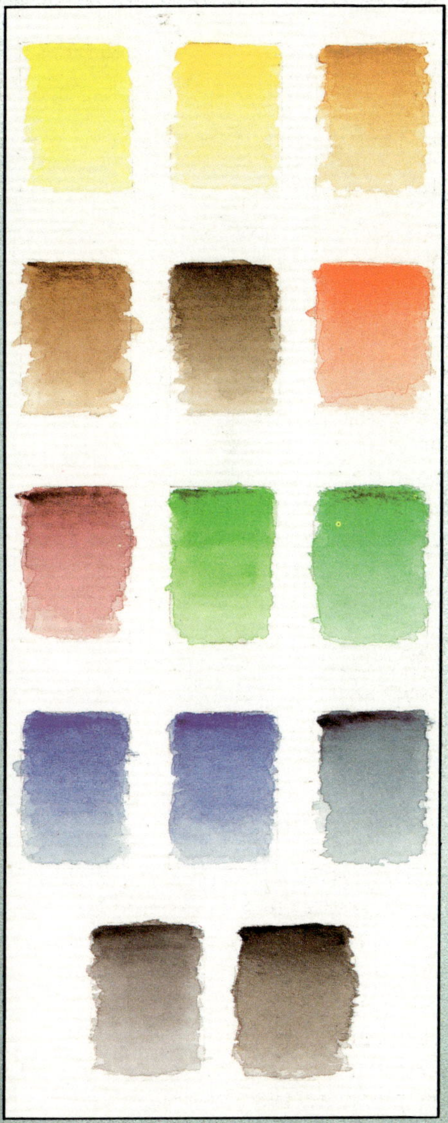

73

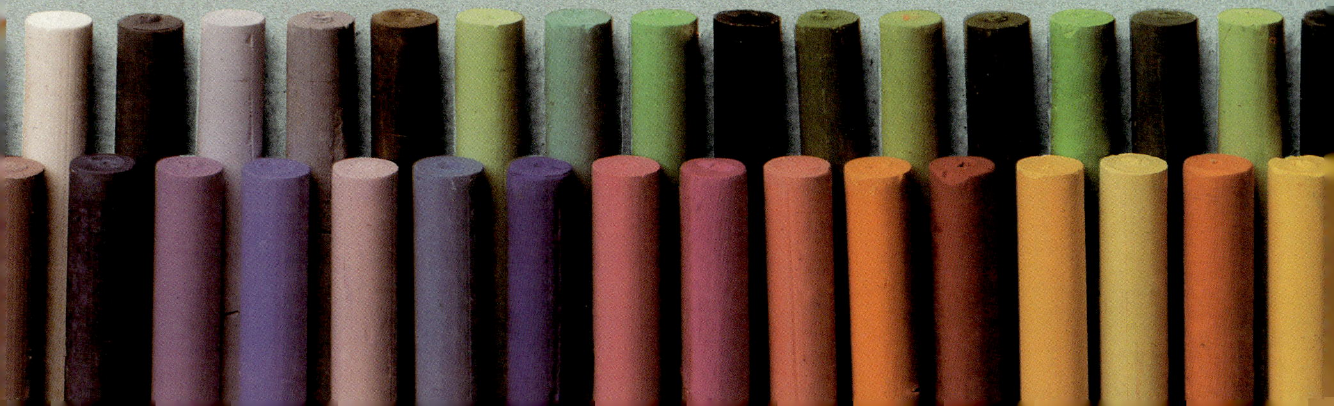

Comme vous avez pu le vérifier, les mélanges réalisés jusqu'à maintenant ont suivi une progression, une méthode que nous oserions qualifier d'« infaillible », par la précision apportée dans les proportions utilisées pour chaque couleur. Ces mélanges sont importants sur le plan pédagogique. Cependant, les couleurs véritablement picturales, les mélanges obtenus en fonction d'un thème ou d'un motif déterminé, sont réalisés par l'artiste grâce à des combinaisons beaucoup plus complexes.
Décrire le procédé utilisé par les artistes pour mélanger leurs couleurs afin de pouvoir reproduire fidèlement ces mélanges est une tâche délicate, car il est difficile de déterminer des proportions exactes. La méthode que nous allons employer maintenant se fonde sur des essais, des rectifications, des ajustements, qui permettent d'obtenir la nuance précise en suivant la même démarche que celle de l'artiste. Cette méthode repose sur la pratique.
Nous vous incitons à suivre nos indications, sans vous décourager si vous n'obtenez pas, du premier coup, un résultat correct. Pour peu que vous insistiez, vous y parviendrez ; ce n'est pas difficile.

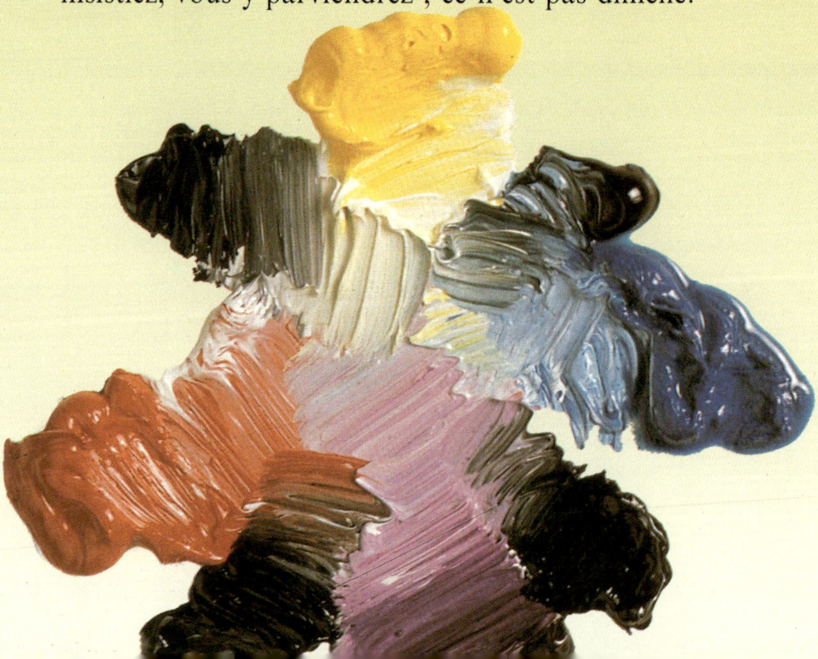

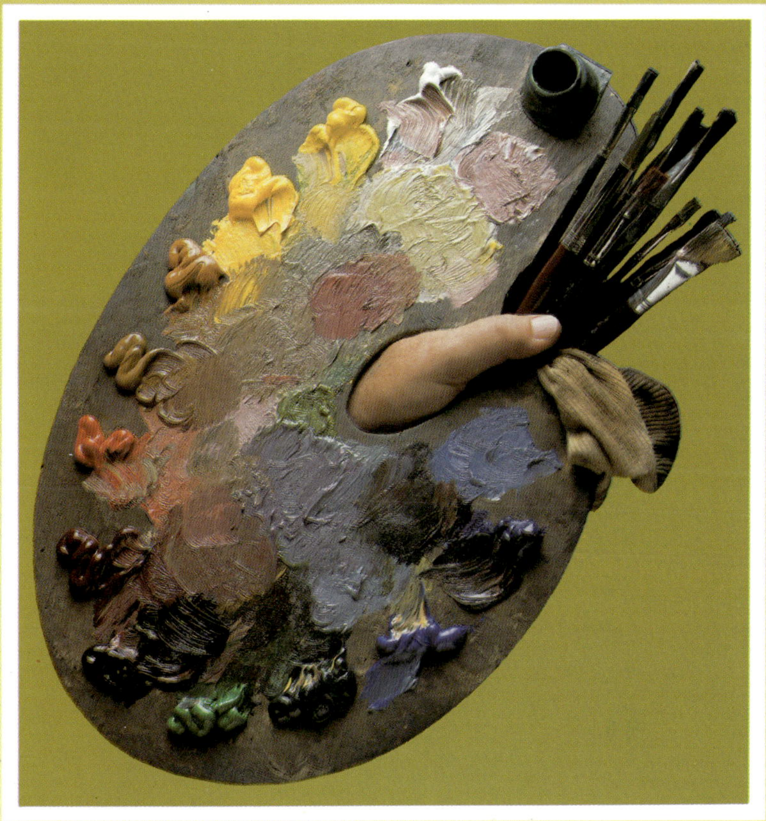

74

En mélangeant toutes les couleurs

Comment mélanger les couleurs à l'huile

Nous avons jusqu'ici étudié et pratiqué le mélange des couleurs par paires, afin d'obtenir les primaires, les secondaires et les tertiaires avec trois couleurs plus le blanc. Le moment est venu de rechercher des couleurs plus complexes : la couleur chair de la *Vénus au miroir* de Vélasquez, par exemple (fig. 75 et 77). Comment expliquer cette couleur ? Comment déterminer les quantités exactes de chaque couleur intervenant dans la composition de cette chair claire et lumineuse ? Il serait possible de procéder comme l'indique le schéma cidessous (fig. 76) : en représentant les proportions relatives de chaque tonalité par des taches de couleur. Mais il n'en résulterait rien d'utile, car si nous voulons rendre plus froide cette couleur chair, nous devons ajouter une petite quantité de bleu. Comment l'exprimer ?

76

COMMENT EXPLIQUER LE MÉLANGE DES COULEURS

Fig. 76. Voici une méthode graphique qui explique le mélange des couleurs. L'inconvénient de cette technique est qu'il est très difficile au peintre, voire impossible, de calculer combien de parts de chaque couleur il lui faut appliquer.

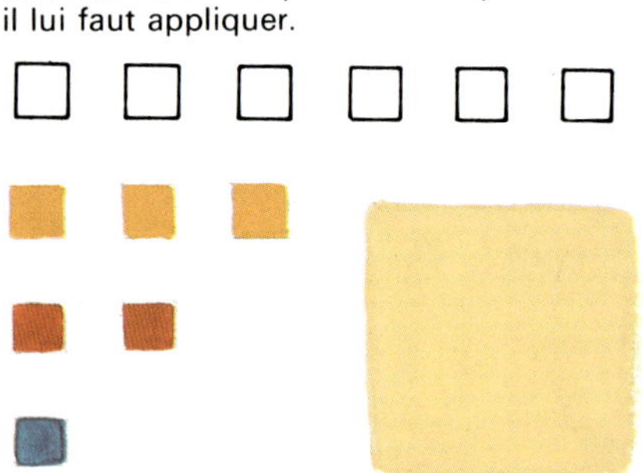

Par une demi-tache de couleur ? À quoi correspond une demi-tache ? Cette démarche n'est pas la bonne.

Nous vous proposons une méthode à première vue moins précise, mais plus utile dans la pratique. Elle consiste à illustrer chacun des mélanges que l'artiste réalise sur sa palette, puis à donner les proportions ainsi que le ferait un artiste : « un peu de celle-ci », « très peu de celle-là », « une pointe de cette autre », etc., en modifiant et en corrigeant en cours de route, en précisant la tonalité, en accentuant la tendance et en déterminant la nuance précise. En un mot, en apprenant par la pratique. Observez (fig. 78) comment l'artiste a résolu la couleur chair du corps de la *Vénus* de Vélasquez (fig. 77). Un mélange de blanc et d'ocre, un peu de jaune, un peu de carmin, une pointe de bleu outremer... Ainsi travaille l'artiste ; il vérifie, ajoute, rectifie, jusqu'à trouver la couleur désirée.

75

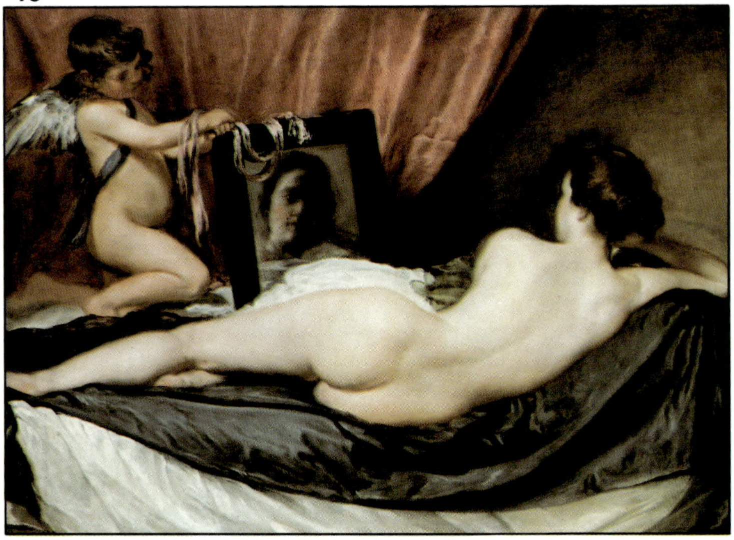

78

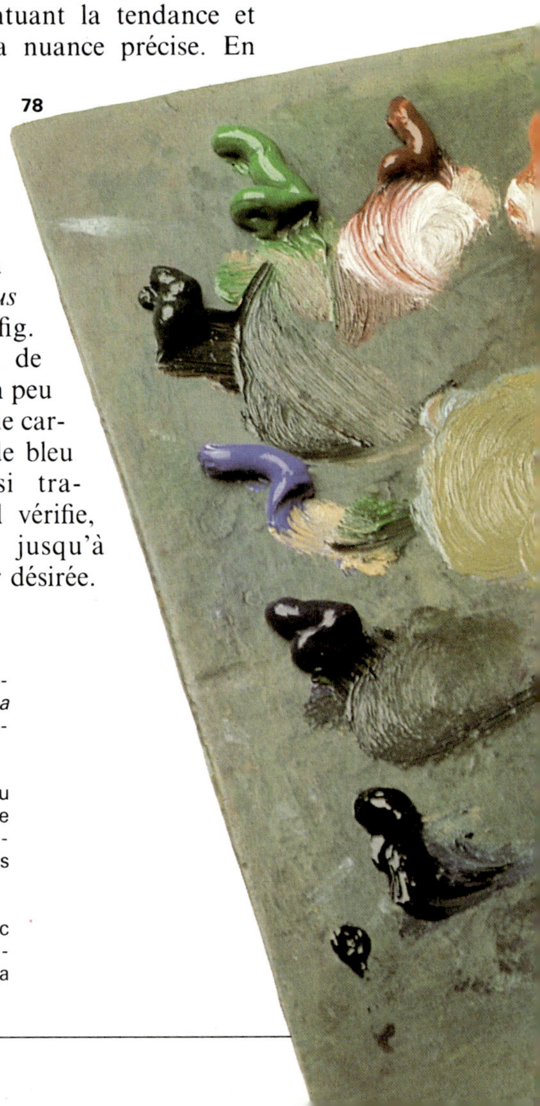

Fig. 75. Diego Vélasquez (1599-1660), *La Vénus au miroir.* National Gallery, Londres.

Fig. 77. Détail du tableau permettant de comprendre la technique du mélange des couleurs à l'huile.

Fig. 78. La palette avec les couleurs nécessaires pour obtenir la nuance chair.

77

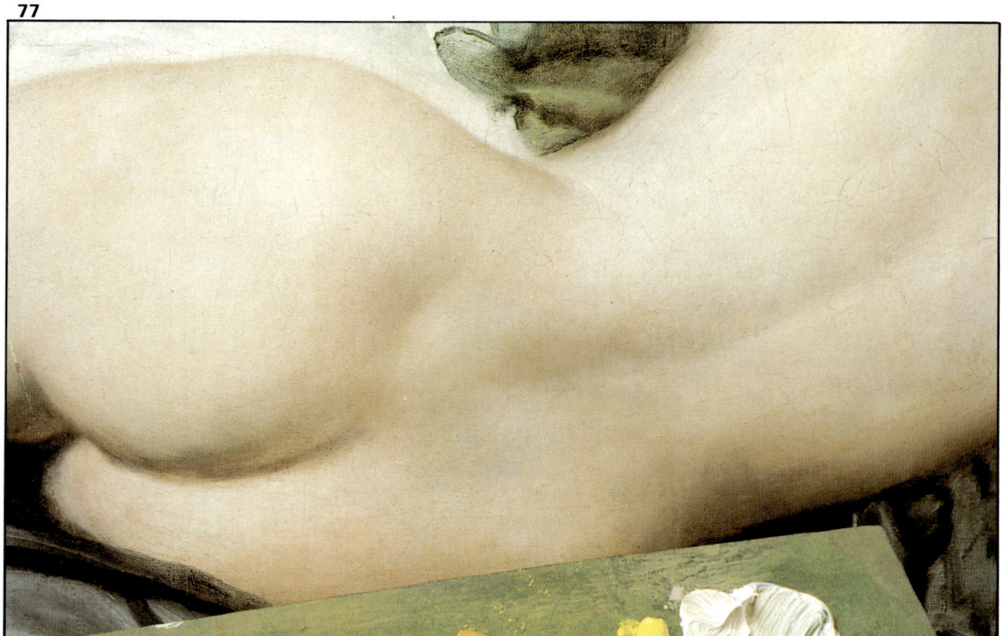

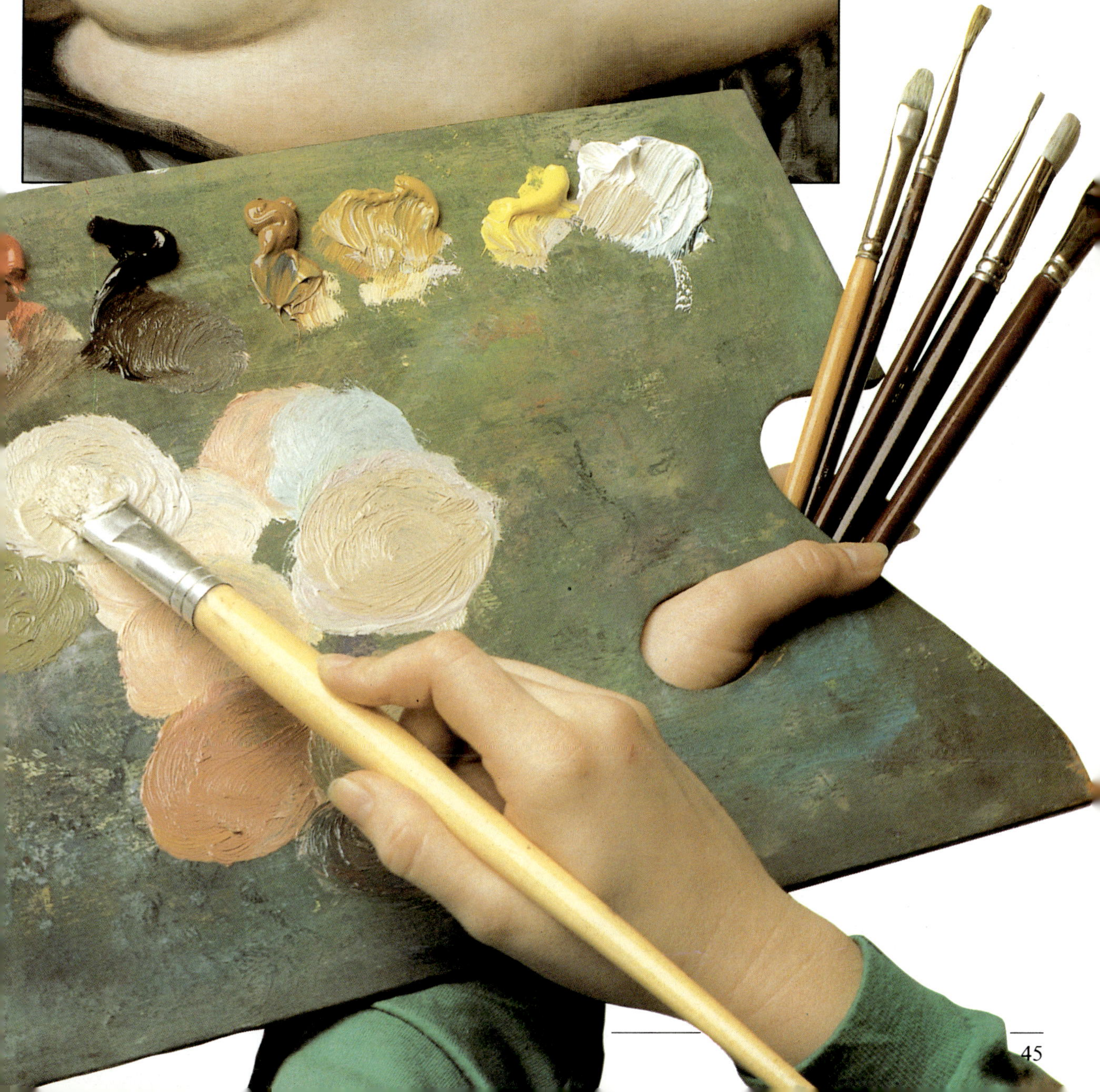

Les mélanges à l'aquarelle

Comme vous le savez, l'aquarelle est transparente et la couleur ne couvre jamais toute la surface sur laquelle on travaille. Appliquée sur du papier blanc, la couleur tend à s'éclaircir grâce à cette transparence et à la blancheur du papier. Si une couleur de base a été préalablement passée, le ton venant en superposition en sera affecté et le résultat sera équivalent au mélange des deux couleurs. On peut donc dire que l'aquarelle se mélange de deux manières : sur la palette ou, par transparence, directement sur le papier. L'aquarelliste de l'Angleterre du XVIIIe siècle utilisait les effets de transparence avec une grande virtuosité technique. Les artistes contemporains préfèrent la technique consistant à appliquer directement la couleur en larges taches, sans trop s'attarder sur les détails. Ces deux méthodes se valent, quoique la seconde exige une connaissance et une expérience plus grandes du métier.

À l'aquarelle, le blanc n'est pas utilisé. Il suffit de diluer les couleurs avec de l'eau pour les éclaircir. Ainsi, dès que les couleurs sont mélangées sur la palette, elles peuvent être appliquées directement ou bien dégradées, éclaircies avec de l'eau pour obtenir l'intensité voulue.

Pour le reste, le mélange des couleurs à l'aquarelle n'est guère différent de celui des couleurs à l'huile. Nous pouvons le constater visuellement sur un détail du nu réalisé par Vicenç Ballestar et reproduit ici (fig. 79 et 80).

Ballestar a utilisé du carmin de garance, de l'ocre jaune et du bleu outremer (fig. 81). Le carmin rentre pour une grande part dans la composition de ce mélange, tandis que le bleu a pour fonction de « rompre » la couleur, de la griser. La tonalité générale de l'épaule est obtenue par des lavis superposés, où le carmin est dominant pour la réalisation des zones obscures.

79

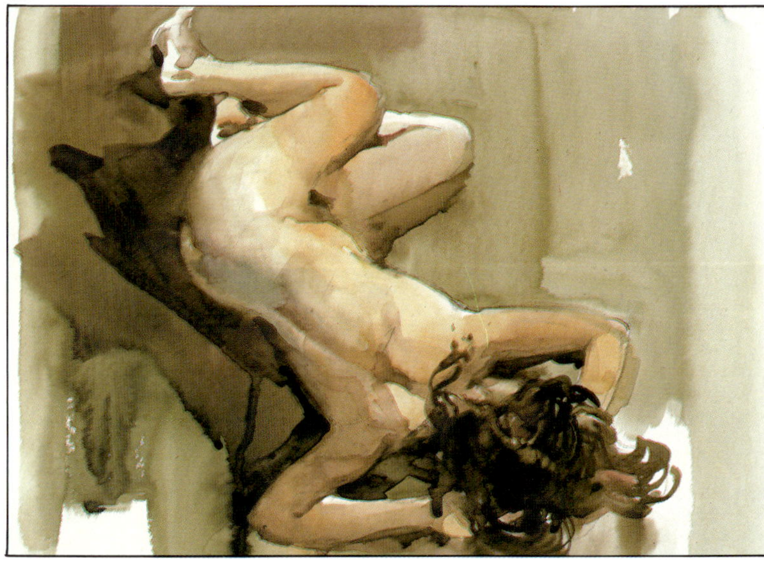

80

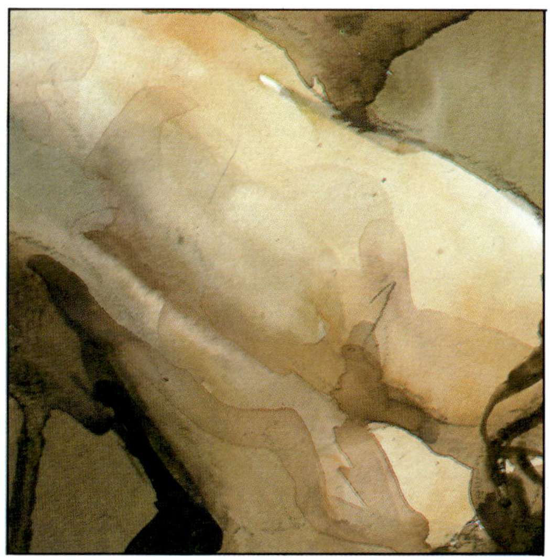

81

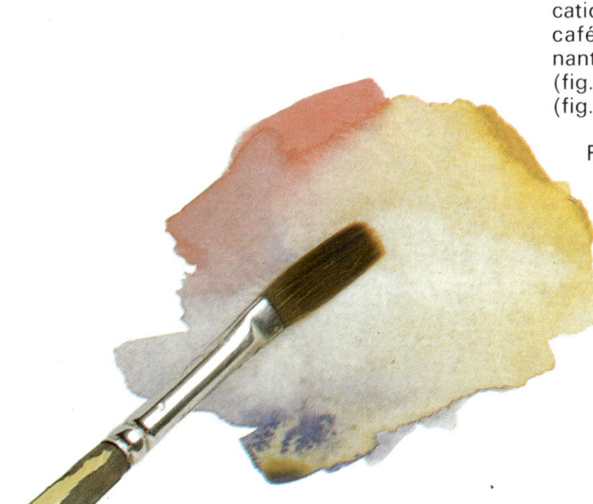

Fig. 79. Vicenç Ballestar, *Nu*. Collection particulière.

Fig. 80. Détail de la figure précédente.

Fig. 81. Le mélange des couleurs chair, pour la réalisation de l'épaule de ce nu, se compose surtout de carmin auquel s'ajoutent un peu d'ocre jaune et de bleu outremer.

Fig. 82. L'eau modifie la couleur, tout en lui conservant une tonalité éclatante, tandis que le lait rabat la couleur en la grisant.

Fig. 83 à 85. Modifications de la couleur du café (fig. 83) provenant de l'addition d'eau (fig. 84) ou de lait (fig. 85).

Fig. 86 à 88. Les mélanges entre complémentaires donnent des gris très foncés (fig. 86).

Le piège des gris

82

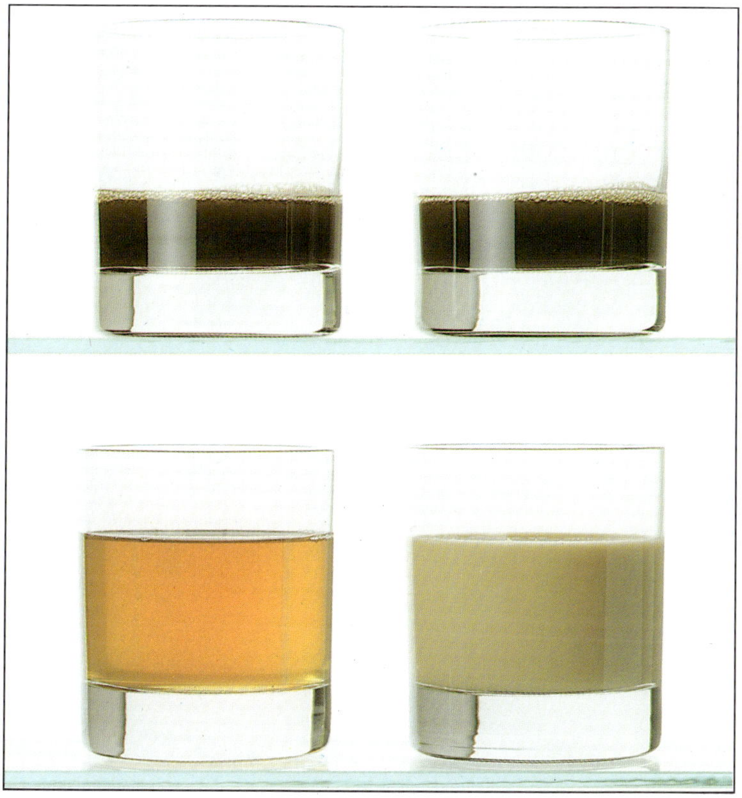

83

84

85

Le professeur Emilio Sala écrit que « la plus grande difficulté de la peinture à l'huile consiste à escamoter le blanc ». En effet, ajouter du blanc à une couleur donnée revient à la griser.

Si l'on prend deux verres remplis d'une même quantité de café, si l'on ajoute de l'eau dans l'un et du lait dans l'autre, l'eau éclaircit la couleur du café jusqu'à obtenir un rouge orangé, un or... Le lait apporte à la couleur du café une tonalité crémeuse et grisée, opaque et sans vitalité, comme dans le cas d'une mauvaise utilisation du blanc dans la peinture à l'huile.

Cette notion est illustrée par les mélanges ci-contre (fig. 86 à 88). Le mélange de jaune et de bleu de Prusse (couleurs complémentaires) donne un gris brunâtre très foncé, presque noir (en haut). Le même mélange dégradé avec du blanc (au centre) nous procure un gris verdâtre. À l'aquarelle, en mélangeant le jaune et le bleu de Prusse (en bas), on obtient différentes tonalités en fonction de la quantité d'eau ajoutée au mélange.

86

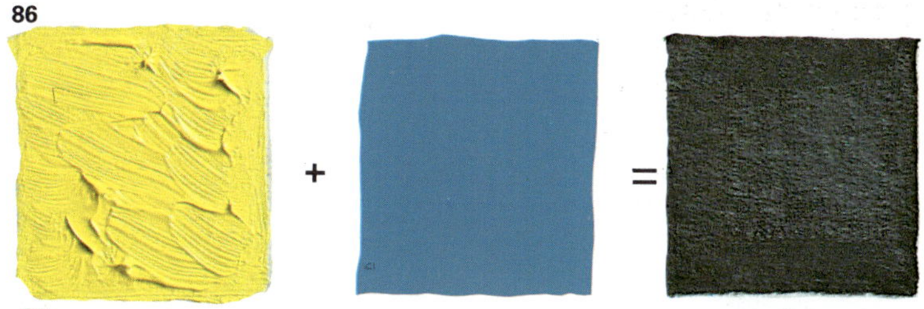

87

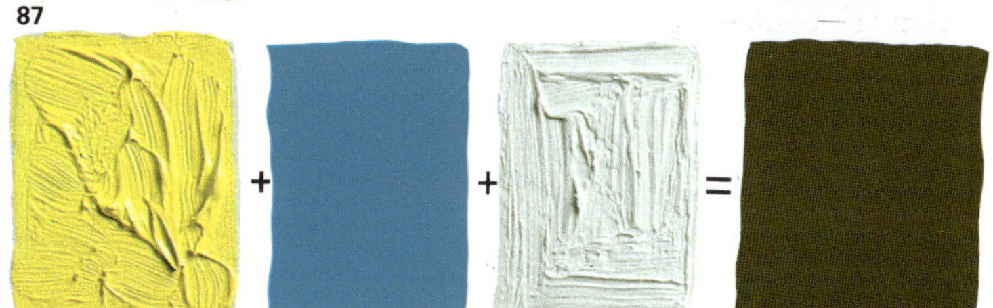

88

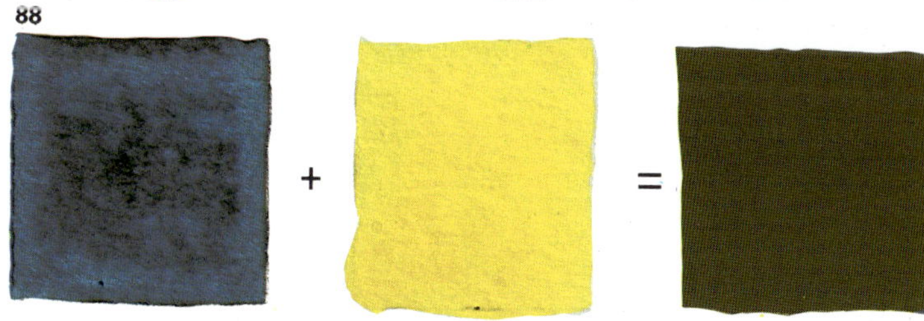

Le printemps peint à l'huile

Sur certains paysages printaniers admirables de Vincent Van Gogh apparaissent des verts, mais surtout des roses et des carmins clairs, des bleu-vert et des blancs légèrement grisés. Ce sont des couleurs froides, « humides » et très lumineuses. Ces œuvres traduisent cette vibration subtile et pénétrante de la couleur, cette fraîcheur si caractéristique du printemps.

Vicenç Ballestar, notre invité, a choisi un paysage d'amandiers en fleurs pour illustrer les couleurs exaltées de cette saison. L'artiste a tenté (à notre avis, avec succès) de transcrire cette atmosphère froide et très lumineuse dont nous parlons, réduisant beaucoup sur la palette l'intervention des chaudes couleurs « terre ».

Figure 90. Le ciel est humide et froid, mais très clair et brillant, d'un bleu presque agressif. En voici le mélange : blanc, bleu de cobalt foncé et bleu turquoise. Le bleu de cobalt foncé apporte une nuance d'un bleu neutre, devenant plus froide et plus claire grâce au bleu turquoise qui tend vers le vert.

Figure 91. La bande de terre, au second plan, se compose d'ocre jaune, de vert permanent et de jaune de cadmium orangé. Le mélange donne un terre de Sienne verdâtre très chaud que l'artiste a étendu avec régularité.

Figure 92. L'herbe tendre et brillante au premier plan s'obtient avec le jaune de cadmium citron, le vert permanent, le jaune de cadmium orangé et le blanc. C'est une couleur à la composition complexe, « à la Van Gogh », agressive mais laissant une grande latitude pour les variations et les nuances.

Fig. 89. Paysage à l'huile réalisé par Vicenç Ballestar pour illustrer le mélange des couleurs correspondant au printemps.

90

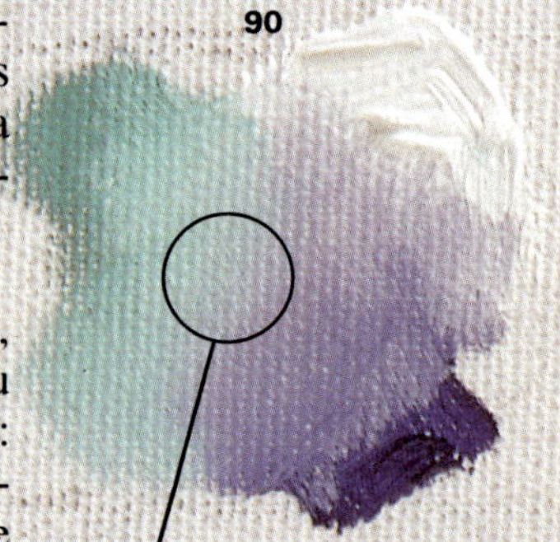

91

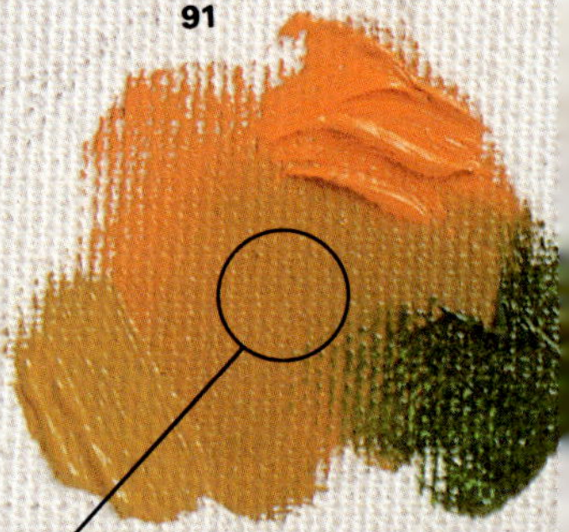

89

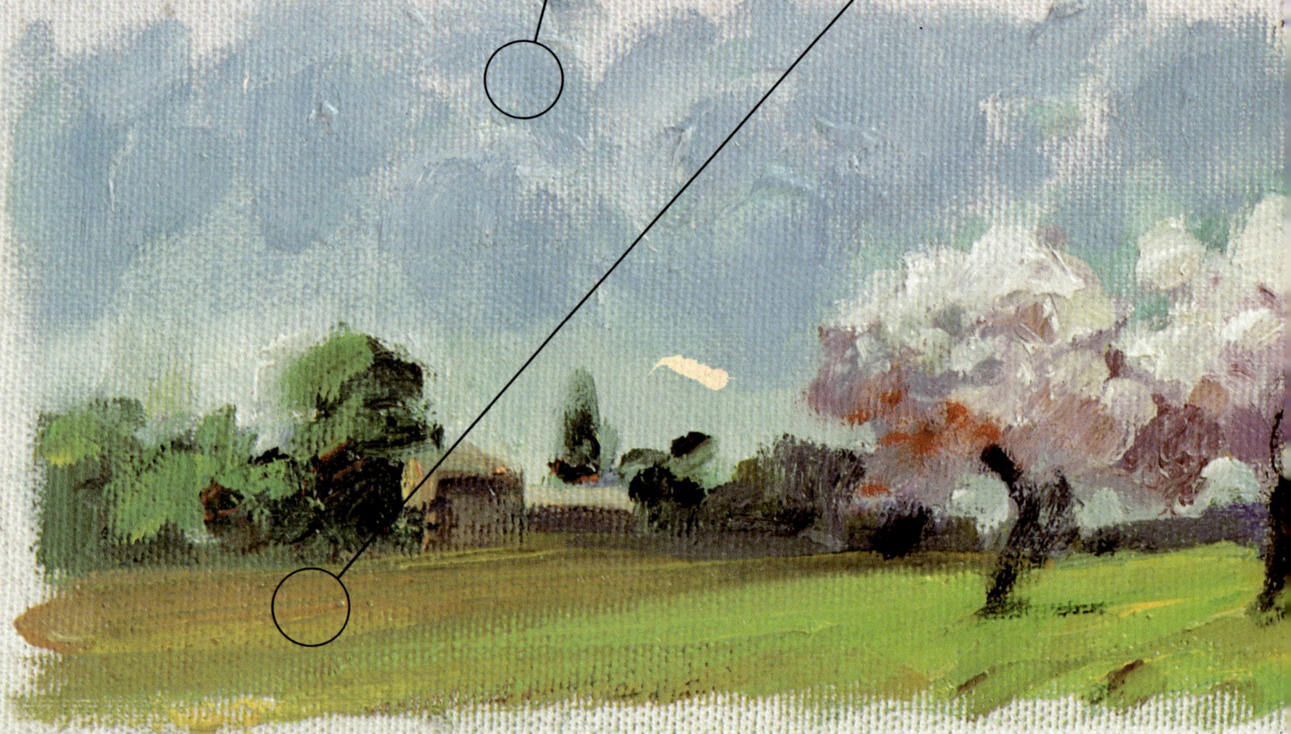

Figure 93. Les verts foncés plus denses de la forêt situés derrière les amandiers en fleurs se composent de vert permanent, de vert émeraude et de brun Van Dyck. Le mélange de ces trois couleurs (deux verts et une couleur terre de tendance rougeâtre qui leur est complémentaire) donne un ton froid très foncé, presque noir. C'est le ton utilisé par l'artiste pour les ombres profondes du feuillage, autour desquelles se répartissent des verts puissants et opaques, à dominante émeraude, dégradés avec le vert permanent.

Figure 94. La note élevée et brillante du paysage est rendue par les amandiers. Les masses de fleurs sont composées de blanc, de carmin et de bleu turquoise. Il suffit que vous commenciez à mélanger ces couleurs sur votre palette pour que vous perceviez aussitôt leurs possibilités et leur attrait qui proviennent des roses subtils naissant du carmin et du blanc, ainsi que des bleu-vert très clairs que permet le turquoise. Sur les fleurs dominent des roses foncés (jusqu'au mauve) par le turquoise et entourés d'une auréole blanche.

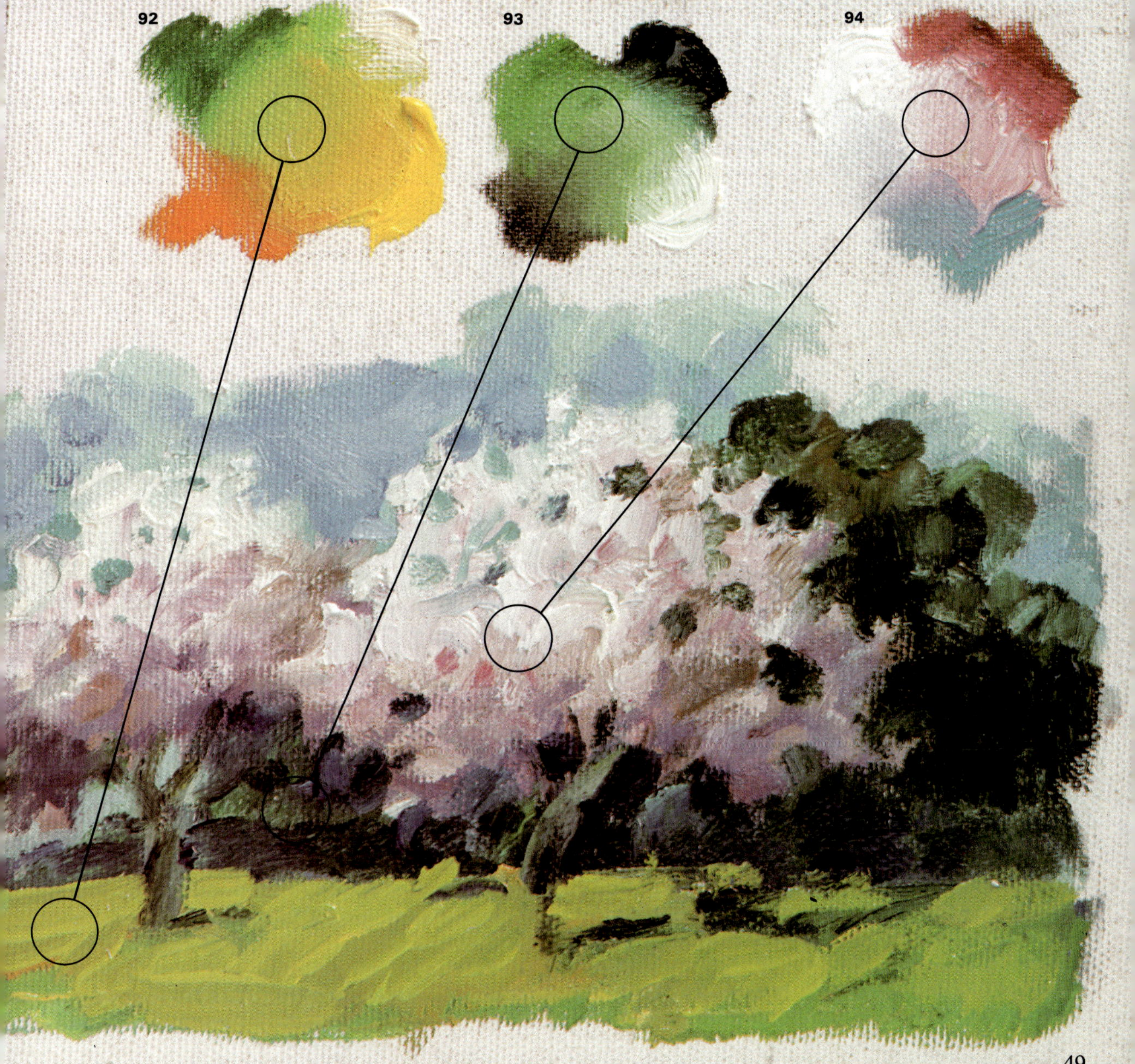

Le printemps peint à l'aquarelle

Ce paysage de Vicenç Ballestar est dominé par des couleurs nettes et bien définies, suscitant des contrastes systématiques de tonalité suggérant la clarté de la lumière. Il en est ainsi pour la cime de l'arbre au premier plan sur le fond uniforme du ciel. Un ciel créé par un généreux lavis d'une couleur très diluée, appliqué avec un pinceau plat sur le papier humide, afin que les traces du pinceau ne se voient pas. Sur cette couleur encore humide, Ballestar a rajouté du bleu à l'horizon (derrière la ferme) tout en le fondant légèrement avec le premier lavis.

Figure 96. Le vert dominant, sur la cime de l'arbre au premier plan, est obtenu par un mélange de jaune de cadmium moyen, de vert de Hooker (un vert très apprécié des aquarellistes), de vert permanent et de bleu céruléum (un bleu clair légèrement verdâtre). Il en résulte un vert froid, où la présence du jaune se fait sentir dans les parties les plus claires.

Figure 97. Ocre jaune, terre de Sienne brûlée et vert de vessie composent la couleur de la colline où est planté l'arbre du premier plan. C'est une couleur terre, d'une tendance ocre-vert, sur laquelle Ballestar a appliqué des coups de pinceau de vert de vessie très dilué afin de suggérer l'herbe.

Fig. 95. Ballestar a choisi une claire journée de printemps pour réaliser cette aquarelle.

96

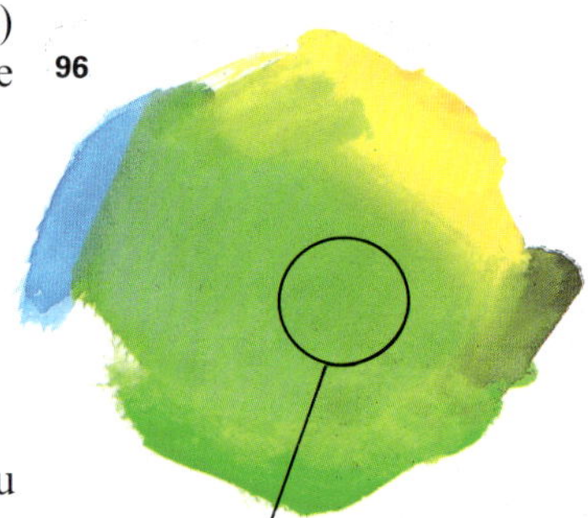

97

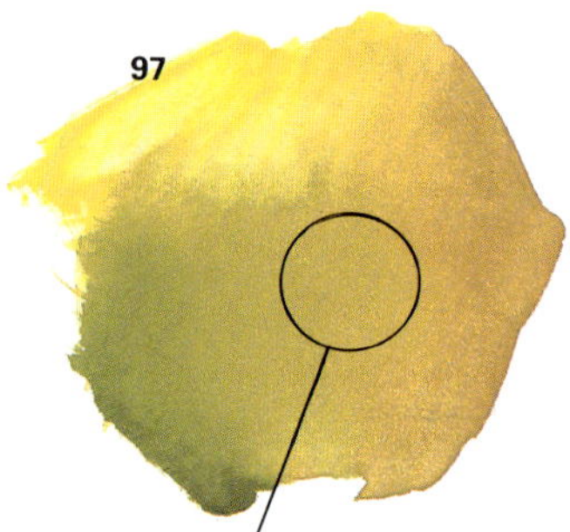

95

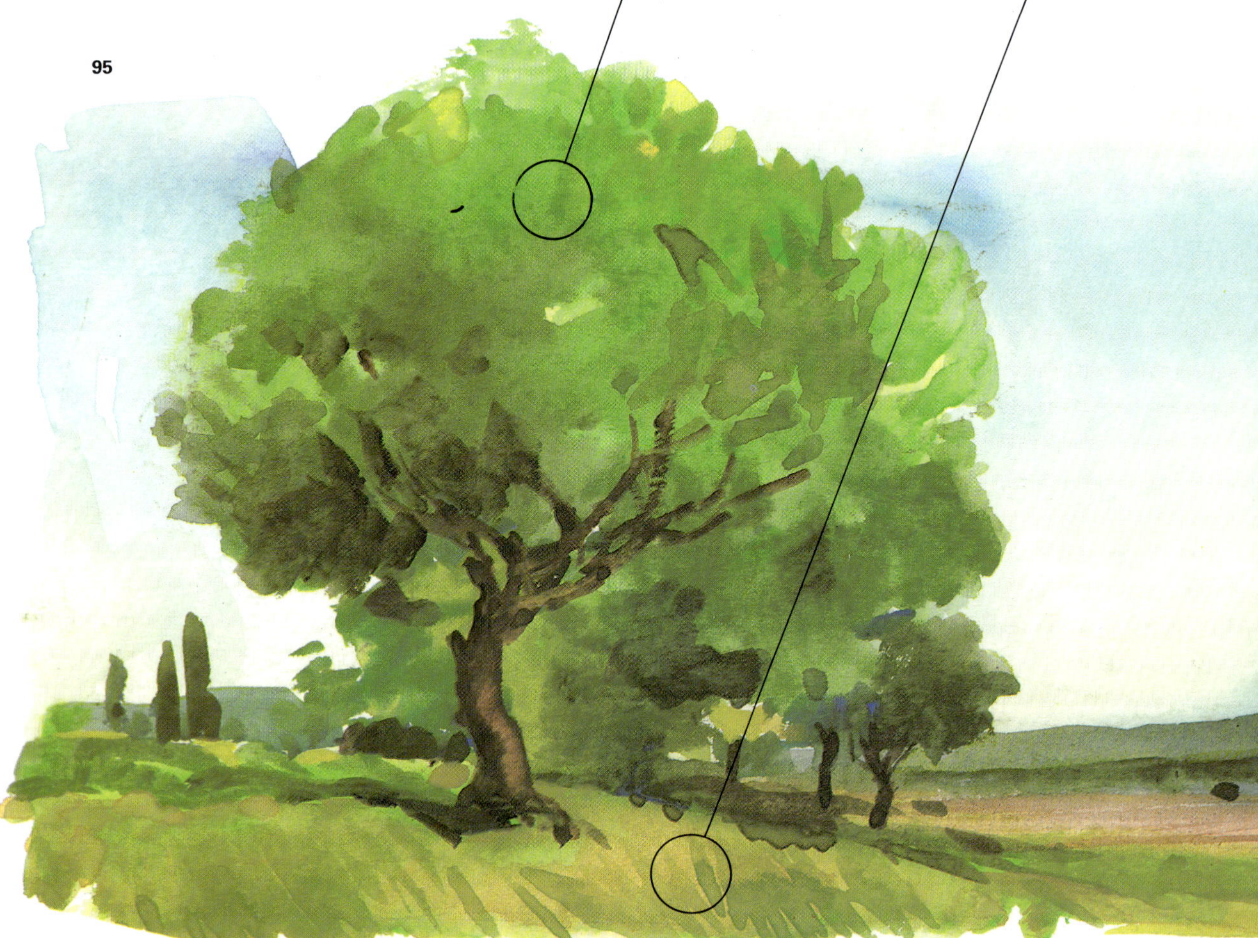

Figure 98. La couleur du ciel se compose de bleu céruléum, de bleu de cobalt et de jaune de cadmium moyen. La présence de cette dernière couleur est moins importante que ce que la tache reproduite ici peut laisser supposer.

Figure 99. Ballestar a obtenu la couleur du champ labouré à l'arrière-plan en mélangeant du carmin de garance et du terre de Sienne brûlée. Le résultat donne un ocre légèrement rosé et chaud, que l'artiste a étendu à l'aide d'un lavis très dilué, et sur lequel il a tracé des coups de pinceau plus foncés de la même couleur – avec une dominante carmin plus marquée – pour évoquer les sillons.

Figure 100. Le bosquet que l'on aperçoit près de la ferme a été réalisé avec un vert composé de vert de Hooker auquel s'ajoute un peu de bleu outremer. Ballestar a tout d'abord étendu la couleur largement diluée, puis il a intensifié les ombres avec le pinceau chargé de couleur sur le papier encore humide.

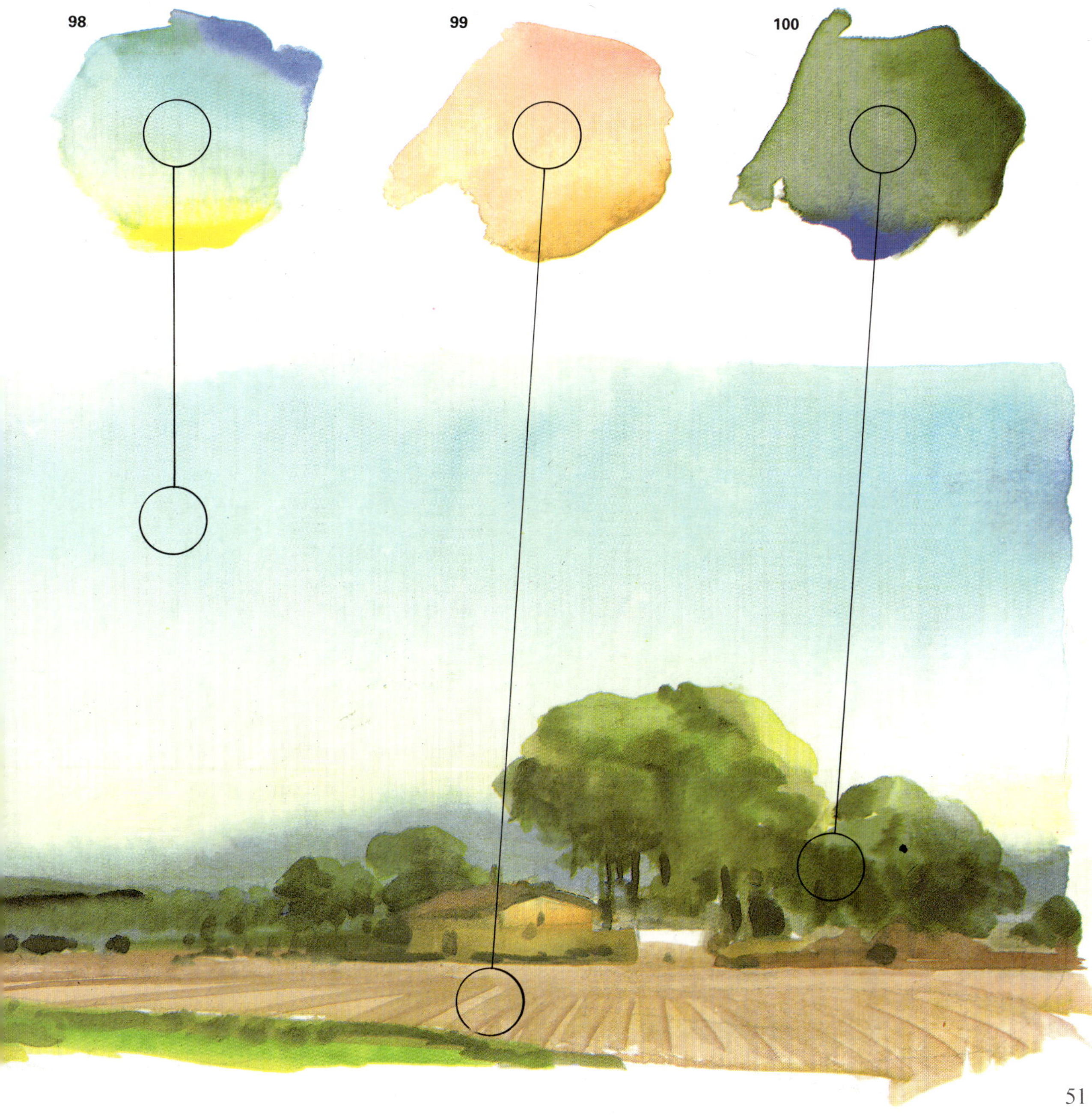

Ciels et nuages à l'huile

Les trois paysages reproduits ici illustrent diverses manières de réaliser un ciel peint à l'huile.
Pour les choisir, nous avons visité l'atelier de Vicenç Ballestar, tout en commentant les diverses situations possibles et en cherchant ici et là, parmi les nombreuses toiles entreposées. Pour finir, nous avons choisi trois œuvres très différentes, aussi bien pour leur composition que pour l'aspect technique.
La première (fig. 101) représente un paysage réalisé dans une gamme de tons rompus. Une gamme très particulière, peu usitée pour la peinture de paysages, basée sur la juxtaposition de couleurs claires et foncées, les couleurs claires étant d'une tendance chaude et les foncées des tons rompus (observez ici les mélanges de la figure 101A).

Le second paysage (fig. 102) offre un ciel totalement dégagé, sans nuage, avec un dégradé de bleu plus intense dans la partie supérieure, ce qui est courant pour ce type de ciels qui présente presque toujours une tendance légèrement jaune dans la zone la plus claire, à l'approche de l'horizon (fig. 102A).
Pour finir (fig. 103), Ballestar a peint à l'huile un paysage dominé par un ciel couvert par de grandes masses nuageuses, par des cumulus.
Vous noterez que sur les nuages, ainsi que dans les mélanges de la figure 103A la couleur des ombres est d'un gris bleuté composé de terre de Sienne naturelle (ou rouge anglais) et de bleu outremer dégradés avec du blanc. À l'horizon, le ciel est éclairci avec une pointe de jaune.

Fig. 101. Vicenç Ballestar, *Ciel nébuleux.* Collection de l'artiste. Sur ce paysage, le ciel est traité d'une manière très libre et imaginative.

Fig. 102. Vicenç Ballestar, *Marine.* La simplicité de ce ciel suppose une maîtrise parfaite de la palette à l'instant où il s'agit d'interpréter le thème d'après nature.

Fig. 103. Vicenç Ballestar, *Nuages de printemps.* L'important, pour ces nuages, n'est pas le blanc en lui-même mais les nuances qu'il contient.

101 A

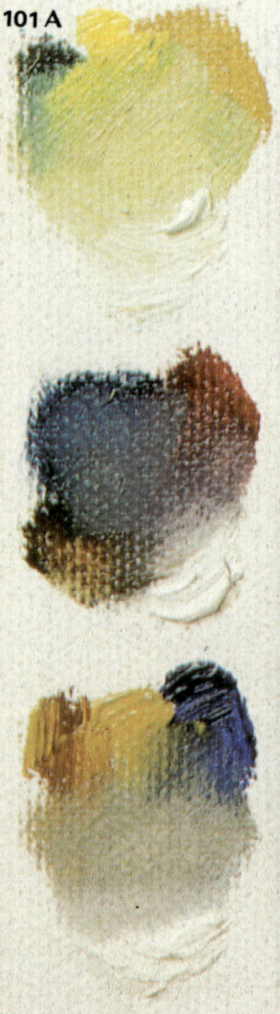

101

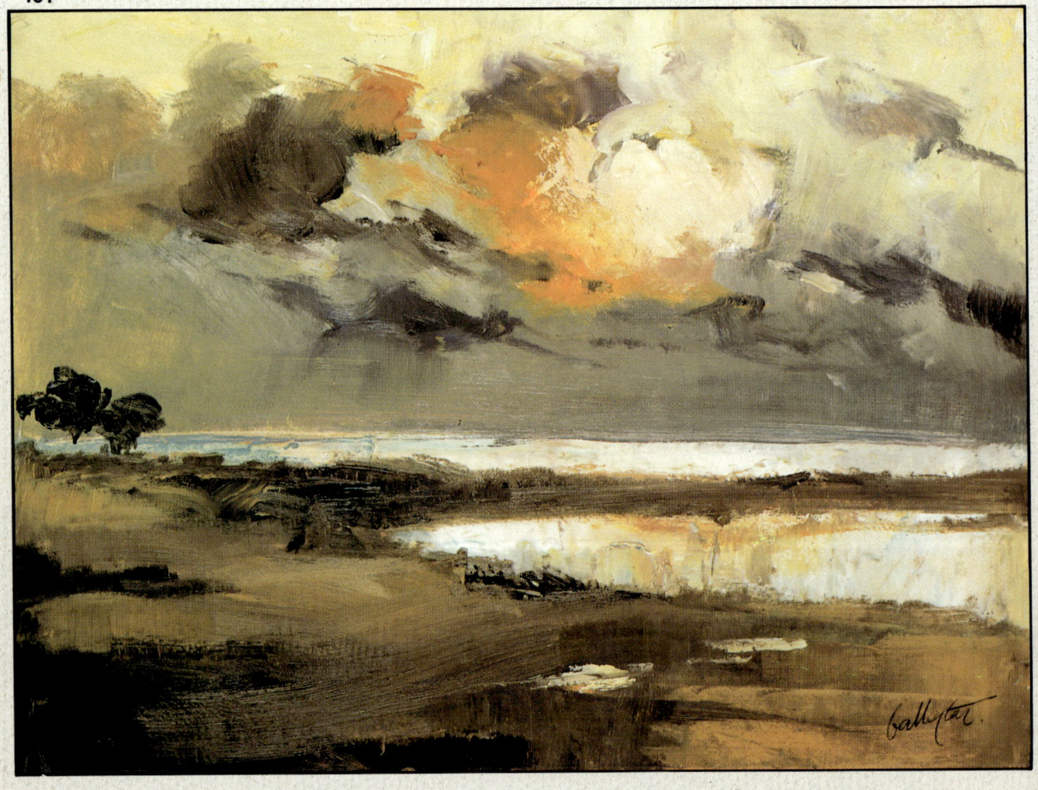

102 A

102

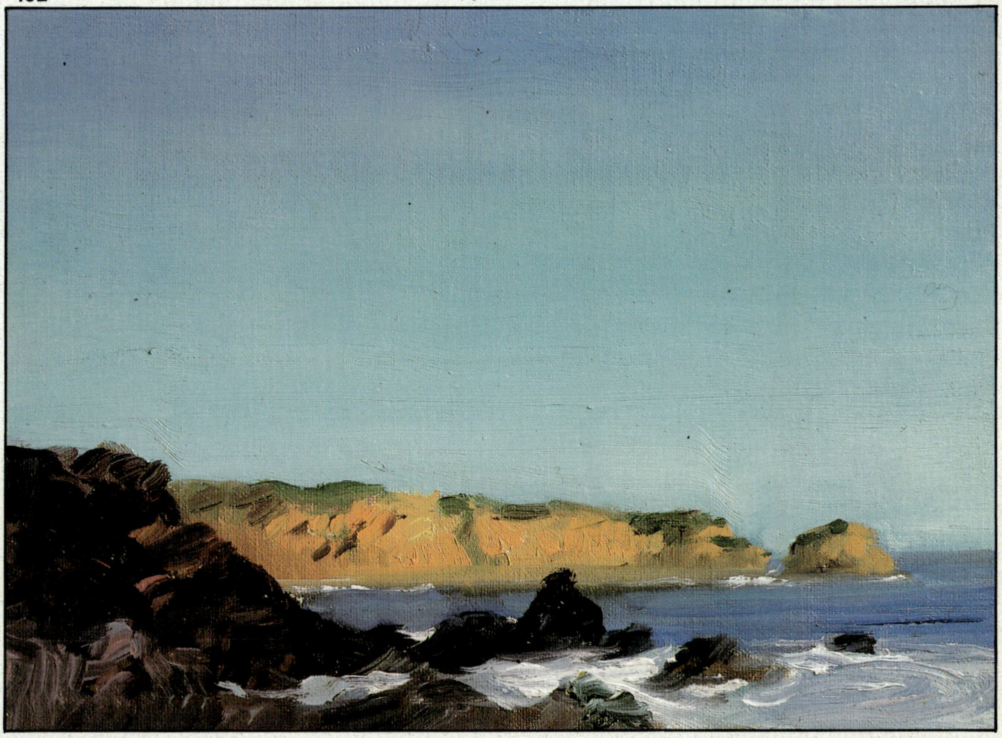

103 A

103

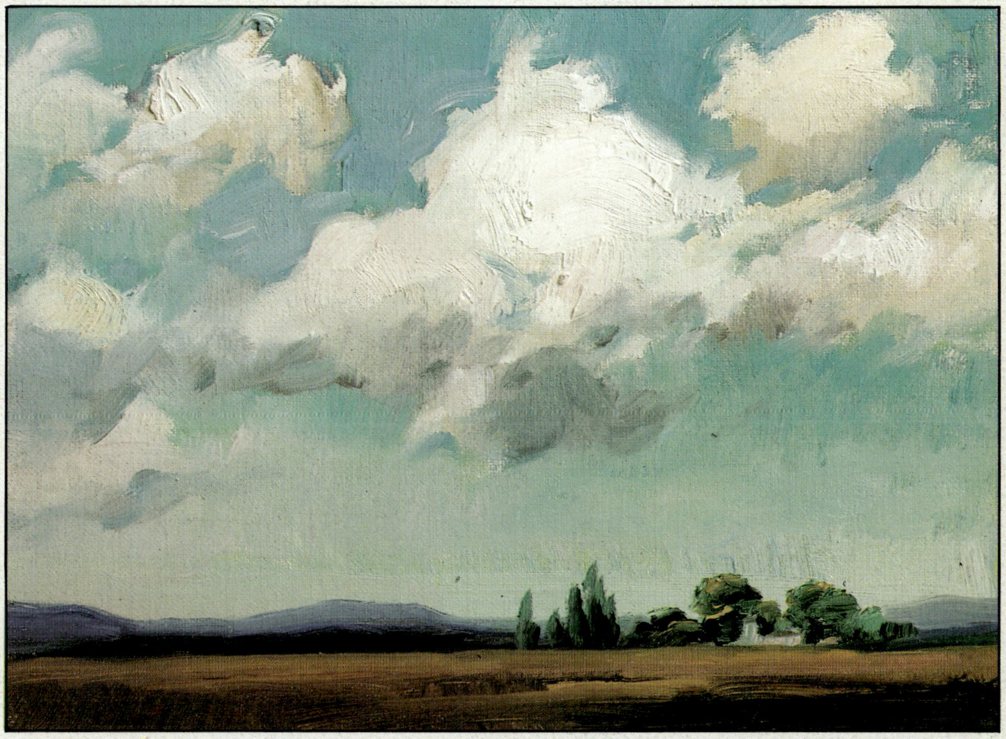

Ciels et nuages à l'aquarelle

Les couleurs et les formes changeantes du ciel ont toujours été un thème attrayant pour les aquarellistes. Les séries d'études réalisées par le peintre anglais John Constable sont célèbres. Pour ce dernier, le ciel était « la clé du paysage ». L'artiste concevait et réalisait son œuvre à partir de la couleur et de la luminosité de celui-ci. Constable observa et étudia longuement les nuages en toutes saisons et aux différentes heures de la journée, appliquant sa technique et son talent à les reproduire fidèlement. Beaucoup d'autres aquarellistes ont fait du ciel un de leurs thèmes de prédilection. Ballestar est l'un d'eux.

Les cinq paysages qui illustrent ces pages sont autant d'exemples de la diversité des variations chromatiques que Ballestar peut obtenir sur ce thème.

Le premier de ces exemples (fig. 104) nous montre un ciel dégagé par une journée claire et très ensoleillée, avec un unique nuage sur le bleu du ciel. Les couleurs intervenant ici sont les suivantes : de haut en bas, le bleu le plus intense a été peint à partir d'un bleu de cobalt auquel on a ajouté une très petite quantité de terre de Sienne brûlée. L'artiste a réservé le blanc du nuage et a obtenu la partie claire du ciel en ajoutant au bleu céruléum une petite quantité de jaune qui va s'accroissant – ainsi que l'eau – pour la zone la plus claire, au-dessus de l'horizon.

Le second paysage (fig. 105) a été peint un soir d'été dominé par des tonalités ardentes. Ces couleurs ont été obtenues à partir du vermillon, du carmin de garance et du jaune, qui permettent de créer cette alternance d'orangés et de rouges. Ballestar a interprété la couleur des nuages en incorporant au carmin une petite quantité de bleu outremer.

104 A

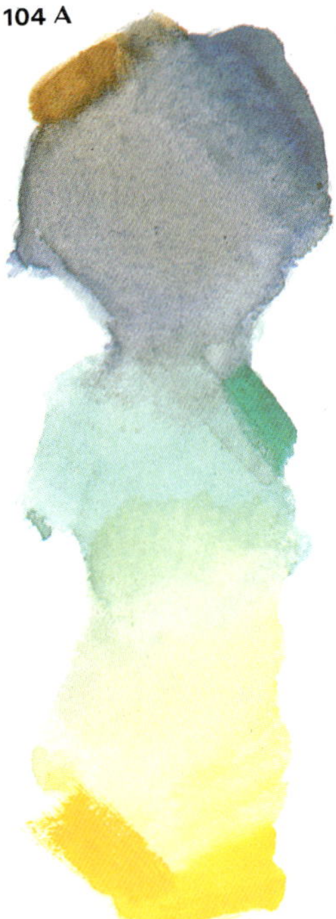

104

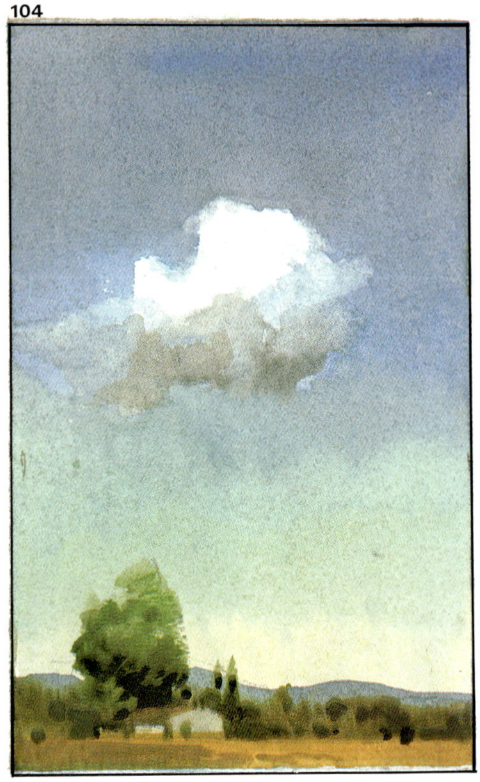

Fig. 104 et 104A. Pour ce ciel, Ballestar a utilisé le bleu de cobalt, le terre de Sienne brûlée, le bleu céruléum et le jaune.

105 A

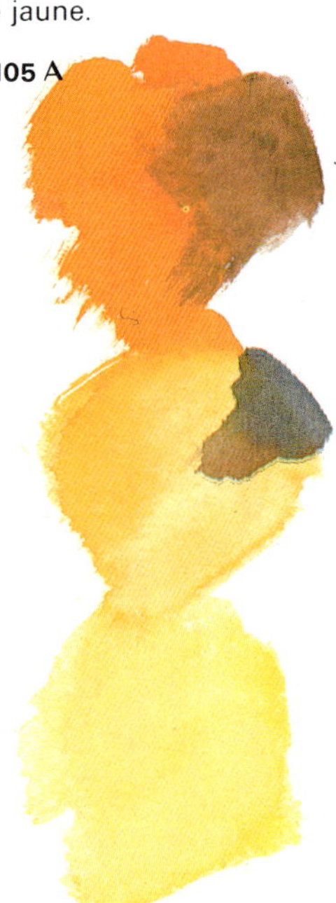

105

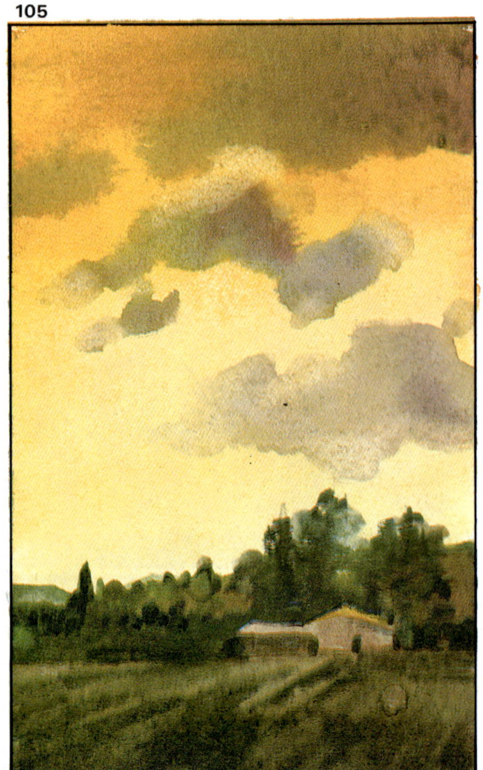

Fig. 105 et 105A. Pour ce ciel de fin d'après-midi, le vermillon, le carmin de garance, le jaune citron et le bleu outremer sont utiles.

106 A

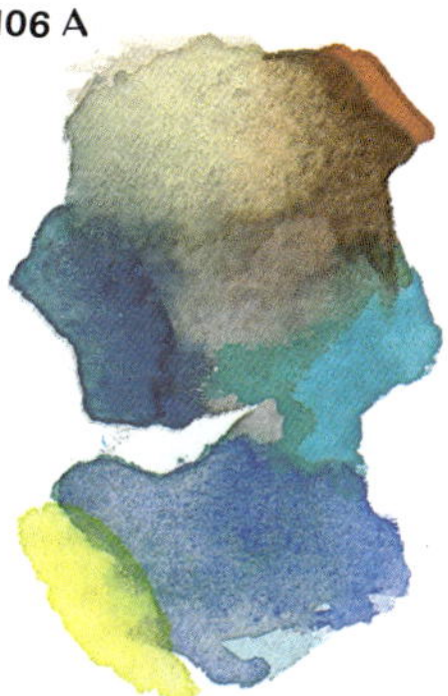

106

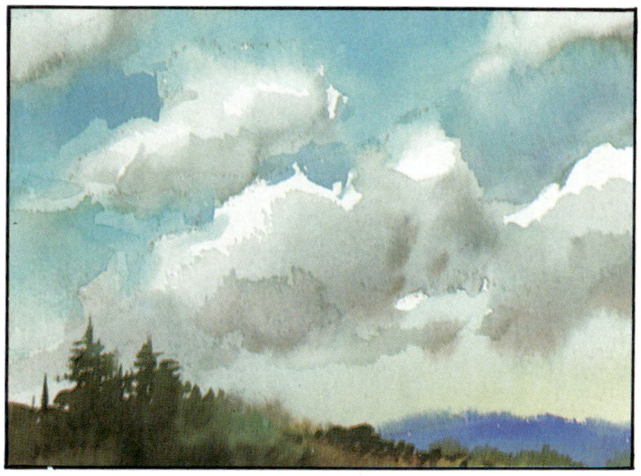

107 A

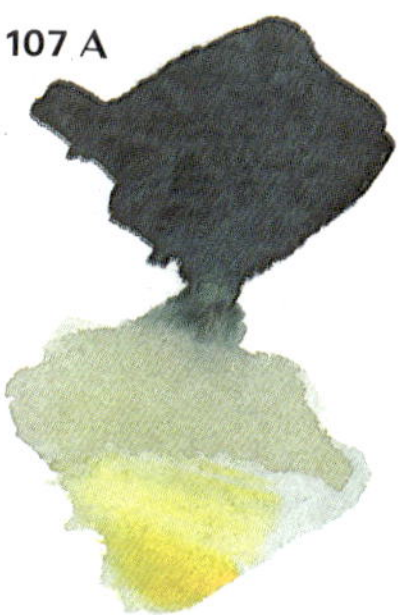

107

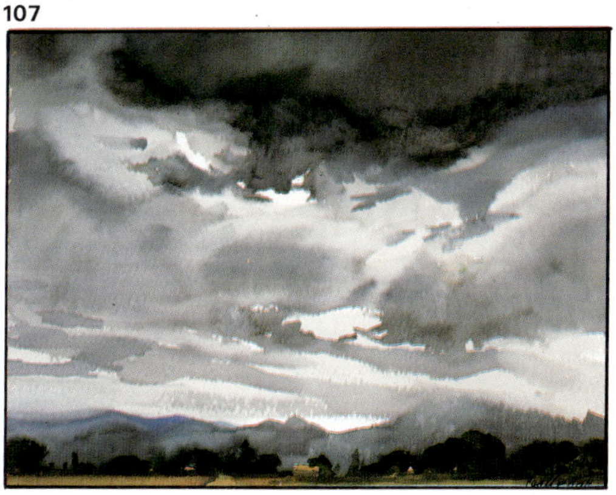

Sur le fond de ce ciel couvert de cumulus (fig. 106), le bleu céruléum domine, éclairci par du jaune vers l'horizon, tandis que les ombres des nuages sont traduites par un léger lavis de terre d'ombre brûlée auquel s'ajoute une pointe de bleu outremer. Avec ce ciel sombre et tourmenté (fig. 107), le bleu de Prusse domine en étant nuancé d'un peu de jaune citron. Pour une journée venteuse et nuageuse (fig. 108), l'artiste utilise un bleu outremer et un terre de Sienne brûlée pour les ombres légères des nuages, du bleu céruléum et du bleu de Prusse pour les ombres profondes, et enfin du bleu de Prusse et un terre d'ombre naturelle pour le fond bleu du ciel.

Fig. 106 et 106A. Bleu céruléum, jaune citron, terre d'ombre brûlée et bleu outremer choisis par Ballestar.

Fig. 107 et 107A. Ce ciel ne nécessite que du bleu de Prusse et du jaune citron.

Fig. 108 et 108A. Malgré l'apparente simplicité de ces nuages, Ballestar a utilisé pour cette aquarelle le bleu outremer, le terre de Sienne brûlée, le bleu de Prusse, le terre d'ombre naturelle et le bleu céruléum.

108 A

108

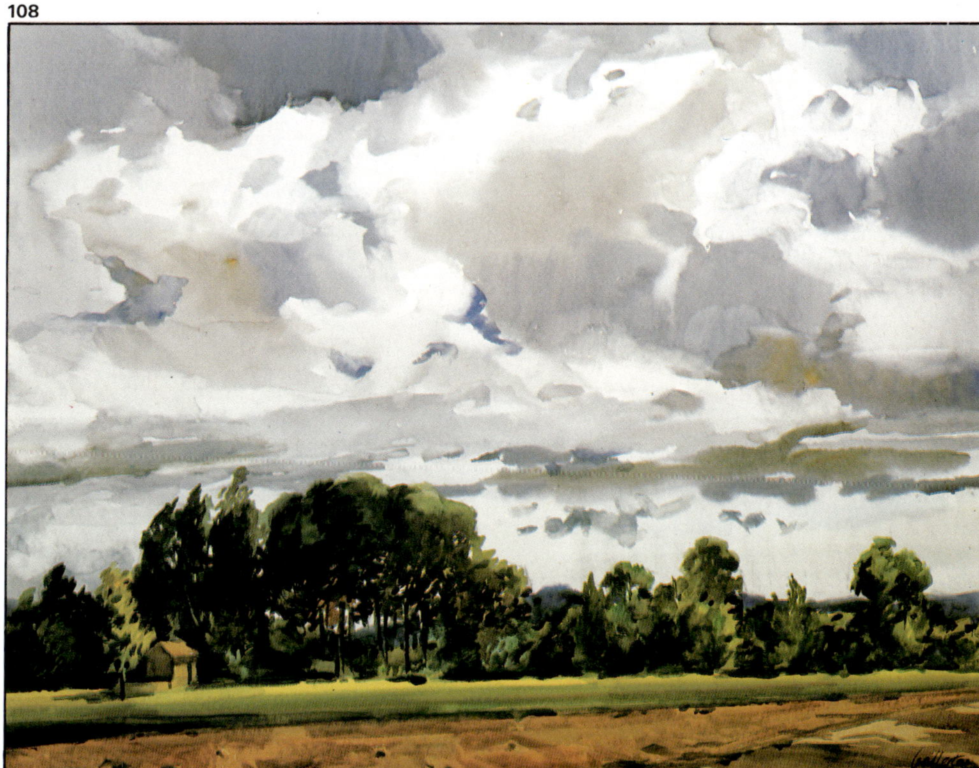

Paysage d'automne à l'huile

Il n'est pas rare de contempler un paysage automnal et de voir que la variété des colorations correspond précisément, sur la palette, à la gamme des couleurs chaudes. Les châtaigniers peuvent être traduits aussitôt par un terre de Sienne brûlée et une pointe de carmin. Le jaune de cadmium moyen se retrouve sur les feuilles les plus claires. Les rouges sont très proches du vermillon pur. Les tons plus foncés ont indubitablement une coloration terre provenant du terre de Sienne naturelle et du terre d'ombre... (fig. 109).

Figure 110. Les buissons au premier plan sont d'un vert rompu composé de blanc, de vert permanent, de jaune de cadmium en quantités sensiblement égales. Cela donne un vert avec une légère touche orangée qui lui confère cette nuance brunâtre proche d'un terre de Sienne brûlée.

Figure 111. Les troncs, l'ombre sur la cime du premier arbre à gauche et l'arrière-plan montagneux sont d'un bleu violet crépusculaire, composé de bleu de cobalt foncé, de blanc, de brun Van Dyck et de terre de Sienne brûlée.

Figure 112. La couleur dominante des arbres est un orangé chaud, une couleur ardente d'automne. Cette couleur se compose de carmin, de rouge de cadmium, de jaune de cadmium orangé et de jaune de cadmium moyen : les tons chauds les plus vifs de la palette.

Fig. 109. Les couleurs caractéristiques de l'automne sont très bien rendues dans ce paysage peint à l'huile par Ballestar.

110

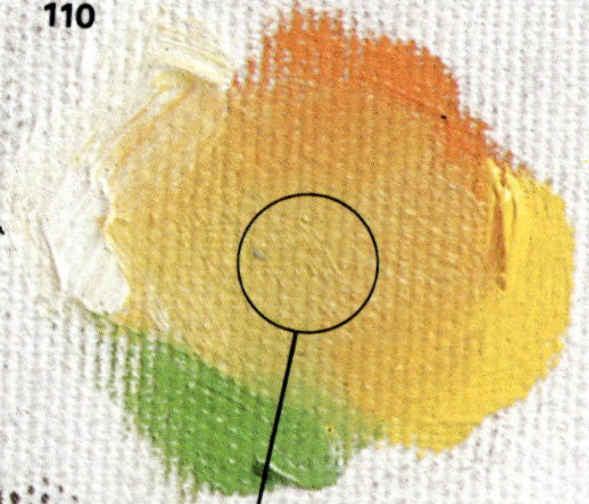

111

109

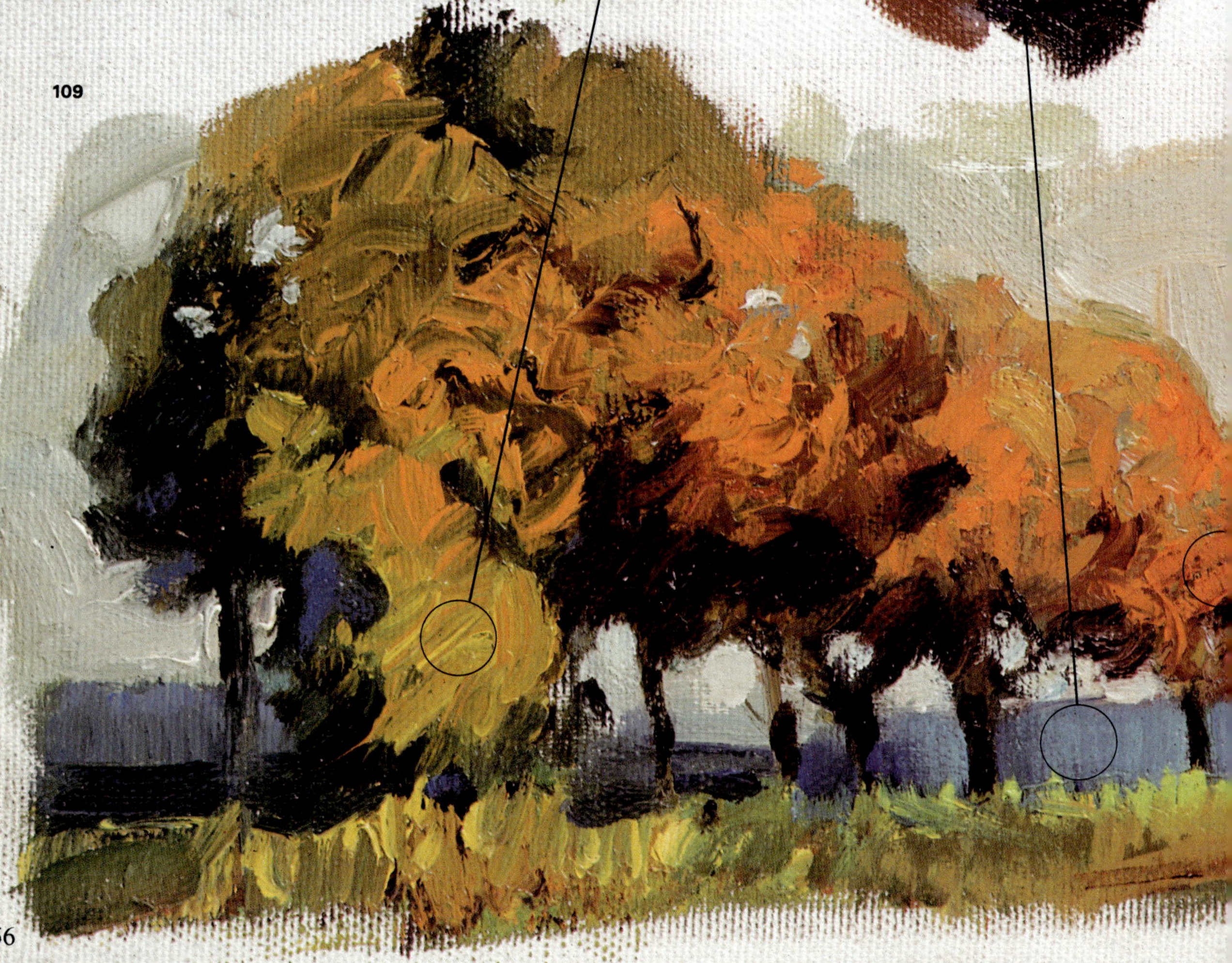

Il est possible de retirer l'orangé et de le remplacer par un mélange de jaune avec du rouge ou de carmin. S'il apparaît ici, c'est parce que Ballestar préfère l'utiliser comme couleur de base pour ses mélanges, pour le nuancer ensuite avec les autres couleurs. C'est sa manière de procéder, et il n'y a rien à redire.

Figure 113. Le jaune de cadmium orangé, le carmin et le vert permanent composent cette couleur foncée, entre le Sienne et le vert, qui est aussi celle de la cime de l'arbre de gauche. Nous retrouvons à nouveau cet orangé qui n'est pas théoriquement indispensable et auquel on peut substituer le jaune. Cependant, en partant de cette couleur, Ballestar peut réduire le chemin qui l'amène au résultat : un ton rompu d'une tendance chaude très marquée.

Figure 114. Le ciel, également chaud, se compose de blanc, de bleu de cobalt et de jaune de cadmium orangé en quantités sensiblement égales. Si l'une ou l'autre de ces couleurs domine, la nuance sera plus ou moins verdâtre ou grisâtre.

112 113 114

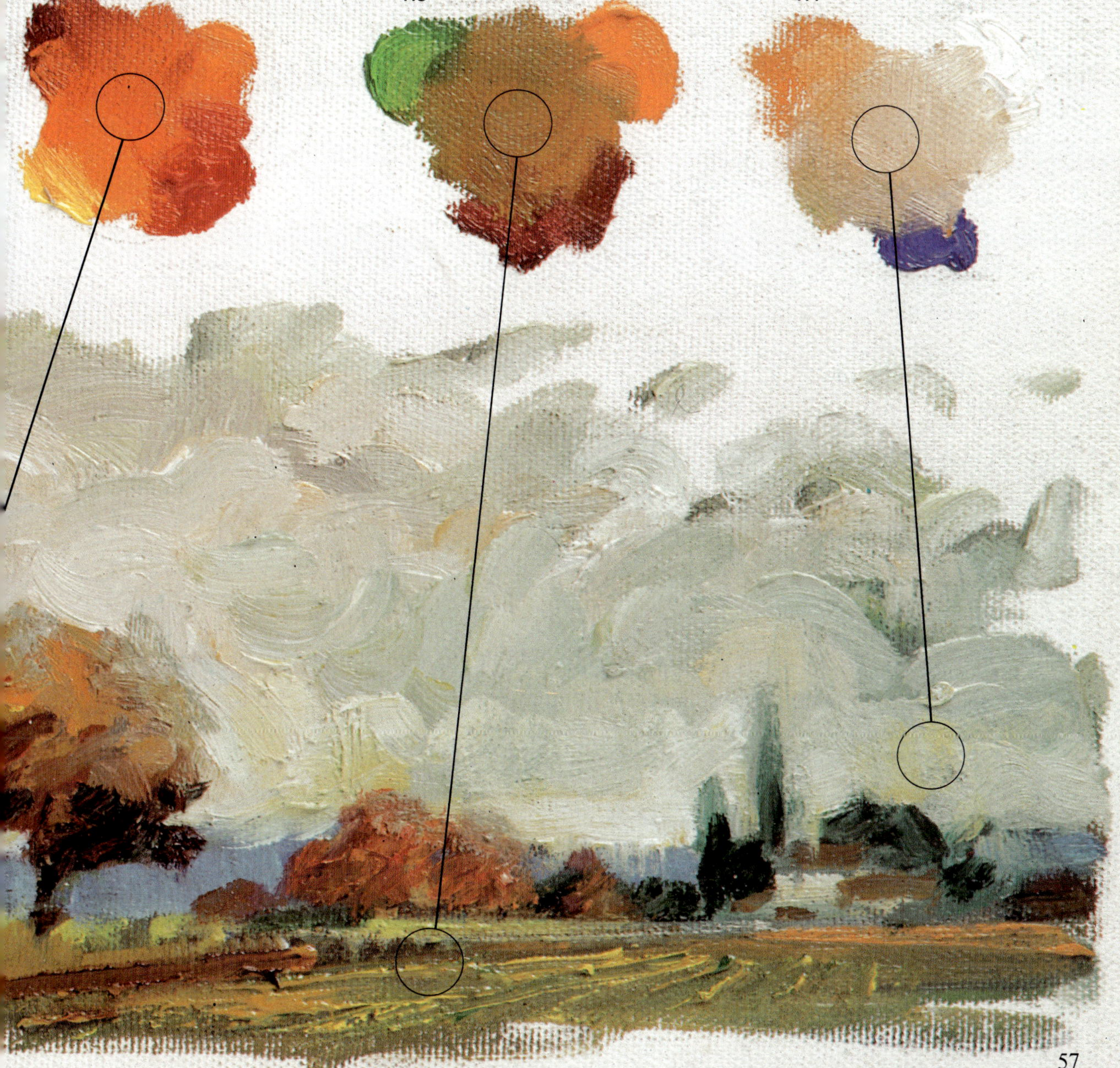

Paysage d'automne à l'aquarelle

Pour ce paysage automnal peint à l'aquarelle, Ballestar a réalisé un véritable éventail de couleurs en développant une splendide diversité de tons et de gammes. Les couleurs chaudes et les tons brûlés dominent ici : marrons, jaunes, verts rompus, orangés... Le ciel lui-même est chaud. L'unique note qui contraste est le fond montagneux réalisé dans un bleu profond. Les couleurs ont été appliquées par une technique un peu « triturée », c'est-à-dire de petits coups de pinceau nerveux, qui construisent les formes tout en modelant le clair-obscur, un peu à la manière impressionniste. L'heure tardive suscite des ombres rasantes, aussi bien froides que chaudes, qui enrichissent les tons verts de la campagne (fig. 115).

Figure 116. Les jaunes des peupliers proviennent d'un mélange aux proportions variables de jaune citron, de jaune de cadmium orangé et de vert permanent. Le jaune citron domine dans la zone la plus éclairée, tandis que les nuances d'orangé et de vert, appliquées également par touches de couleur pure, modèlent la forme cylindrique de l'arbre.

Figure 117. Ce vert est l'une des rares couleurs froides présentes sur cette œuvre. Il est obtenu à partir de vert de Hooker et de bleu de cobalt. La couleur qui en résulte est un vert profond et

Fig. 115. La dominante chaude, entre le doré et le Sienne brûlé, donne la tonalité chromatique de cette aquarelle de Ballestar.

116

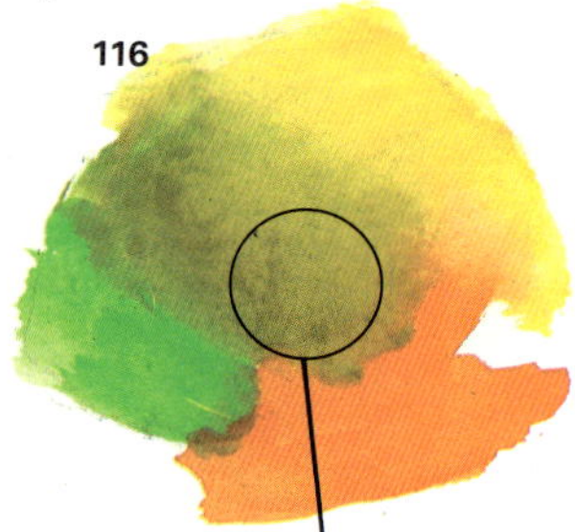

117

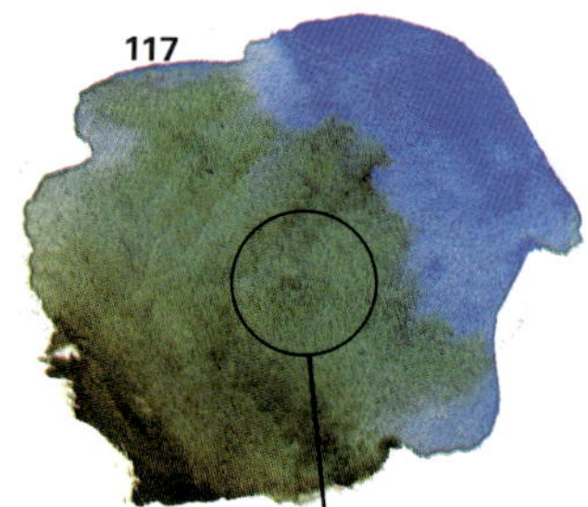

115

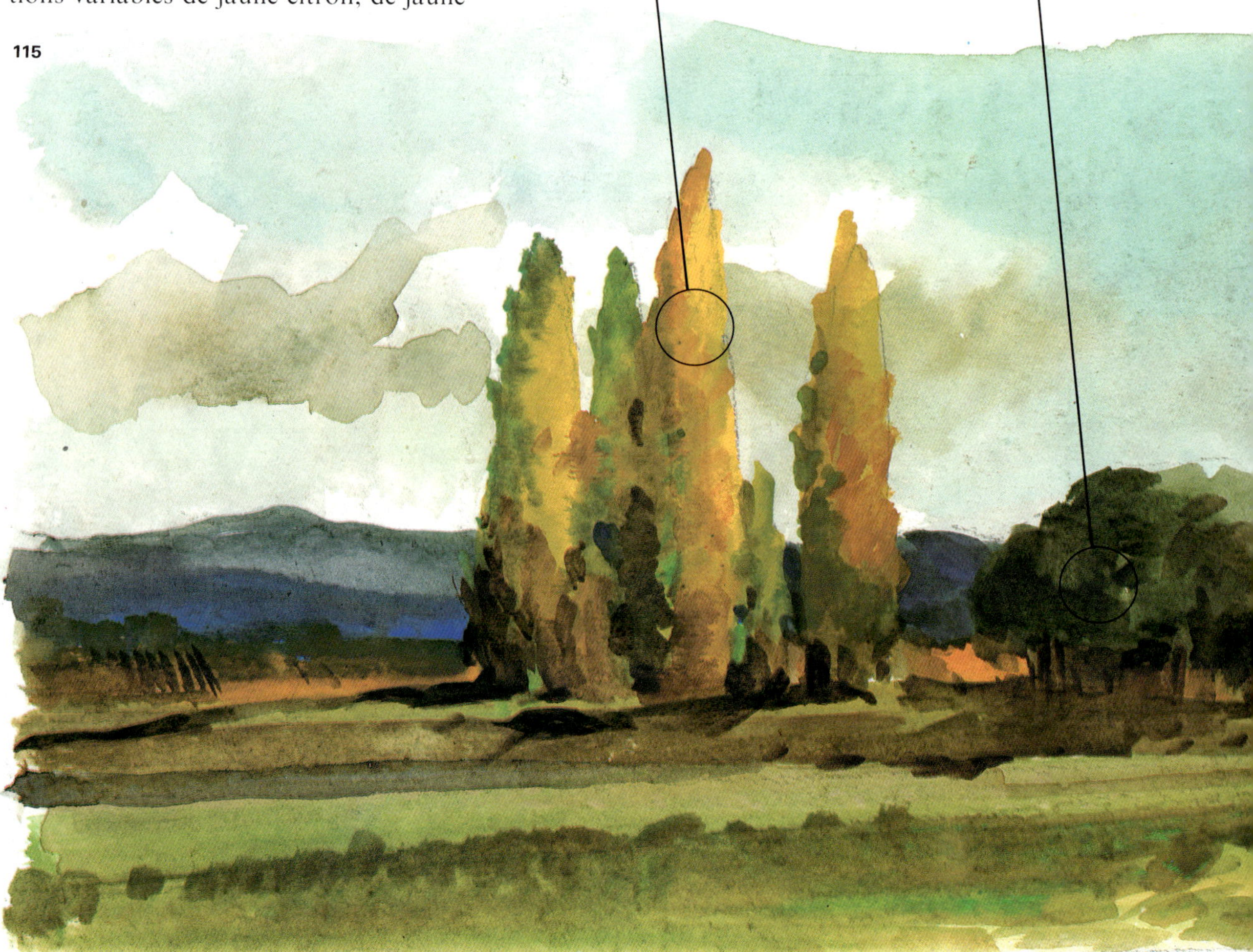

satiné avec lequel Ballestar a peint la masse foncée du feuillage des arbres à l'arrière-plan.

Figure 118. La couleur de l'herbe est un exemple parfait de ton rompu de tendance chaude. Ballestar a mélangé deux couleurs complémentaires et rien d'autre : le rouge de cadmium moyen et le vert permanent. Le mélange en quantités égales de ces deux couleurs donne, comme nous le savons maintenant, un gris-vert foncé ; mélangées inégalement, elles donnent un ton « sali », grisâtre.

Figure 119. La tonalité marron de l'arbre provient d'un mélange de terre de Sienne brûlée et de vert de vessie, couleur plutôt chaude, qui rappelle la tonalité du terre d'ombre brûlée.

Figure 120. Nous avons ici un vert chaud résultant du mélange de trois verts : le vert de vessie, le vert de Hooker et le vert permanent.

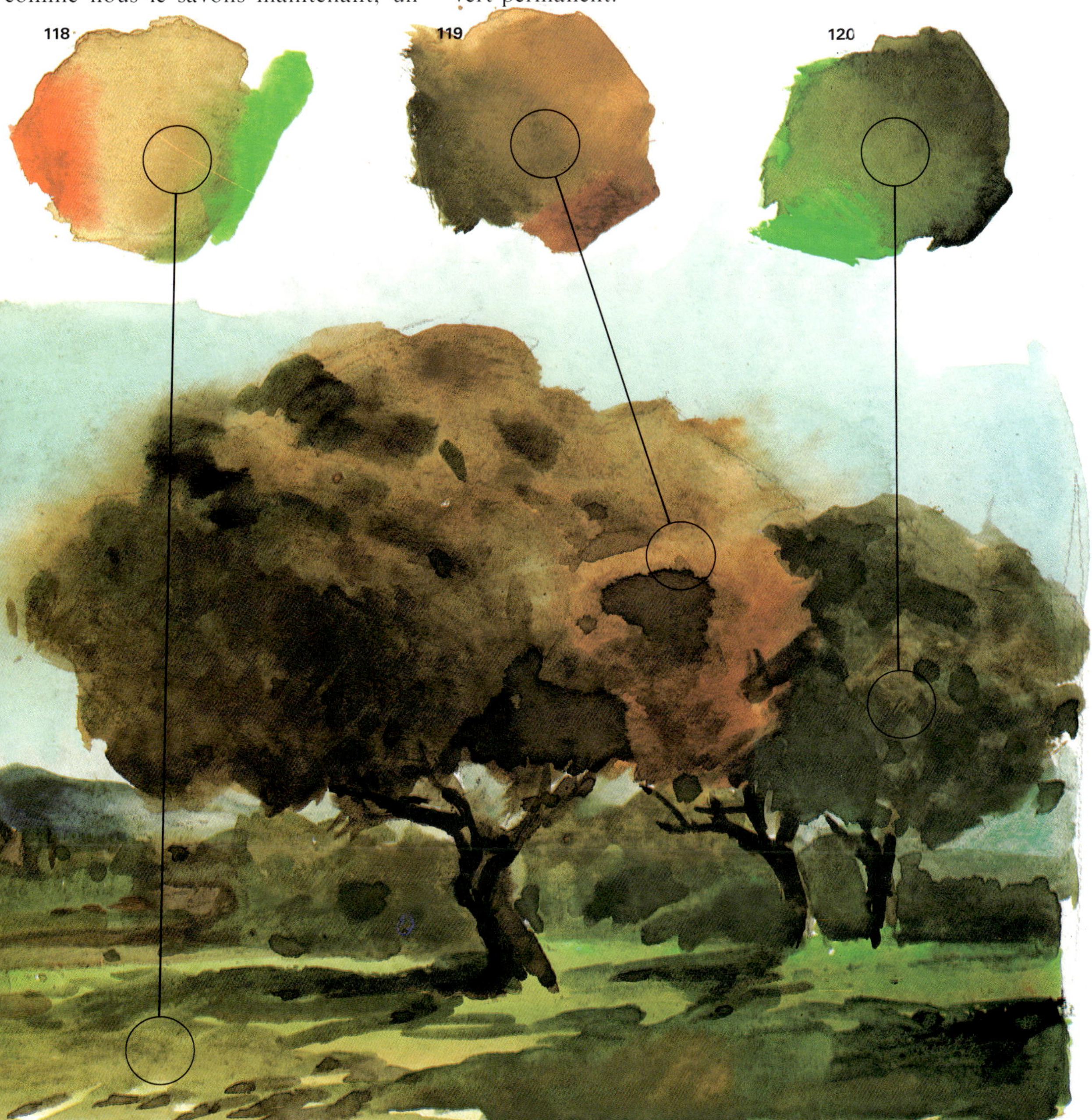

Paysage d'hiver à l'huile

L'hiver n'est pas la saison des couleurs vives et saturées, mais plutôt celle des nuances, des subtiles variations tonales des couleurs froides. La nature est dominée par la grisaille et le clair-obscur. Ceci est vrai pour un paysage enneigé où, sur l'agressivité du blanc, toute autre couleur tend vers le noir ou le gris (fig. 121). Mais même sans la présence de la neige, les contrastes de ton (d'intensité d'une coloration) sont en hiver beaucoup plus manifestes que les contrastes de couleur. Les gris apparaissent dans toute leur diversité, les verts sont atténués, les nuances « terre » se refroidissent, le bleu – sous toutes ses formes – s'ajoute à toutes les couleurs.

Figure 122. La couleur des buissons verts, sur la colline au premier plan à gauche, se compose d'ocre, de blanc, de vert émeraude et de terre d'ombre. Dans sa partie la plus foncée, au pied du buisson, le vert émeraude et le terre d'ombre dominent.

Figure 123. Le buisson à droite du précédent est d'une intensité chromatique très proche. Toutefois, sa couleur dominante est un carmin violacé, complémentaire du vert, obtenu en mélangeant de l'ocre, du carmin et du bleu de cobalt.
Figure 124. Pour le sommet de la montagne, il faut noter que la couleur de la neige, picturalement parlant, n'est absolument pas blanche. Les ombres sont

Fig. 121. Ce paysage hivernal gelé et gris reflète parfaitement quelques-unes des couleurs caractéristiques de cette saison.

122

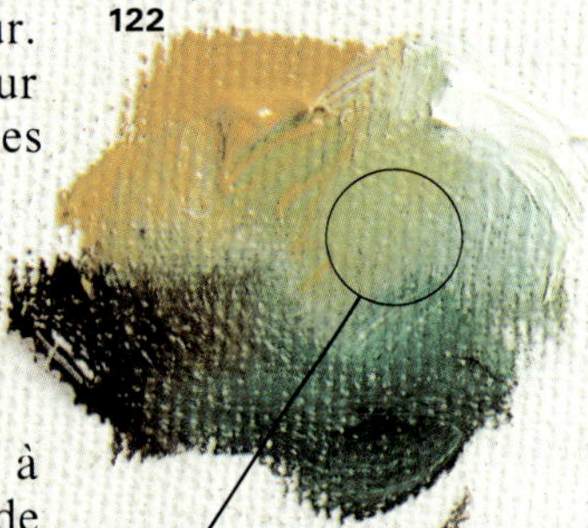

123

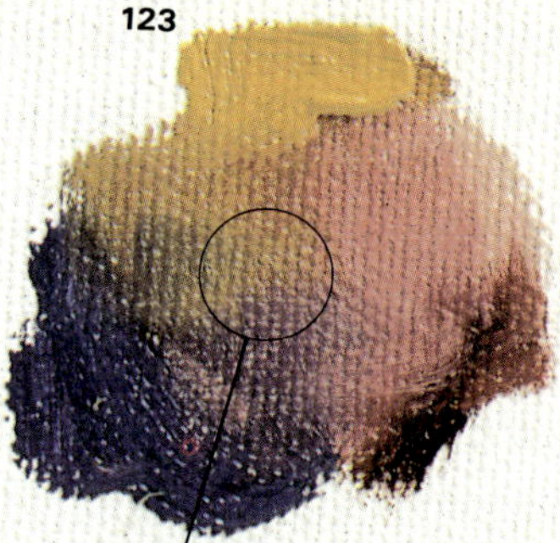

121

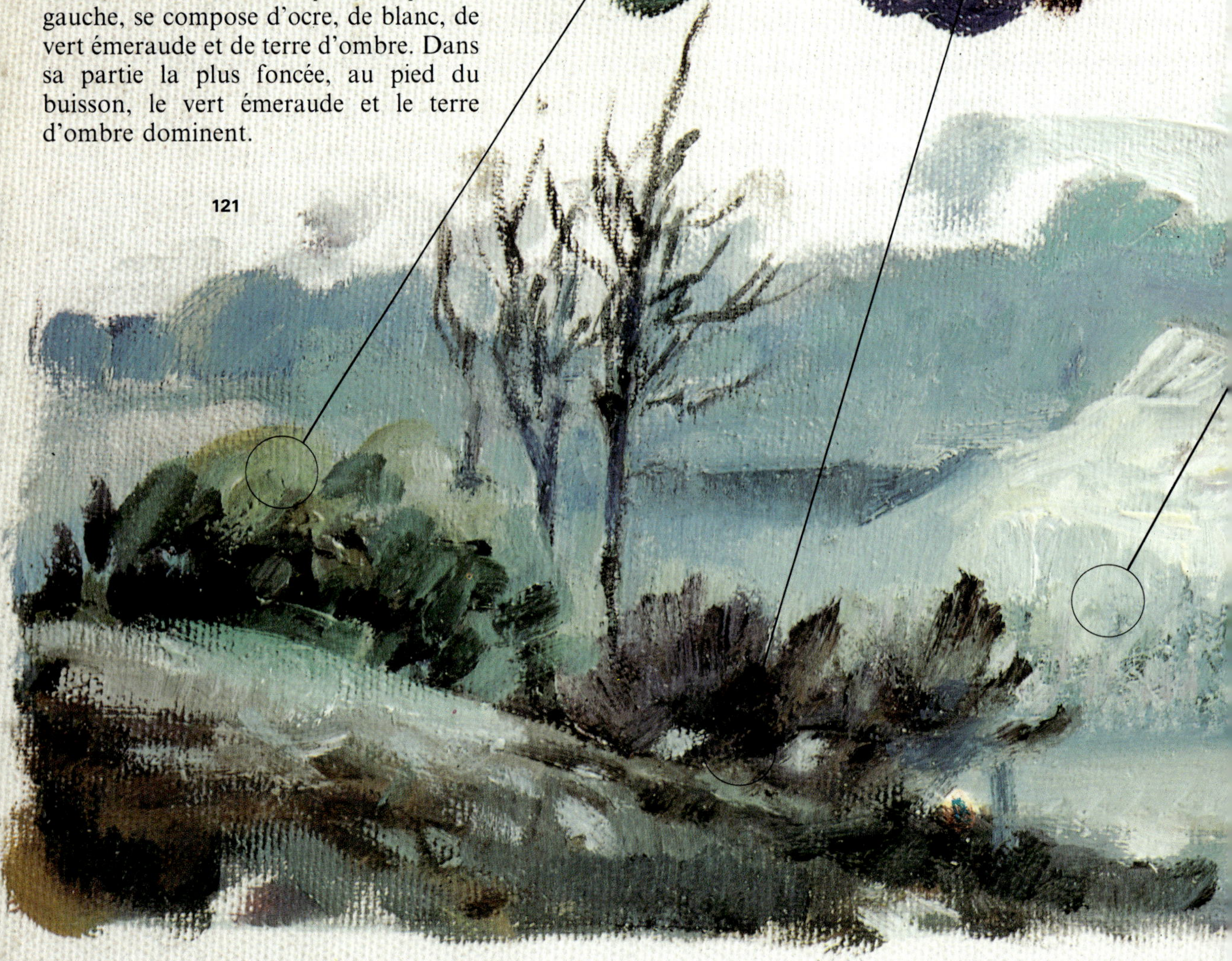

bleues et toute sa surface est parcourue de nuances. Ballestar l'a interprété à partir de terre d'ombre, de bleu de Prusse, de blanc, de jaune de cadmium citron et de bleu turquoise.

Figure 125. Le ciel est peint dans une tonalité générale d'un bleu grisâtre, provenant du mélange de bleu de Prusse, de blanc, de terre d'ombre et de bleu turquoise.

Figure 126. Sur les sapins au second plan alternent un bleu foncé et un vert d'un ton rompu et froid. Ballestar a utilisé le bleu de Prusse, le vert émeraude, le blanc et le terre d'ombre.

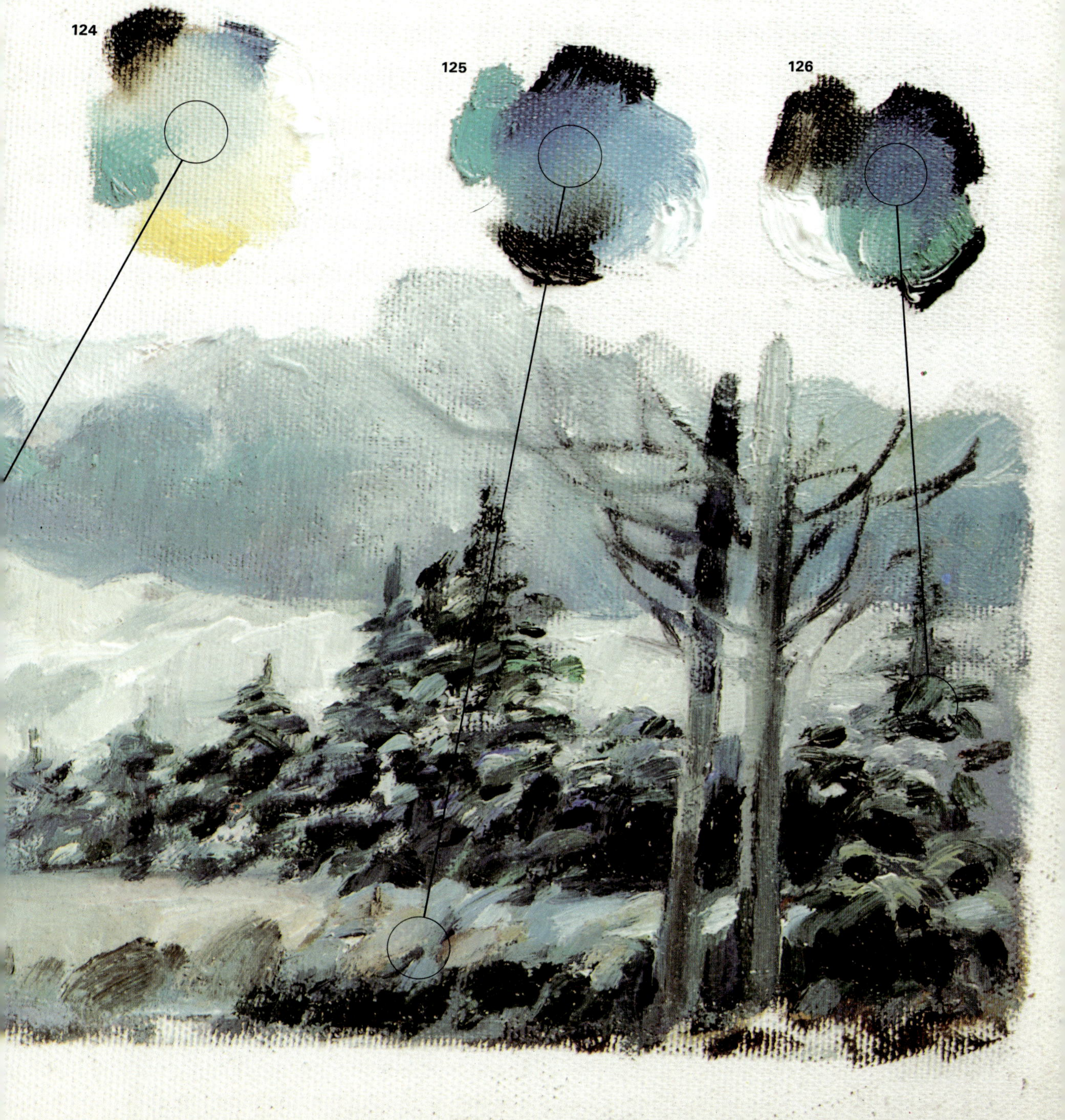

Paysage d'hiver à l'aquarelle

Toutes les œuvres de Ballestar procèdent d'une expérience originale. Ce sont des peintures réalisées sur le terrain, et nous pourrions présenter ici des dizaines d'« hivers » différents et aussi convaincants. Pour cette aquarelle, la tonalité générale est celle d'une gamme de tons rompus de tendance chaude. La coloration foncée de la terre est suscitée par les gris du ciel (fig. 127).

Figure 128. Les arbres bas, au second plan, sont d'un brun couleur terre qui résulte d'un mélange de vert permanent, de terre de Sienne brûlée et de terre d'ombre brûlée. La tonalité générale est obtenue en mélangeant les deux dernières couleurs ; le vert sert à foncer la tonalité pour les zones d'ombres.

Figure 129. Les couleurs terre les plus foncées apparaissent au premier plan, près de la mare. Elles se composent de bleu de Prusse, de terre d'ombre naturelle et de vermillon. Le mélange en quantité égale de ces trois couleurs donne un ton très foncé, satiné et presque noir.

Fig. 127. Ce paysage d'hiver peint à l'aquarelle par Vicenç Ballestar illustre les possibilités de mélanges de couleurs propres à cette saison.

128

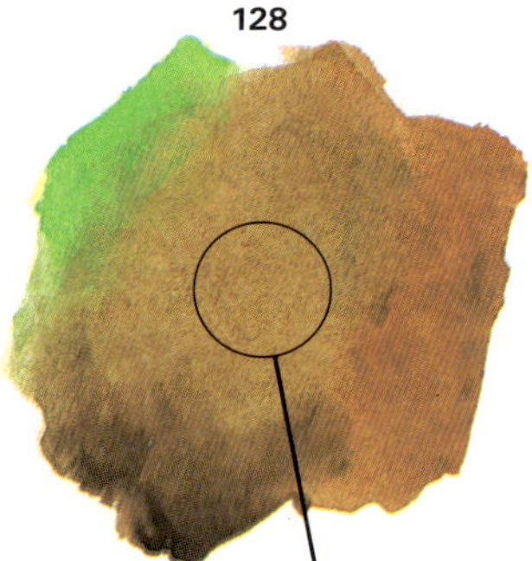

129

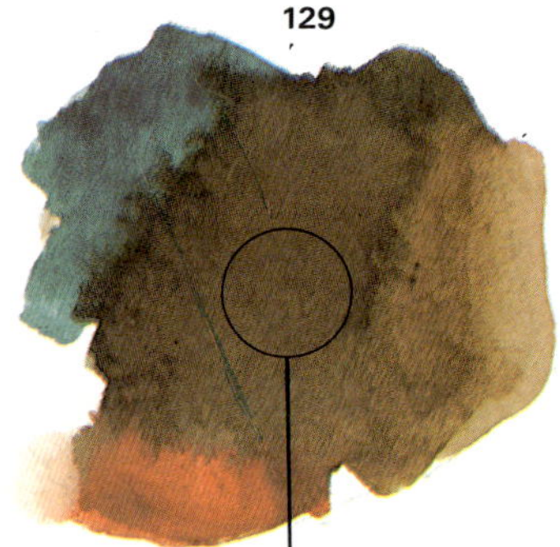

127

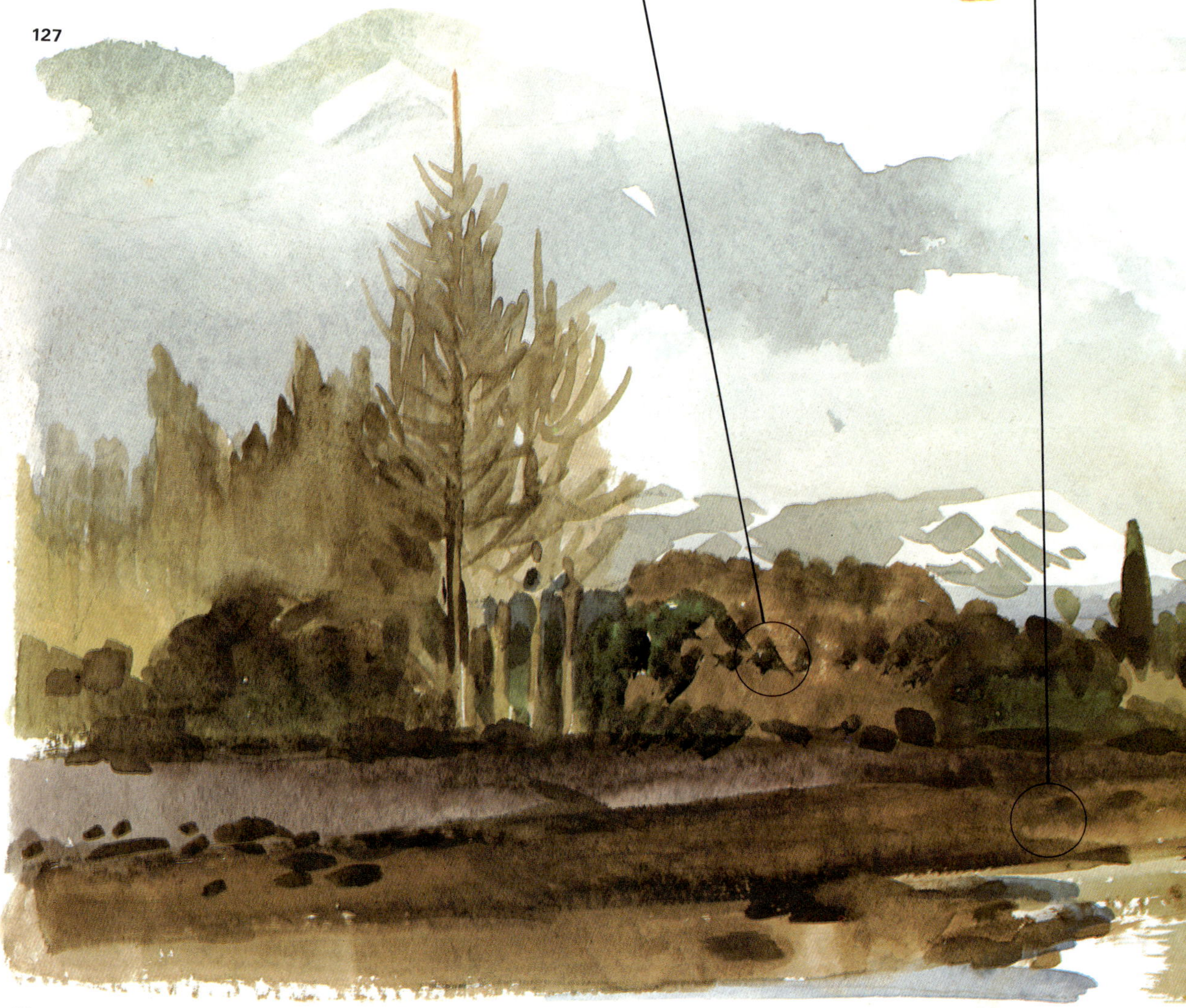

Figure 130. Les rares verts entrant dans ce paysage ont été obtenus en mélangeant le bleu de Prusse, le terre de Sienne brûlée et le vert viridian.

Figure 131. Cette couleur est utilisée par Ballestar pour le ciel. Elle est obtenue à partir d'un mélange de terre de Sienne brûlée et de bleu de cobalt, dégradé à l'eau.

Figure 132. Ballestar a employé cette couleur pour les parties les plus foncées de la végétation. Il a mélangé deux couleurs complémentaires : le terre d'ombre brûlée et le bleu de Prusse, en y ajoutant du terre d'ombre naturelle afin de foncer la tonalité.

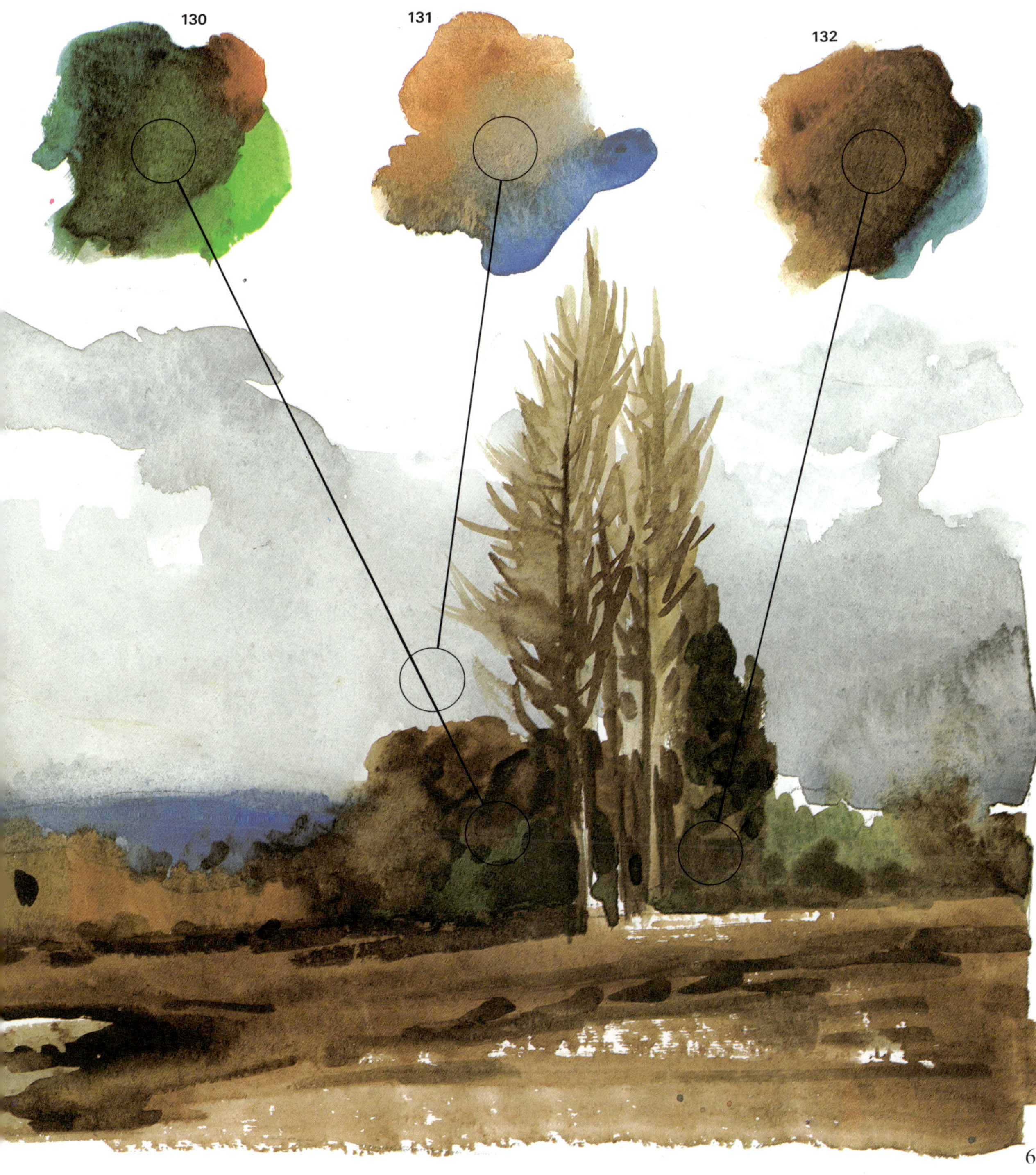

Des fruits peints à l'huile

Nous avons peint ces fruits à l'huile et d'après nature en nous préoccupant de la composition et du rapport entre les formes et les volumes. Nous les avons disposés les uns à côté des autres, comme s'il s'agissait d'une frise.

Par ailleurs, le choix du citron, de la poire, de l'orange, de la pomme et des grains de raisin est déterminé aussi par des critères de couleurs. Ces fruits, choisis parmi les plus courants, offrent en effet des couleurs très caractéristiques et très contrastées.

Vous pourriez, à votre tour, prendre ces mêmes fruits et reconstituer cette composition, en les disposant tels qu'ils sont ici, pour les peindre ensuite en partant des mélanges qui vous sont expliqués sur ces deux pages.

Figure 134. Quelle autre couleur que le jaune pourrait-on employer pour peindre un citron ? C'est la couleur correspondant à sa partie supérieure. S'y associent le jaune de cadmium citron, le blanc, l'ocre et le terre d'ombre qui participent également au mélange.

Figure 135. Pour obtenir la couleur de la poire, vous mélangez le blanc, le vert permanent et le terre d'ombre. La peau de ce fruit est souvent d'un vert mat. Vous l'obtiendrez en ajoutant du terre

Fig. 133. Ces fruits ont été peints par José M. Parramón, en utilisant les couleurs apparaissant dans les mélanges illustrés ci-dessous et commentés dans ces pages.

134

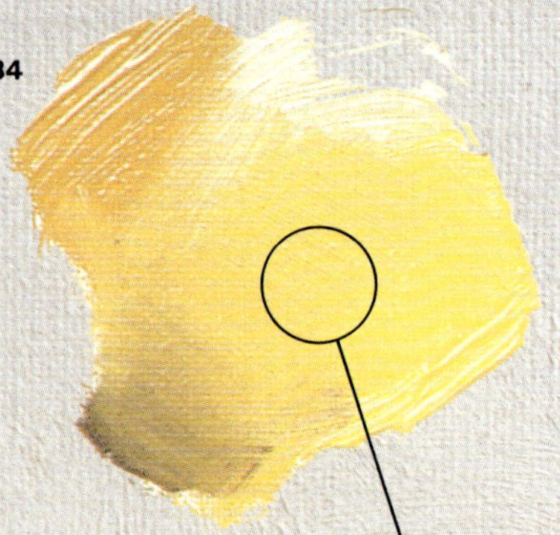

135

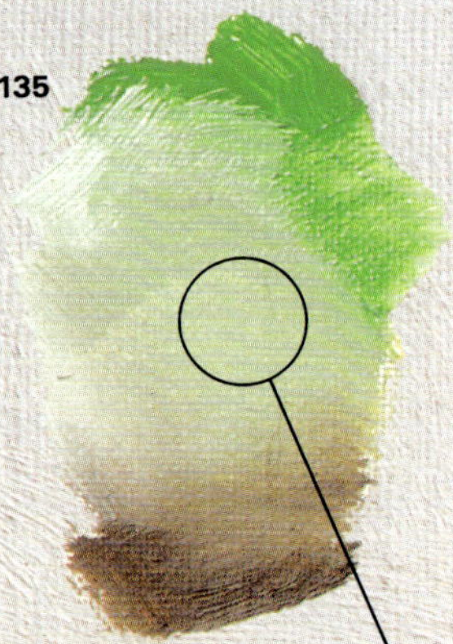

133

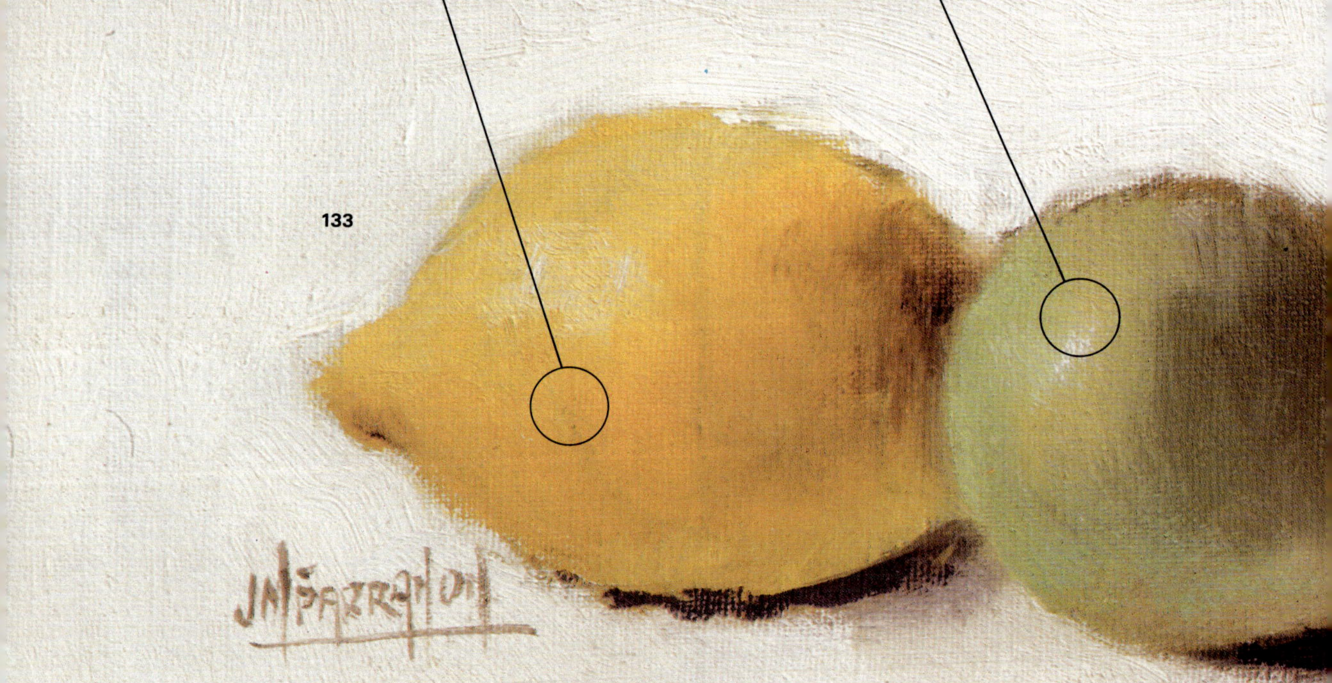

d'ombre à un mélange de vert et de blanc. Le blanc rabat non seulement la tonalité mais aussi la luminosité du vert.
Figure 136. Comme vous le savez, les grains de raisins noirs sont plutôt d'un violet intense et foncé, avec quelques nuances de rouge en transparence.
Une autre particularité de ce fruit est d'avoir comme un voile mat et poudreux qui rabat l'intensité de la couleur. Cette tonalité peut être obtenue en ajoutant du bleu de Prusse au carmin de garance.
Figure 137. L'orange est plus délicate à réaliser. Son aspect rugueux et sa surface granulée sont aussi importants que sa couleur. Le « truc » consiste à pratiquer une sorte de pointillisme avec le pinceau et à foncer par petites touches. Sur le jaune de cadmium de base, ce pointillisme se réalise avec du carmin et de l'ocre – pour l'ombre – et avec du blanc et une pointe d'ocre, pour les zones lumineuses.
Figure 138. La partie jaune de la pomme a été peinte avec du jaune de cadmium citron et du blanc. Les rouges se composent de rouge de cadmium moyen et de carmin.
Comme vous le voyez sur la pomme, le jaune et le rouge ne se fondent pas mais se juxtaposent en se grisant avec le blanc, puis avec le terre d'ombre.

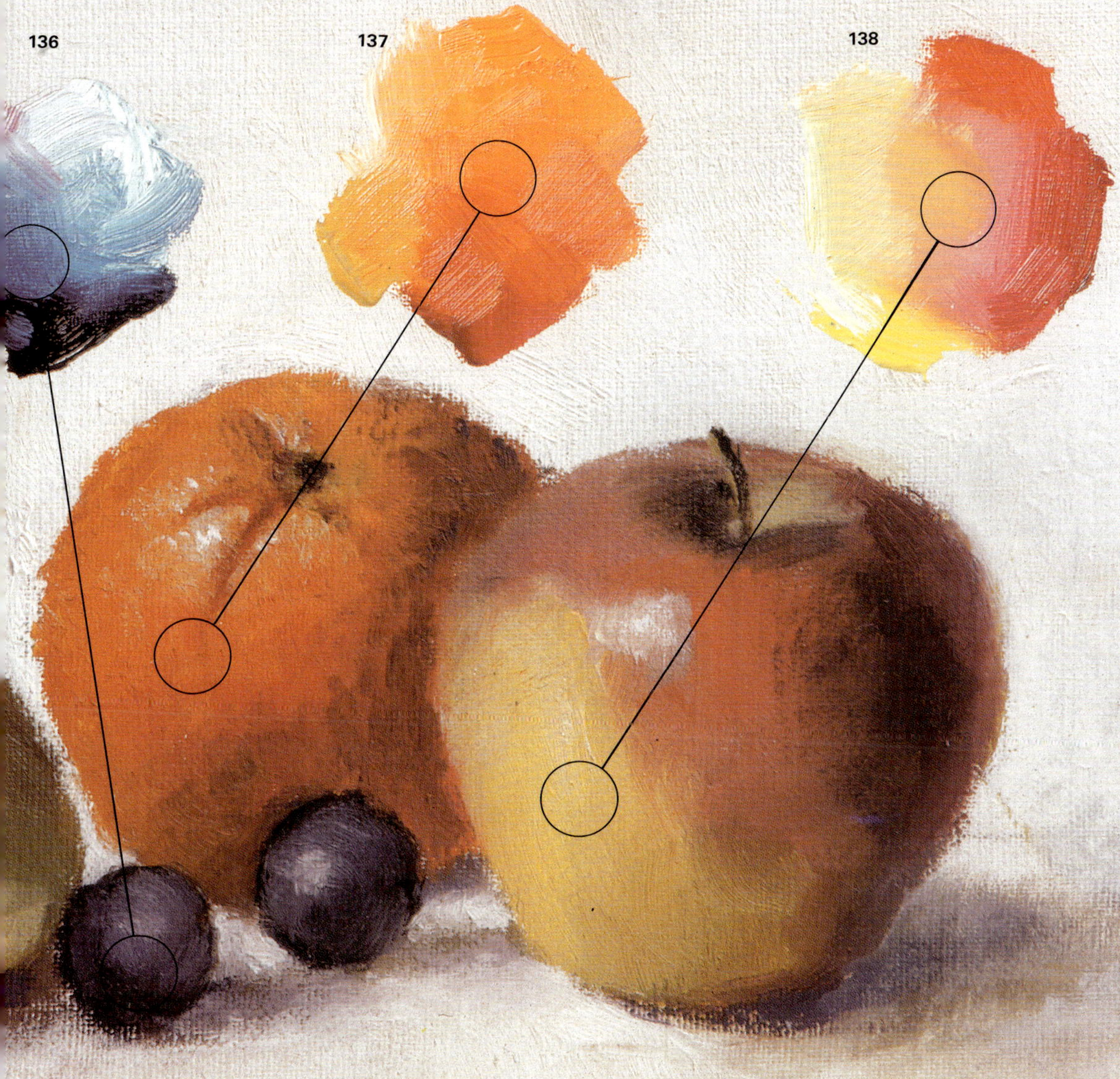

Quatre pommes peintes à l'aquarelle

Ballestar peint à l'aquarelle ces quatre pommes (fig. 139). Un connaisseur aurait peut-être réuni des variétés différentes, car celles-ci comptent, à notre avis, parmi les plus communes : une pomme d'un vert acide, une pomme vert-jaune, une rouge et une jaune. Vous les avez sans doute toutes goûtées, mais il est possible que ce soit la première fois que vous ayez à les peindre.

Avant de commencer à peindre les fruits proprement dits, Ballestar a humidifié le papier en le nuançant légèrement avec un lavis de brun Van Dyck, dans le but d'apporter une tonalité générale à l'aquarelle qu'il a par ailleurs foncée dans la partie inférieure de la feuille. Dès que la couleur est sèche, l'artiste commence à peindre les pommes. Notez bien cela si vous souhaitez reproduire cette aquarelle, car cette base colorée détermine la tonalité des fruits.

Figure 140. Le vert de cette pomme est une couleur riche, provenant autant de la transparence de la couleur de fond que des tonalités utilisées pour les mélanges. Ces couleurs sont l'ocre jaune, le jaune citron, le terre de Sienne brûlée et le vert permanent.

Figure 141. C'est aussi le vert permanent qui détermine la tonalité générale de cette pomme. Toutefois, le vert n'apparaît jamais à l'état pur, il est toujours foncé et nuancé par le bleu de cobalt et le terre de Sienne brûlée.

Fig. 139. Ballestar a choisi ces quatre pommes aux couleurs caractéristiques afin de mettre en évidence les différents mélanges de couleurs qu'un tel sujet peut contenir.

140

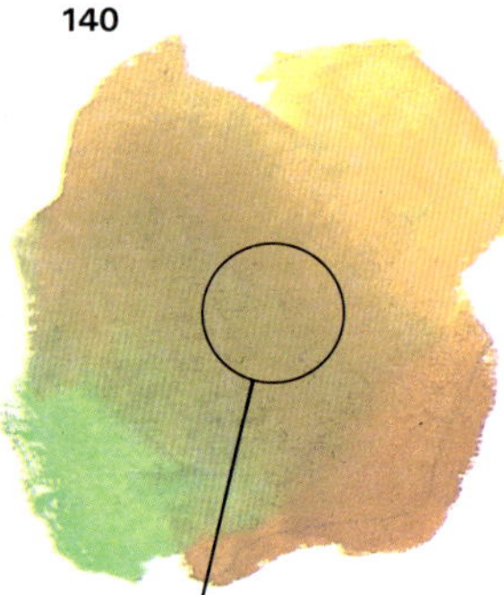

141

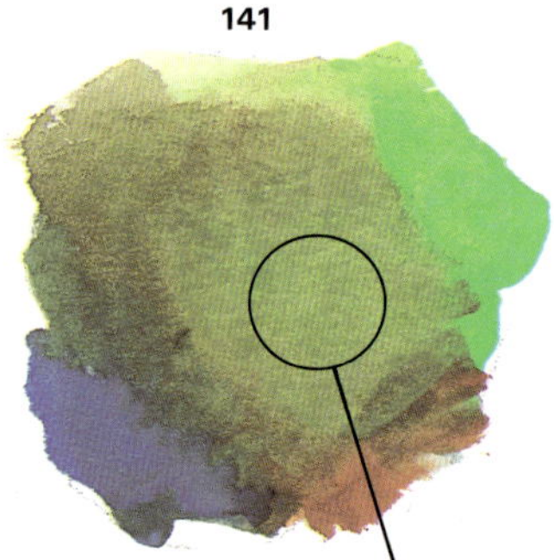

139

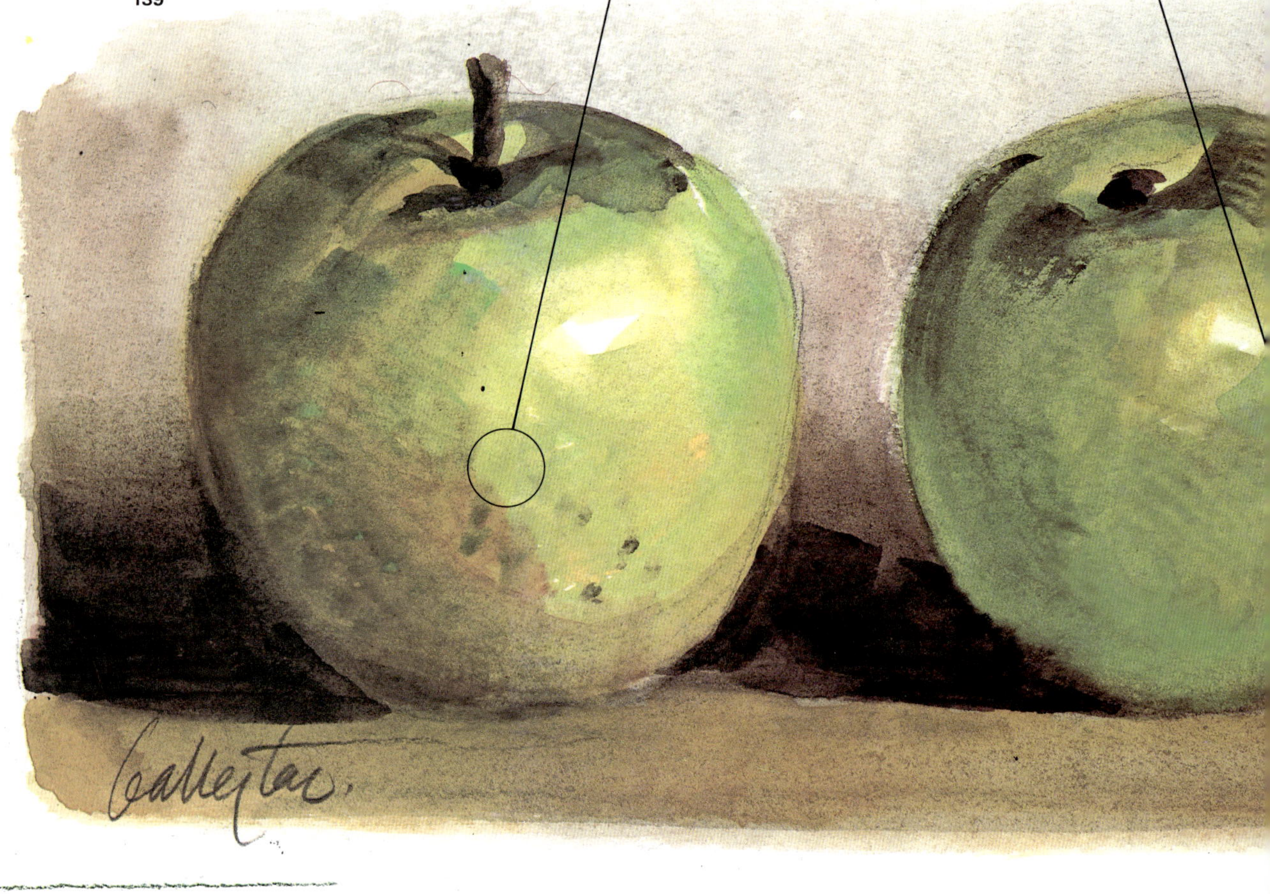

Figure 142. Deux couleurs seulement interviennent ici : le carmin de garance et le rouge de cadmium moyen. Ballestar les a mélangées uniquement là où il souhaitait obtenir une tonalité plus foncée. Autrement, ces couleurs ont été appliquées par transparence.

Figure 143. La couleur de la pomme jaune a été réalisée à partir d'un mélange d'ocre jaune, de jaune de cadmium moyen et de brun Van Dyck.

La couleur dominante est le jaune, qui apparaît pur au centre du fruit. Ballestar a réservé par endroit le blanc du papier pour traduire les reflets.

Figure 144. La couleur du fond et, surtout, celle de la base sur laquelle repose les pommes, se compose de bleu de cobalt et de terre de Sienne brûlée. Le mélange de ces deux couleurs donne un ocre très foncé, avec une tendance légèrement verdâtre qui contraste avec les couleurs des fruits, nuance sur laquelle ils se détachent et s'harmonisent.

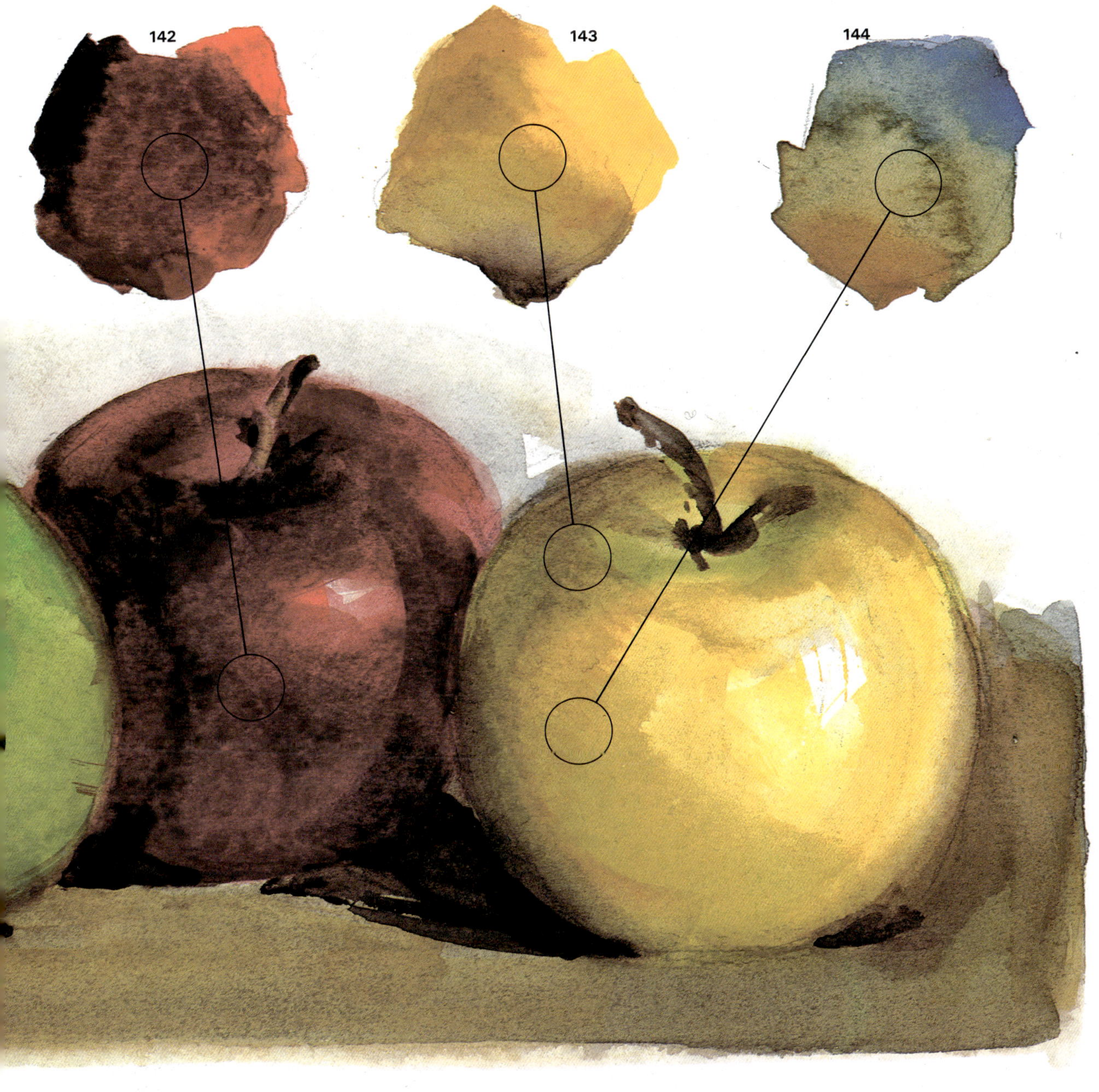

hair chez Vélasquez

Les Ménines est Vélasquez (1599-1660). Il fut peint en 1656 et résume la perfection technique et l'originalité créative du peintre dans sa pleine maturité. Revoyons rapidement quelques-unes des particularités techniques de cette œuvre connue du monde entier.

Vélasquez appliqua sur la toile des *Ménines* une fine couche de gris uniforme et peignit ensuite avec de la couleur très diluée, presque sans dessin préalable, définissant simultanément les contours et la coloration des corps par des touches de pinceau successives. Ce procédé direct et concis en fit un authentique précurseur de l'impressionnisme... avec plus de deux siècles d'avance !

Le glacis gris servant de fond apparaît là où la couche picturale est la plus mince, par transparence, de la même manière qu'à l'aquarelle. Comme presque toujours dans la peinture classique, la couleur la plus dense et la plus couvrante est réservée aux tons clairs, surtout aux visages et aux mains des personnages mais, même à ces endroits, l'apprêt coloré apparaît à travers les tons foncés (ombre du front, des joues, etc.).

La tendance chromatique de cette peinture de Vélasquez (et de presque toute son œuvre) évite les tons purs, qu'ils soient chauds ou froids. C'est une grisaille légèrement verdâtre et austère qui domine, composée de couleurs terre et de gris neutres, sur laquelle se détachent avec une vigueur remarquable de subtiles touches rouges, roses et blanc argenté.

Le détail reproduit ici (fig. 148) correspond au portrait de l'infante Marguerite, personnage central des *Ménines*. Les différentes carnations de la peau sont un bon exemple de la technique faussement simple du grand peintre espagnol.

Le premier des mélanges (fig. 145 et 145A) correspond au front, là où la lumière est la plus intense. La couleur est d'un rose très clair, si clair qu'elle en vient à se confondre avec les reflets des cheveux. Cette couleur, légèrement empâtée, contient une proportion importante de blanc, un peu de terre de Sienne brûlée et une pointe de vermillon.

Les ombres intermédiaires, sur le nez (fig. 146 et 146A), conservent la dominante blanche à laquelle s'ajoute le terre de Sienne brûlée dans les mêmes proportions que précédemment, ainsi qu'un peu de terre d'ombre naturelle et de vermillon. Le terre d'ombre grise et casse la nuance par sa tendance verte et froide qui contraste avec les tons chauds composant les mélanges des chairs plus claires.

L'ombre chaude, dans la partie inférieure des lèvres (fig. 147 et 147A), se compose d'une importante quantité de blanc, d'une quantité moindre de terre de Sienne brûlée, et d'un peu de vermillon et de jaune.

Fig. 145 et 145A. La couleur du front (fig. 145A) est composée surtout de blanc, auquel viennent s'ajouter la terre de Sienne brûlée et le vermillon en proportions décroissantes (fig. 145).

Fig. 146 et 146A. L'ombre légère et claire du nez (fig. 146A) est obtenue en mélangeant du terre de Sienne brûlée à une quantité importante de blanc, puis en ajoutant un peu de terre d'ombre naturelle et de vermillon (fig. 146).

Fig. 147 et 147A. L'ombre correspondant à la partie inférieure des lèvres (fig. 147A) se compose de blanc pour une grande part, puis de terre de Sienne brûlée, de jaune et de vermillon en proportions moindres (fig. 147).

Fig. 148. Diego Vélasquez, *Les Ménines* (détail). Musée du Prado, Madrid.

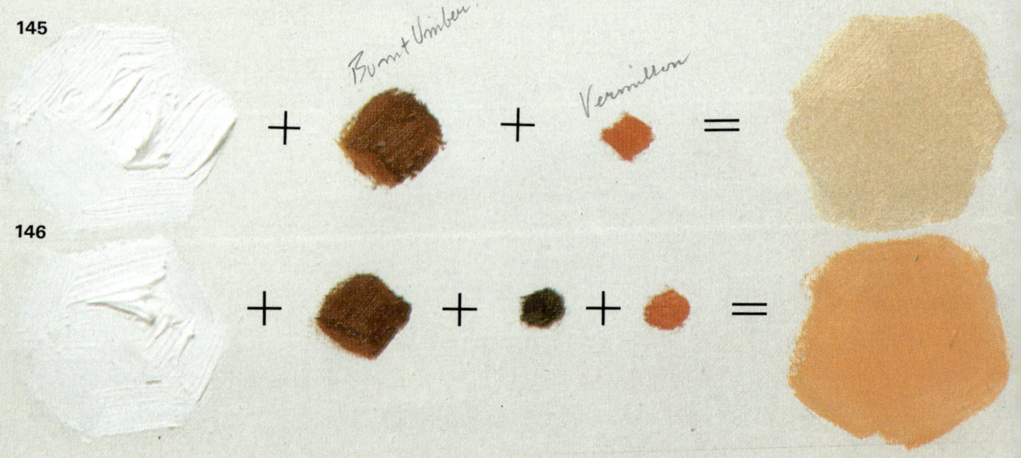

148

145 A

146 A

147 A

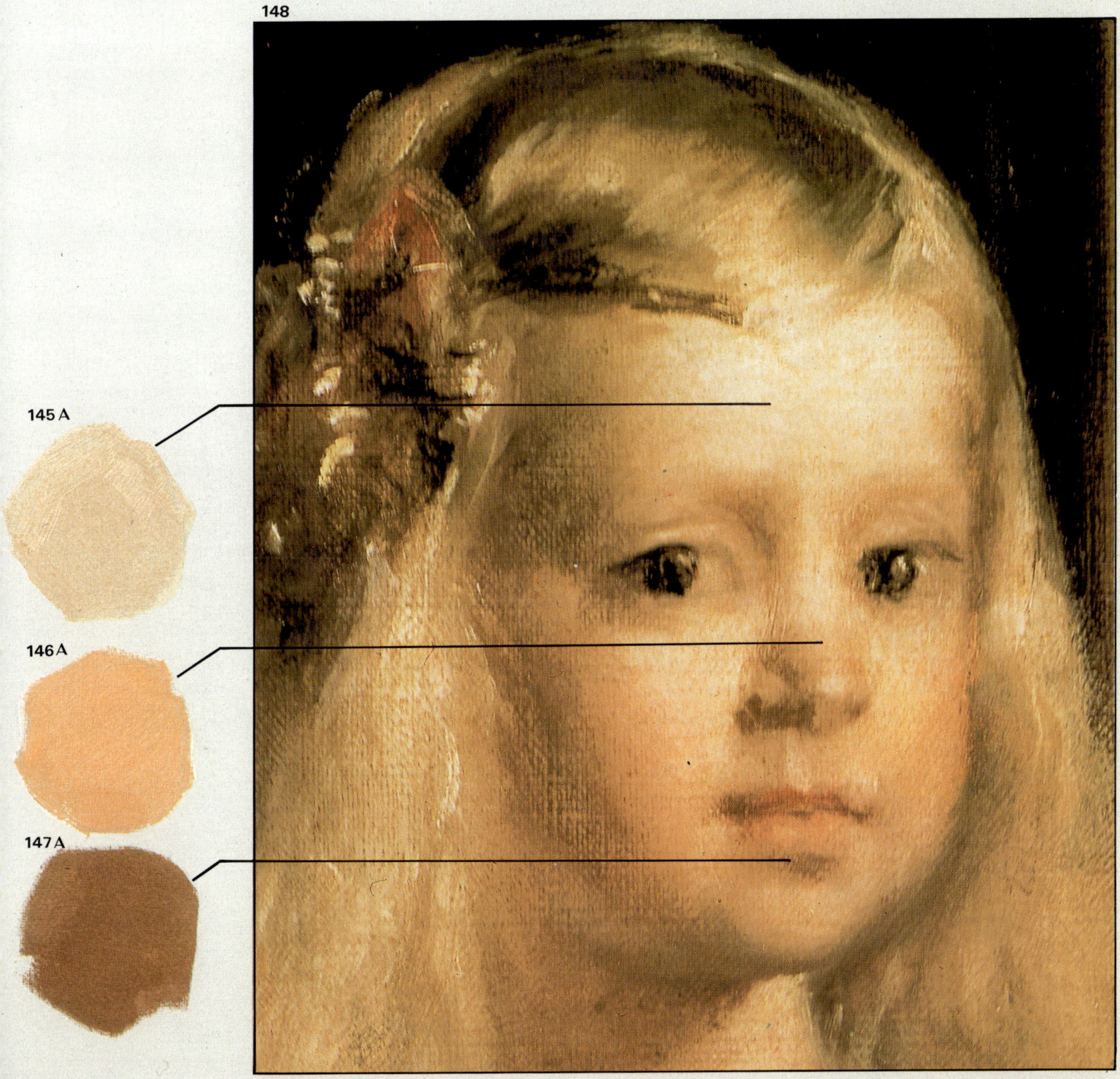

147

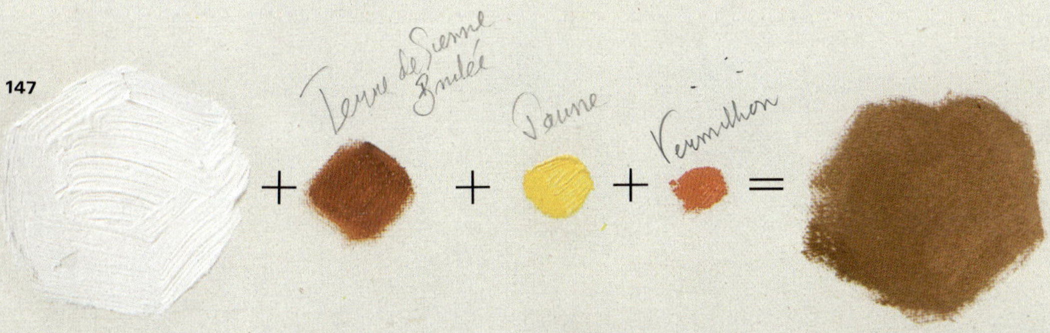

La couleur chair chez Delacroix

Eugène Delacroix (1798-1863) peignit *La Mort de Sardanapale* en 1827. C'est une œuvre de grandes dimensions évoquant un épisode légendaire. Il s'agit, selon les mots de l'historien Kenneth Clark : « des derniers moments d'un tyran, poussé par l'orgueil à emporter avec lui dans l'autre monde tout ce qui lui avait procuré du plaisir pendant sa vie ».
La couleur est intense, voire même violente. Le rouge domine dans toutes ses nuances, depuis les roses les plus suaves jusqu'au carmin le plus profond. En opposition avec le rouge, le doré des corps féminins se détache fortement. Ce doré dont la luminosité exceptionnelle est l'une des grandes réussites de l'art de Delacroix (fig. 152).
Il serait vain de tenter d'établir avec exactitude la « formule » précise des mélanges chromatiques qui interviennent sur ce fragment. Delacroix, comme la plupart des peintres de son époque, s'efforçait d'imiter les qualités de la peinture de la Renaissance et du baroque en faisant usage de préparations subtiles : vernis complexes, bitume pour « vieillir » la couleur, etc. Cette « cuisine » picturale produisit à la longue des résultats catastrophiques, détériorant les surfaces et fonçant les couleurs. Bien que l'état de conservation du tableau reproduit ici soit bon, il faut savoir toutefois que Delacroix peignait la couleur chair sur des bases claires (y compris les blancs) pour accroître sa luminosité. Il est néanmoins possible de se rapprocher de la tonalité de ses carnations avec une fidélité satisfaisante à partir de nos couleurs et de notre manière actuelle de les utiliser.
C'est sur la poitrine que se situe ici la plus grande luminosité. Nous pouvons l'obtenir (fig. 149 et 149A) à partir d'un mélange composé de blanc, auquel s'ajoutent un peu de vermillon et d'ocre, ainsi qu'une quantité un peu plus importante de jaune. Le résultat se rapproche de ce que l'on appelle le jaune de Naples ; un jaune chaud, sans l'« acidité » un peu stridente du jaune ordinaire.
L'ombre intense, sur la courbure du dos (fig. 150 et 150A), se compose d'une grande part de blanc, de terre d'ombre et de terre de Sienne brûlée en quantités égales, d'un peu de jaune et d'une pointe de vermillon. Le résultat est un ocre-brun plutôt foncé, solide et dense, d'une tendance chaude accusée.
La tonalité intermédiaire des fesses et de la cuisse (fig. 151 et 151A) est plus rosée. Ici, la couleur de base est le terre de Sienne brûlée, en quantité très supérieure à celle de toutes les autres couleurs. S'y ajoutent, en quantité décroissante, le blanc, le vermillon et le jaune. Le résultat est une couleur rosée et chaude, légèrement rougeâtre, qui contraste avec le jaune des zones plus lumineuses et donne de la consistance à la couleur de la peau de cette femme nue.

Fig. 149 et 149A. La couleur la plus claire est celle de la poitrine (fig. 149A). Elle est réalisée en partant du blanc, auquel s'ajoutent, dans de plus faibles proportions, le vermillon, le jaune de cadmium moyen et l'ocre jaune (fig. 149).

Fig. 150 et 150A. L'ombre de la courbure du dos (fig. 150A) est obtenue en mélangeant à une quantité importante de blanc, du terre d'ombre et du terre de Sienne brûlée, du jaune en quantité moindre et une pointe de vermillon (fig. 150).

Fig. 151 et 151A. La tonalité intermédiaire, visible sur les fesses et sur la cuisse (fig. 151A), se compose d'une quantité importante de terre de Sienne brûlée, à laquelle s'ajoutent du blanc, du vermillon et du jaune en quantités décroissantes (fig. 151).

Fig. 152. Eugène Delacroix, *La Mort de Sardanapale*. Musée du Louvre, Paris.

149

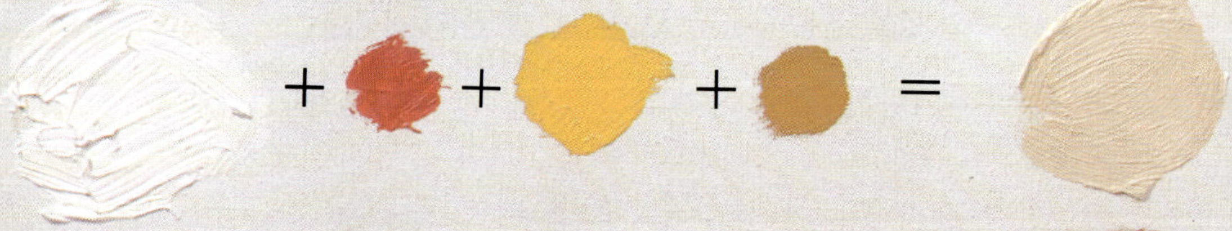

150

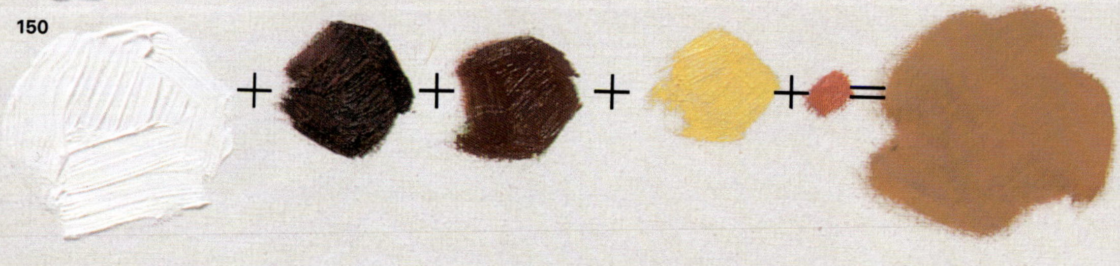

152

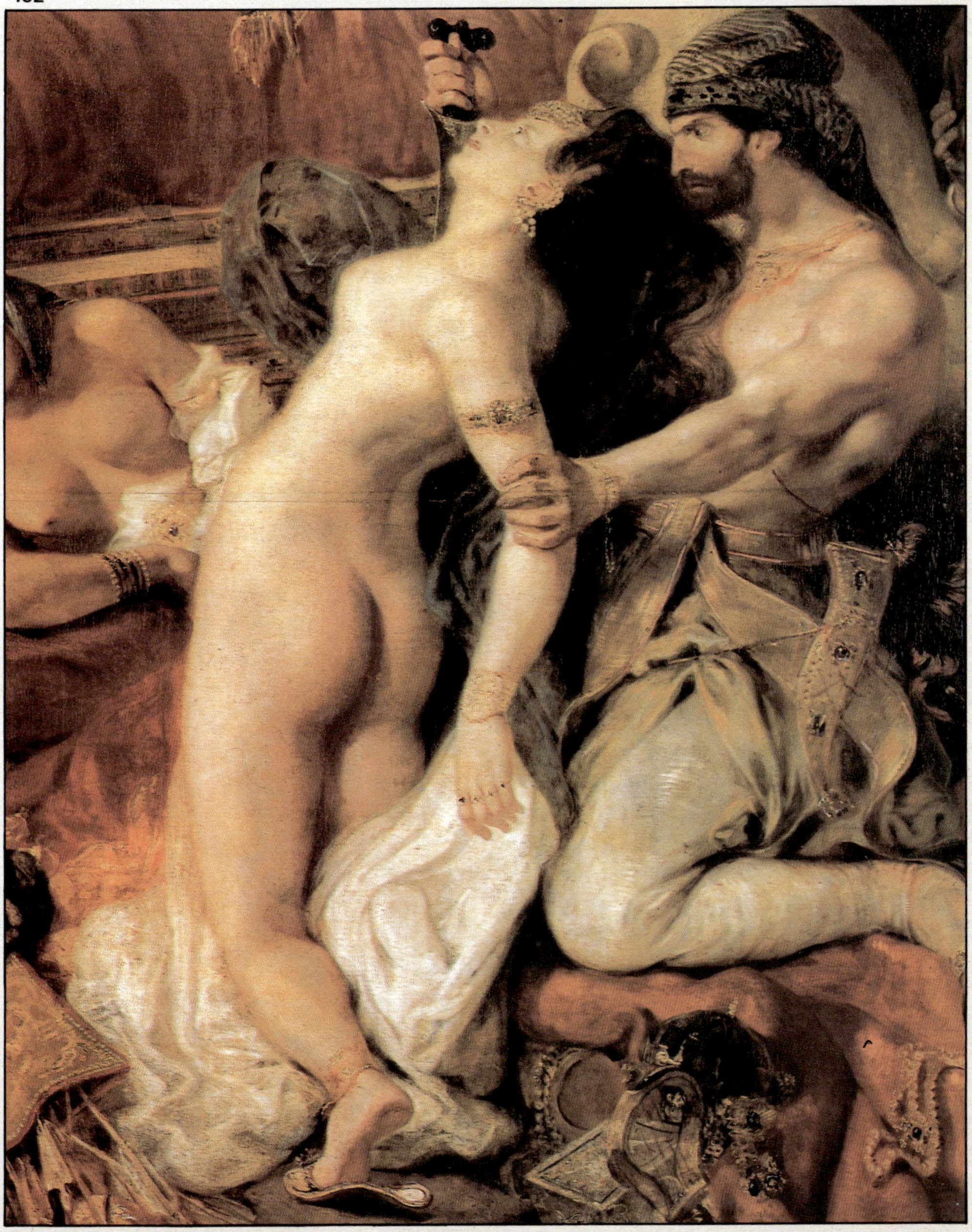

149 A

150 A

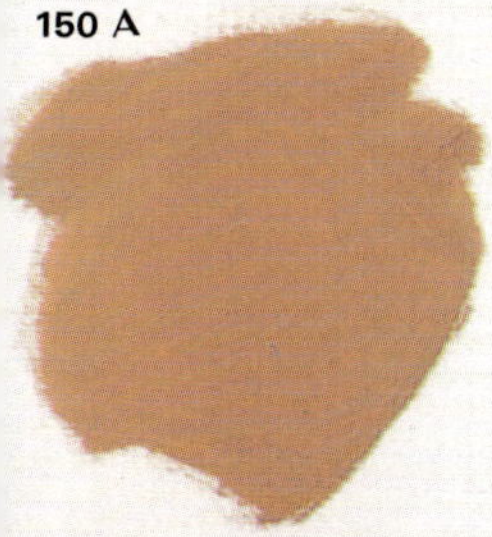

151 A

151

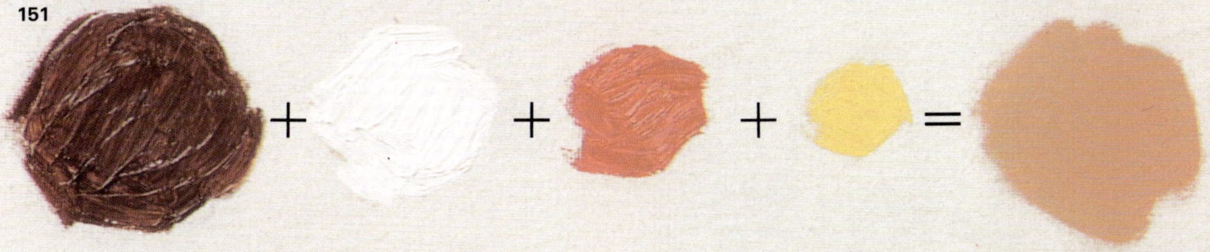

La couleur chair chez Renoir

« Essayez d'expliquer à monsieur Renoir que le torse d'une femme n'est pas un tas de chair en décomposition, avec des taches d'un vert violacé, comme celles d'un cadavre en putréfaction. » Ces mots furent écrits par le critique d'art Albert Wolff à propos de la peinture de Renoir (1841-1919) reproduite ici (fig. 156). Au cours de l'année 1876, les peintres impressionnistes exposèrent ensemble, à l'écart des artistes admis par l'Académie. Ils ne vendirent que quelques tableaux.
Il est très difficile aujourd'hui, sinon impossible, d'imaginer une telle situation. Nous ne pouvons accepter le mépris de Wolff, et devant ce nu nous ne rencontrons que des paroles élogieuses.
Renoir, comme les autres peintres impressionnistes, était un passionné de la nature, des effets changeants de la lumière, de l'action de celle-ci sur les personnages et sur les choses. Dans cette étude de nu, l'artiste s'est efforcé de reproduire les subtiles nuances suscitées par les ombres changeantes du feuillage sur le corps du modèle. Contrairement à Wolff, les tonalités de ce nu, les bleu-violet et les roses, ne trahissent pas pour nous la réalité ; ils sont plutôt la preuve d'une sensibilité aiguë.
Les mélanges nécessaires pour obtenir ces couleurs ne sont pas compliqués. Leur « charme », ce qui est admirable, réside dans leur disposition sur la toile, autant pour satisfaire à l'exigence du volume que pour l'alternance de l'ombre et de la lumière.
L'ombre réfléchie, à la base du cou, est d'un gris bleuté. Elle se compose surtout de blanc, auquel s'ajoutent de petites quantités de carmin, de vermillon et d'ocre, ainsi qu'une quantité un peu plus importante de bleu outremer. C'est un mauve très rabattu, d'une tendance légèrement rosâtre, qui chez Renoir vire vers le bleu ou vers le vert (fig. 153 et 153A).
La couleur suivante est une variante de la précédente, avec également une pointe de bleu outremer et d'ocre. En réalité, comme on peut le voir en comparant ce mélange avec le précédent, ce dernier est un peu plus chaud. Vous pouvez, comme le fait l'artiste, mélanger ces couleurs et faire des essais avec plus ou moins de carmin ou de bleu outremer.
Pour finir, la couleur du ventre est un peu plus chaude, avec une tendance plus ocre que les précédentes. Pour la réaliser, vous devez mélanger de l'ocre au blanc, ajouter très peu de rouge et neutraliser la tendance rougeâtre avec du bleu de cobalt (fig. 155 et 155A).

Fig. 153 et 153A. La couleur bleutée, à la base du cou (fig. 153A), s'obtient en ajoutant au blanc de petites quantités de carmin, de vermillon et d'ocre, ainsi qu'un peu de bleu outremer (fig. 153).

Fig. 154 et 154A. Les zones intermédiaires (fig. 154A) sont réalisées en partant du blanc, auquel s'ajoutent de petites quantités de carmin et de vermillon, ainsi que de l'ocre et du bleu outremer (fig. 154).

Fig. 155 et 155A. La couleur propre de la peau, libre des ombres et des reflets (fig. 155A), est dominée par le blanc auquel s'ajoutent, en quantité décroissante, l'ocre jaune, le vermillon et le bleu outremer (fig. 155).

Fig. 156. Pierre-Auguste Renoir, *Étude ou Torse ; effet de soleil.* Musée d'Orsay, Paris.

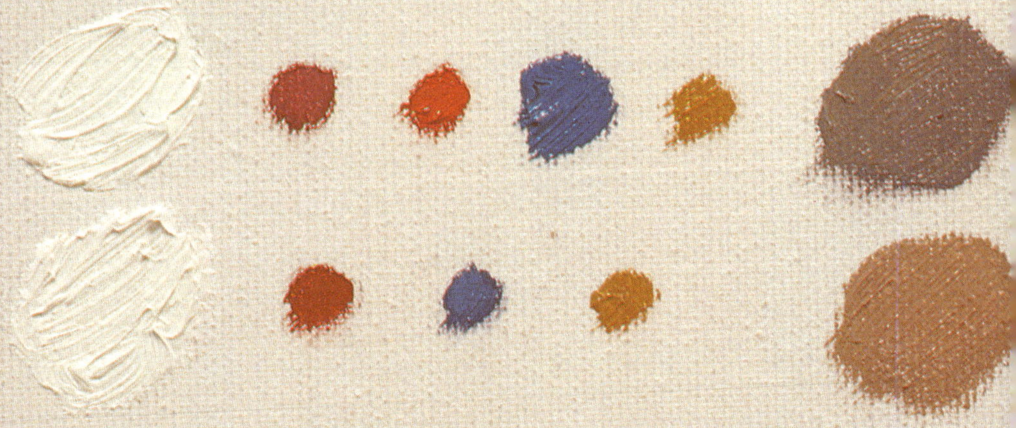

156

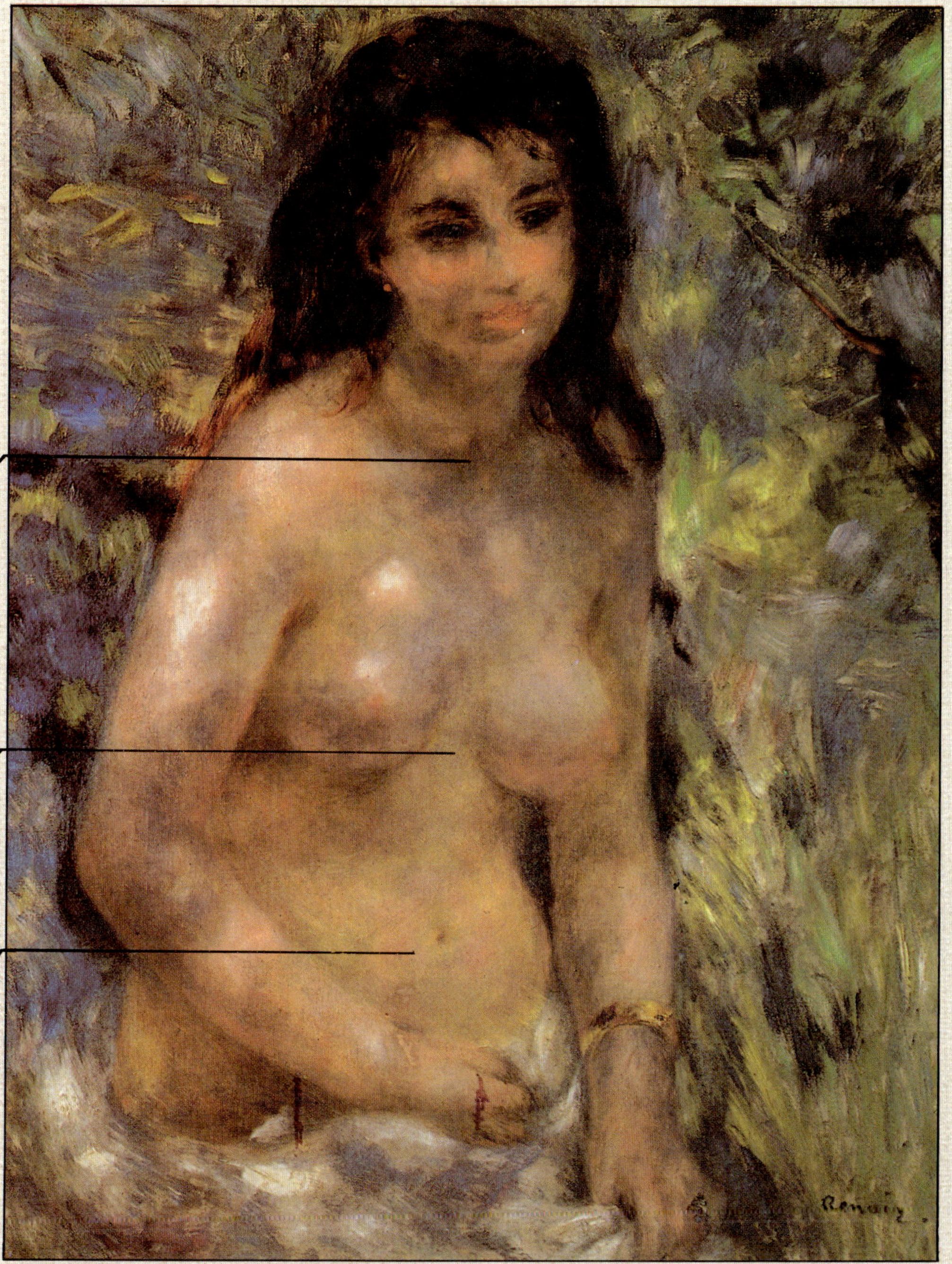

153 A

154 A

155 A

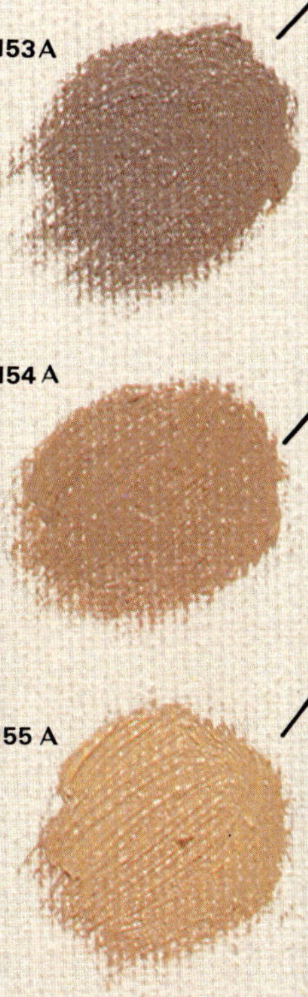

155

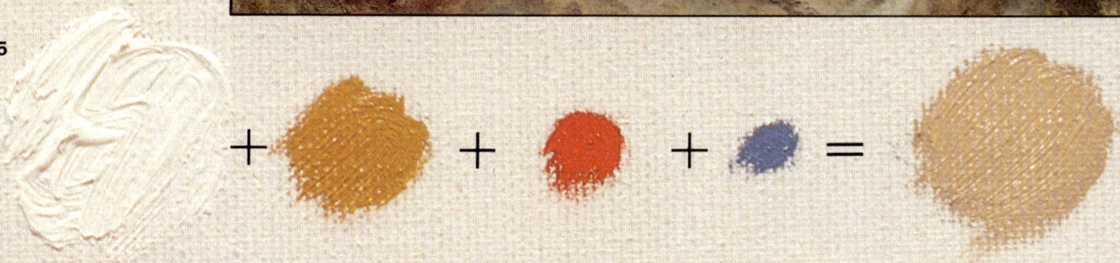

La couleur chair chez Charles Reid

Charles Reid (né en 1941) est un des aquarellistes contemporains les plus importants. Nous pourrions presque affirmer que son œuvre est représentative de l'état actuel de l'évolution de l'aquarelle figurative depuis ses débuts au XVIIIe siècle comme technique artistique reconnue. Le style de Reid est celui de l'aquarelliste contemporain : expressif dans la couleur, la leçon de l'impressionnisme a été bien retenue. Son style est celui d'un virtuose. Ses aquarelles traduisent une grande habileté dans l'application de la couleur ainsi que dans la définition des formes, auxquelles s'ajoute une rapidité d'exécution surprenante.

Reid, qui peint toujours d'après nature, commence ses œuvres en recouvrant le papier avec une liberté totale, en laissant la couleur couler et s'étendre sans trop la contraindre. Il peint sur papier humide pour étendre, nuancer et enrichir la couleur ; à l'aide de glacis, pour obtenir des effets lumineux ; sur papier sec, pour dessiner avec le pinceau chargé de couleur peu diluée, pour rehausser les détails et définir les contours. Certaines de ses œuvres, dont celle présentée ici (fig. 160), sont d'authentiques preuves des diverses possibilités techniques de l'aquarelle.

Avec un crayon aquarellable, Reid détermine la forme de son sujet par une ligne continue qui définit approximativement les contours, sans s'attarder sur les détails, de telle sorte que rien ne puisse restreindre la liberté du pinceau.

La tonalité propre de la peau, bien visible sur le bras, a été obtenue à partir d'une grande quantité de carmin de garance très dilué, auquel s'est ajoutée une pointe de vermillon et de jaune citron (fig. 157 et 157A).

Les parties les plus ombrées sont plus chaudes : elles sont composées à partir de vermillon mélangé à du bleu de cobalt (en quantité moindre) et nuancé avec une pointe de carmin (fig. 158 et 158A).

Les ombres plus claires sont obtenues en appliquant un lavis très dilué de bleu de cobalt auquel viennent s'ajouter du terre de Sienne brûlée ainsi qu'une pointe de vermillon et de jaune citron (fig. 159 et 159A).

Fig. 157 et 157A. La couleur chair utilisée par Reid (fig. 157A) se compose de carmin de garance, auquel s'ajoutent de petites quantités de vermillon et de jaune citron (fig. 157).

Fig. 158 et 158A. Les parties dans l'ombre (fig. 158A) sont réalisées à partir de vermillon, de bleu de cobalt (en quantité moindre) et d'un peu de carmin (fig. 158).

Fig. 159 et 159A. Pour les ombres claires (fig. 159A), Reid a appliqué un lavis de bleu de cobalt, de terre de Sienne brûlée, de vermillon et de jaune citron (fig. 159).

160

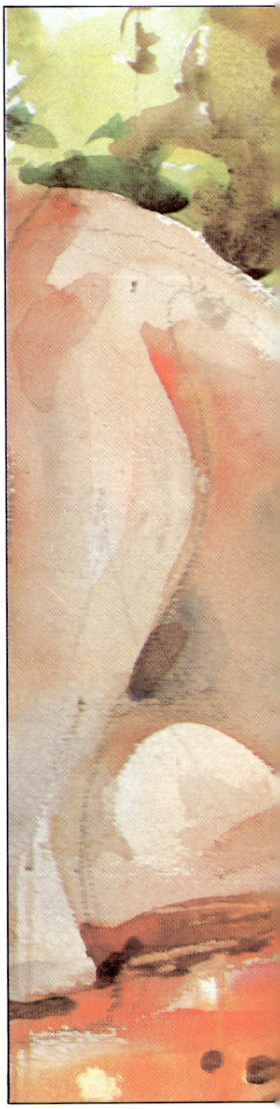

Fig. 160. Charles Reid, *Nu allongé*. Collection particulière. (Avec l'autorisation de Watson Guptill.)

157

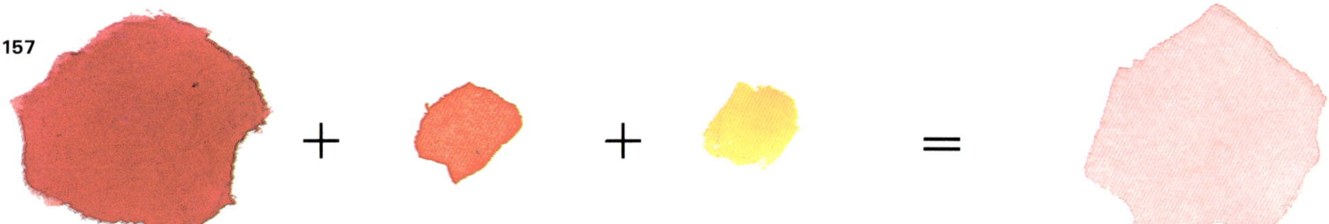

158

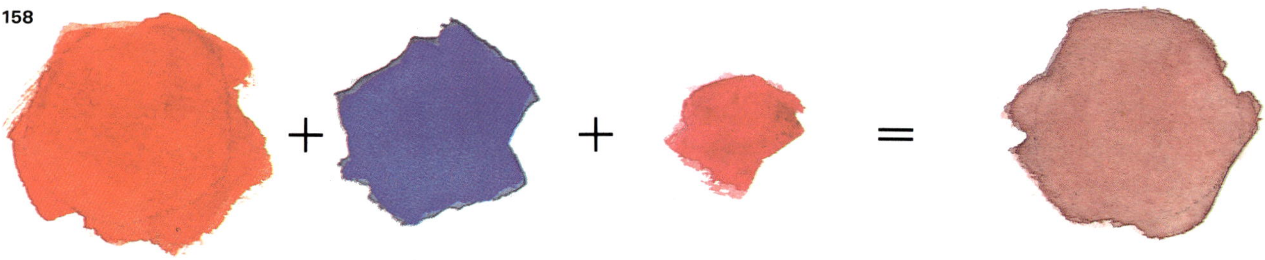

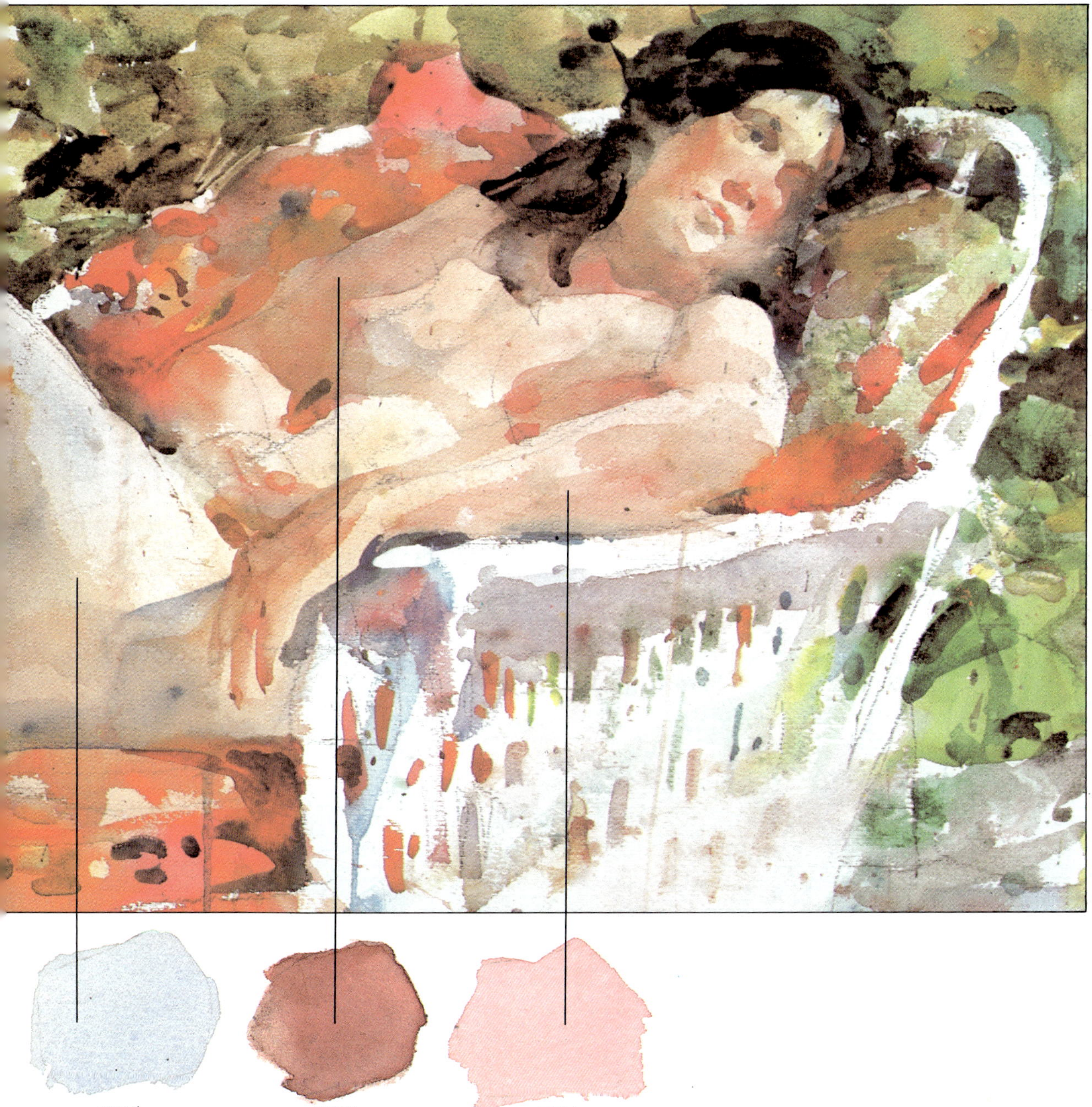

159 A 158 A 157 A

159

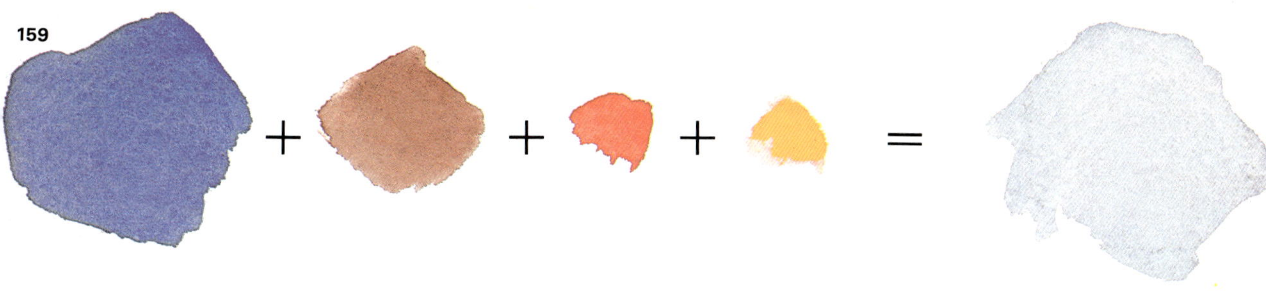

On interrogea un jour Paul Cézanne sur ses préférences chromatiques, sur ce qu'il admirait le plus, sur la couleur, dans les œuvres des grands maîtres. Celui-ci répondit : « l'harmonie générale ».
L'harmonisation, ou harmonie des couleurs, correspond à un ordre chromatique qui va bien au-delà du mélange des couleurs primaires et des lois sur la théorie de la couleur. Il s'agit avant tout d'un ordre qui concerne tout particulièrement le problème de l'expression artistique, de la réalisation cohérente d'une peinture.
Ce chapitre étudie les possibilités d'harmonisation des couleurs à partir de trois gammes fondamentales : la gamme des couleurs chaudes, celle des couleurs froides et celle des tons rompus. Chacune peut donner lieu à de multiples combinaisons, à des enrichissements continuels de la part de l'artiste. Pratiquer le mélange des couleurs sous toutes ses formes passe par la connaissance de la signification du concept d'harmonie chromatique.

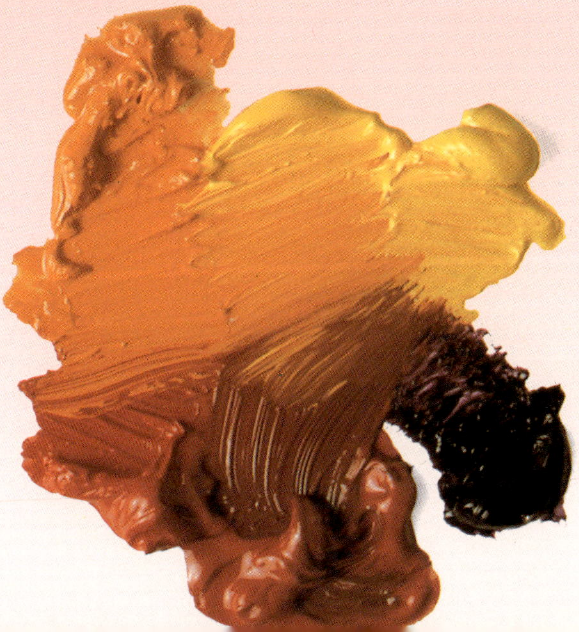

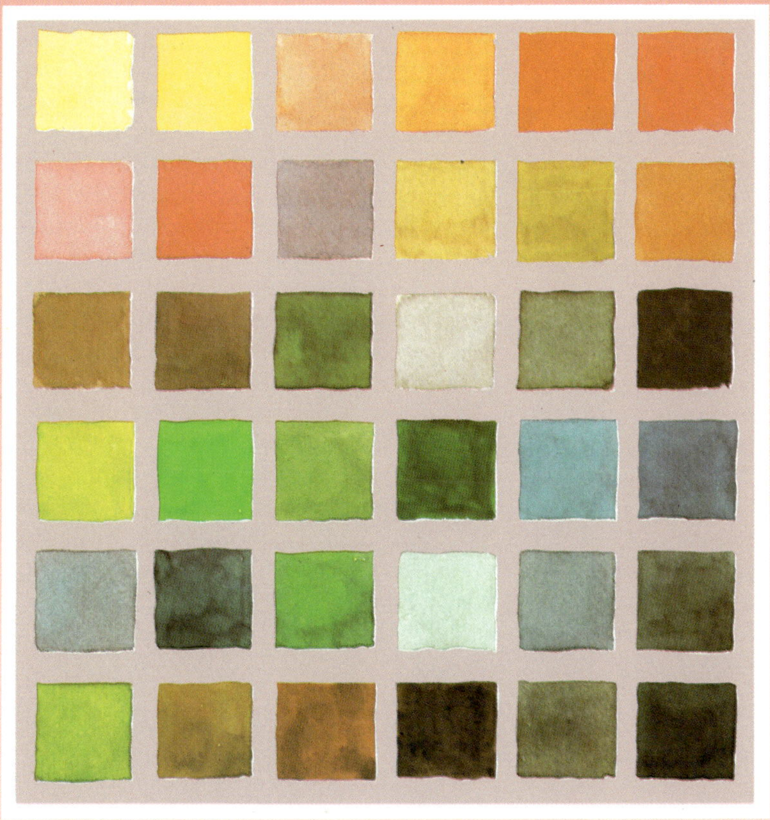

161

Mélanges et gammes de couleurs

Harmonisation et gammes de couleurs

Comme nous l'avons suggéré dans l'introduction de ce chapitre, il est possible d'harmoniser les couleurs selon trois modes principaux, correspondant aux gammes des couleurs chaudes, des couleurs froides et des tons rompus. D'une manière générale, nous pouvons affirmer qu'un tableau peint avec une gamme de couleurs chaudes est réalisé à partir de tonalités tirant vers le rouge, tandis que les nuances bleutées entrent dans la gamme des couleurs froides. La gamme des tons rompus offre, quant à elle, une suite de tonalités et de couleurs grisées et « salies », composées à partir du mélange de couleurs complémentaires et de blanc.

Les photographies que vous voyez sur ces deux pages ont été prises dans des lieux différents et à des moments où la lumière présentait l'une des tendances caractéristiques de ces trois gammes. La gamme des couleurs chaudes se retrouve sur la figure 163 (ci-contre). La photographie a été prise un après-midi d'été, alors que les ocres, les terre de Sienne et les rouges sont dominants. Le paysage hivernal (fig. 162) se caractérise par des gris et des tons bleutés, par une lumière atténuée, par des gammes qui évitent les tonalités violentes. La gamme des tons rompus est illustrée par la photographie de ce port (fig. 164) où les couleurs apparaissent « indécises », ni chaudes ni froides, mais tendant vers l'une de ces gammes sans pour autant être bien définies. C'est pour cette raison que, parlant des tons rompus, les artistes précisent toujours leur tendance, chaude ou froide, en fonction des nuances dominantes.

Dans la pratique, l'artiste se doit d'étudier au préalable la tendance lumineuse qu'offre le sujet. Après avoir choisi la gamme de couleurs qu'il va utiliser, il doit poursuivre dans cette tendance, voire même l'accentuer tout en veillant à la cohérence chromatique. Il sera alors en mesure d'interpréter la couleur et de peindre un bon tableau.

Fig. 161. (Page précédente.) Composition chromatique réalisée à partir des couleurs chaudes, des couleurs froides et des tons rompus.

162

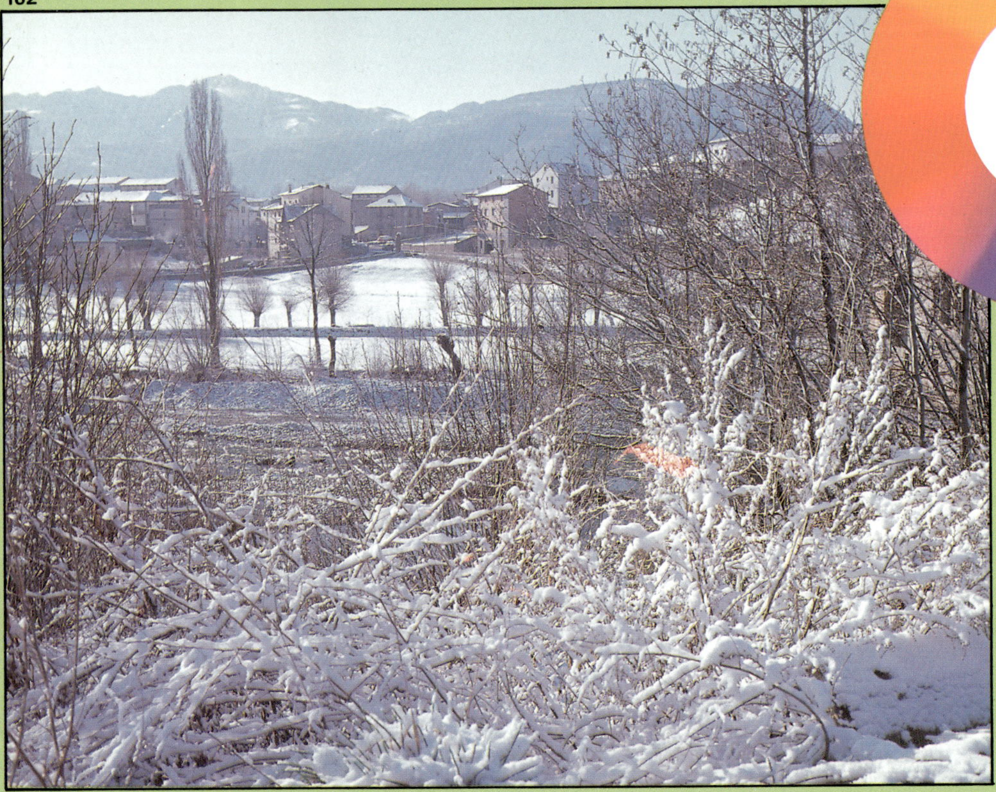

162 A

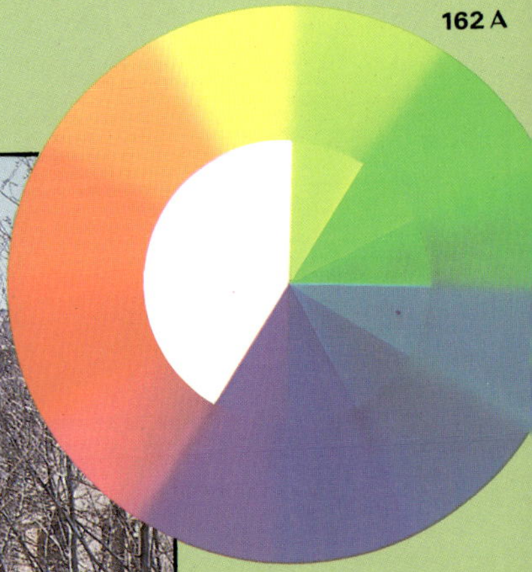

Fig. 162 et 162A. La gamme des couleurs froides semble se limiter, sur ce paysage (fig. 162), à des nuances de gris. En réalité, elle comprend beaucoup d'autres couleurs, dont les bleus, les violets, les bruns et les verts (fig. 162A).

163 A

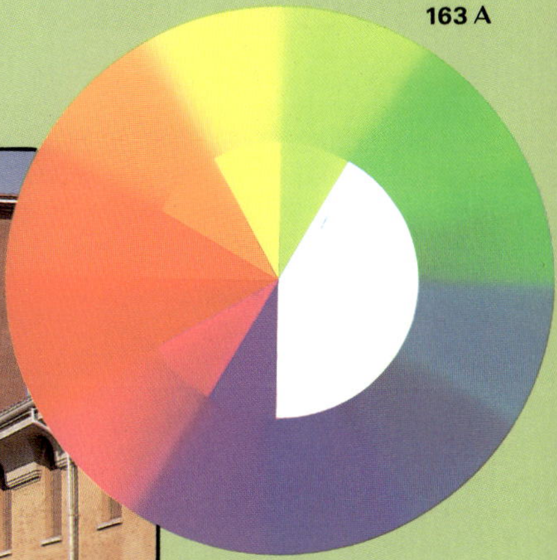

163

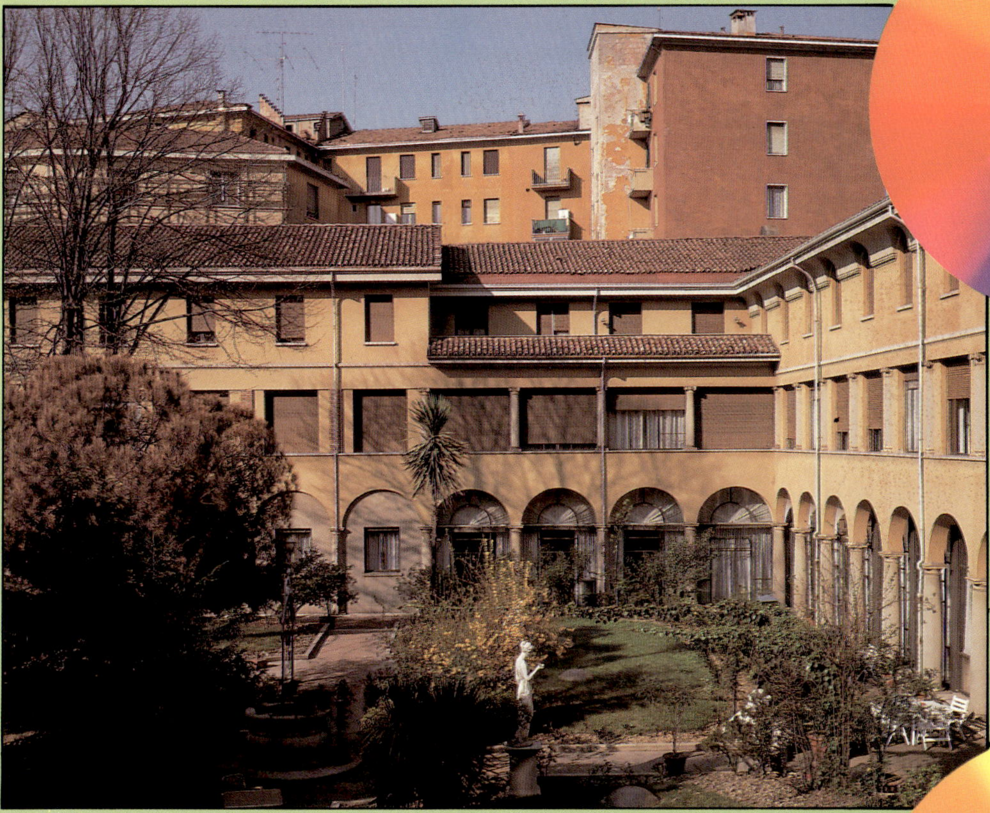

Fig. 163 et 163A. Cette illustration reflète la gamme des couleurs chaudes (fig. 163), où dominent des nuances terre de Sienne, ainsi que des jaunes et des rouges. Cette gamme contient également des verts clairs, des roses et des orangés (fig. 163A).

164 A

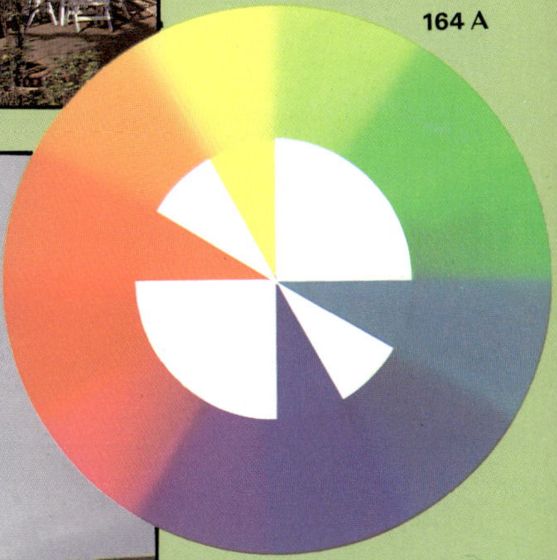

164

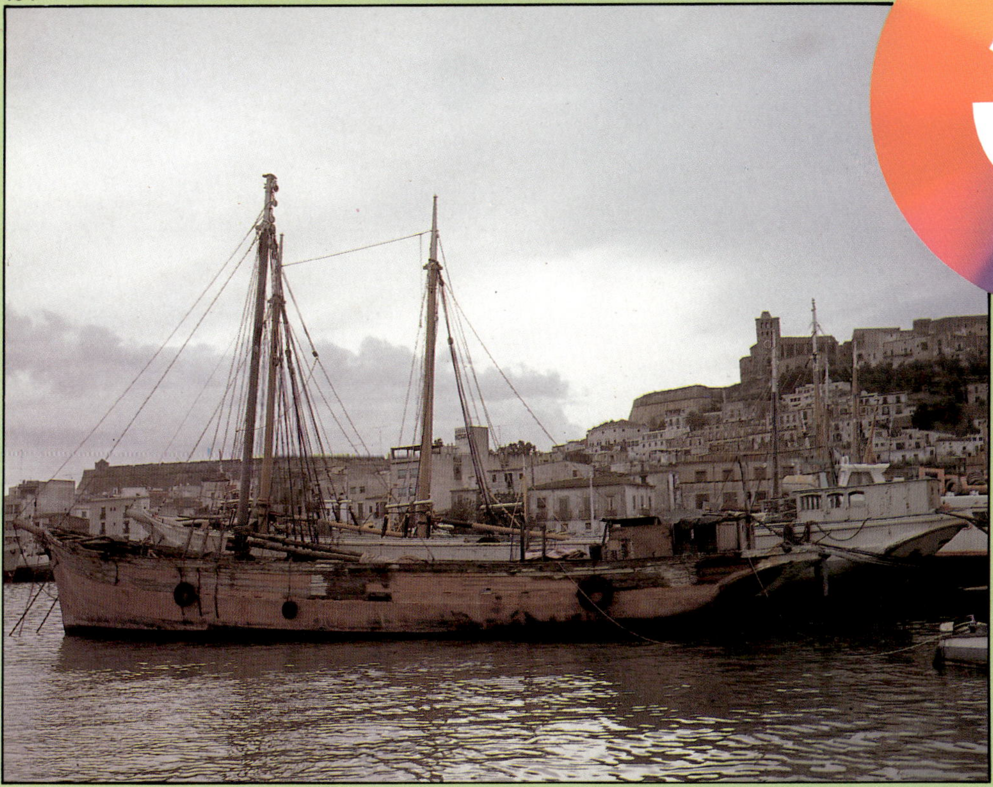

Fig. 164 et 164A. Les tons rompus sont les couleurs des jours nuageux et gris (fig. 164). On les obtient par le mélange des complémentaires et du blanc dans des proportions inégales (fig. 164A).

Peinture à l'huile et mélanges de couleurs chaudes

165

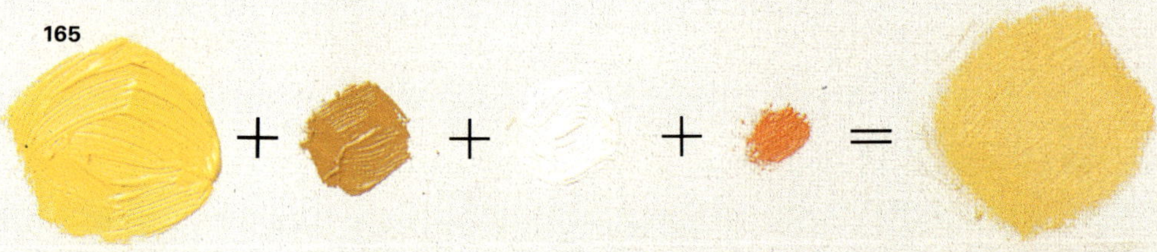

Fig. 165. La couleur du grenier, dans l'angle supérieur gauche, se compose principalement de jaune citron. À cette couleur viennent s'ajouter de petites quantités d'ocre jaune et de blanc, ainsi qu'un peu de jaune de cadmium orangé.

166

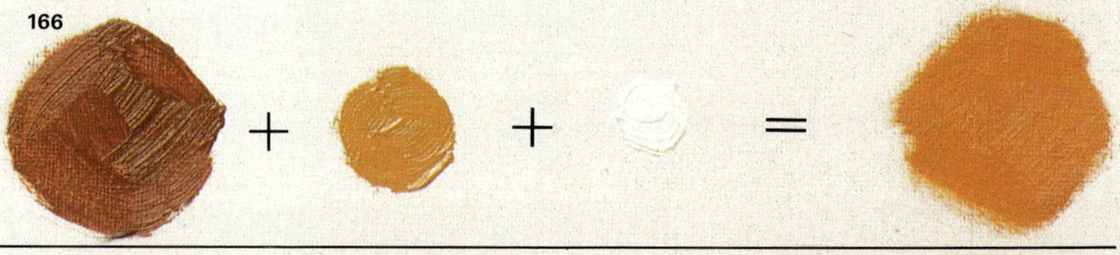

Fig. 166. La couleur de la façade traversée par le tuyau de la gouttière est réalisée en partant du terre de Sienne brûlée, auquel s'ajoute une très petite quantité d'ocre jaune et de blanc.

167

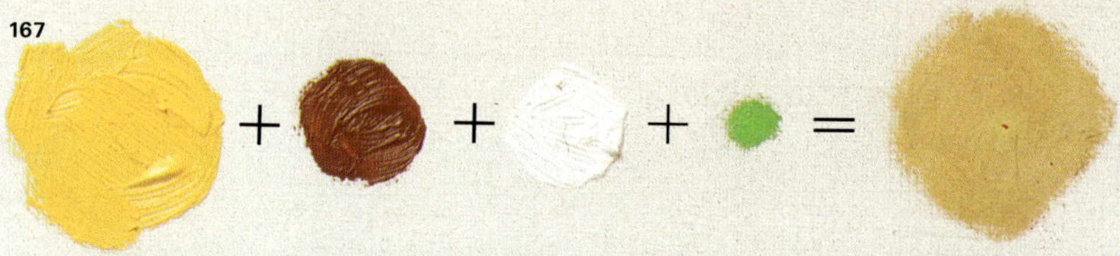

Fig. 167. La couleur la plus claire est celle qui domine sur les façades au centre du tableau. Elle est obtenue à partir du jaune de cadmium citron. S'y ajoutent de petites quantités de terre de Sienne brûlée et de blanc, ainsi qu'une pointe de vert permanent.

168

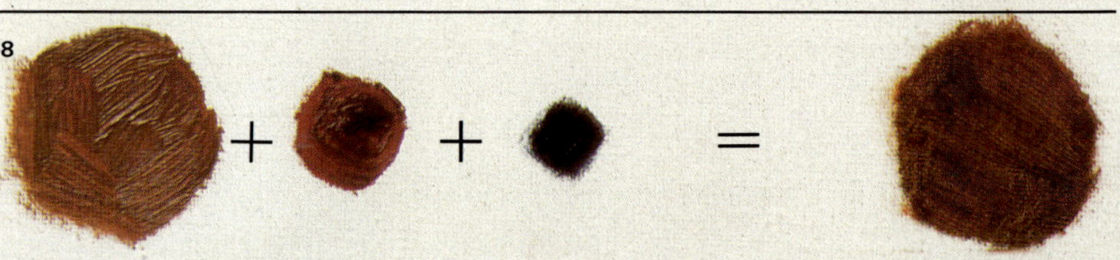

Fig. 168. Pour l'ombre de la porte, en bas et à gauche, au terre de Sienne brûlée comme couleur de base, se mélangent une petite quantité de carmin de garance et une autre de bleu de Prusse.

169

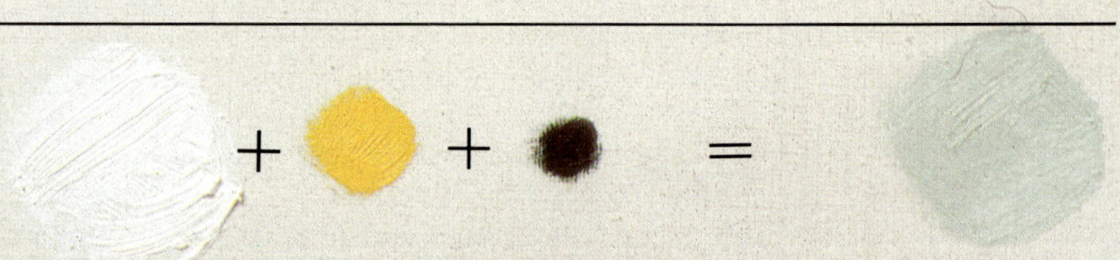

Fig. 169. La couleur claire, légèrement bleutée, de certaines façades se compose de blanc, additionné d'un peu de jaune de cadmium citron et d'une pointe de bleu de Prusse.

170

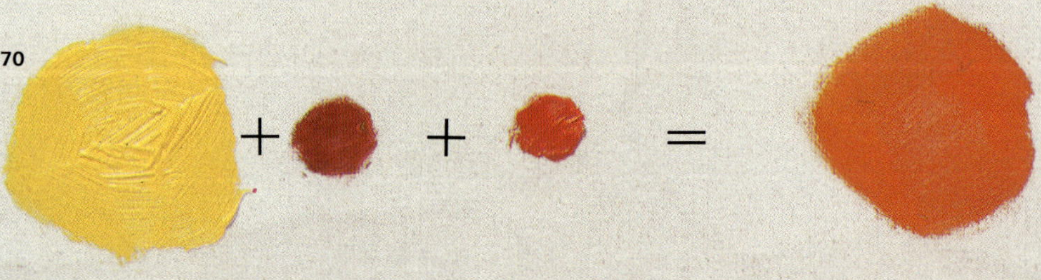

Fig. 170. La partie basse des façades est d'une teinte nettement plus chaude et plus foncée que la partie supérieure. Cette couleur s'obtient à partir du jaune citron et de petites quantités de carmin de garance et de rouge de cadmium moyen.

171

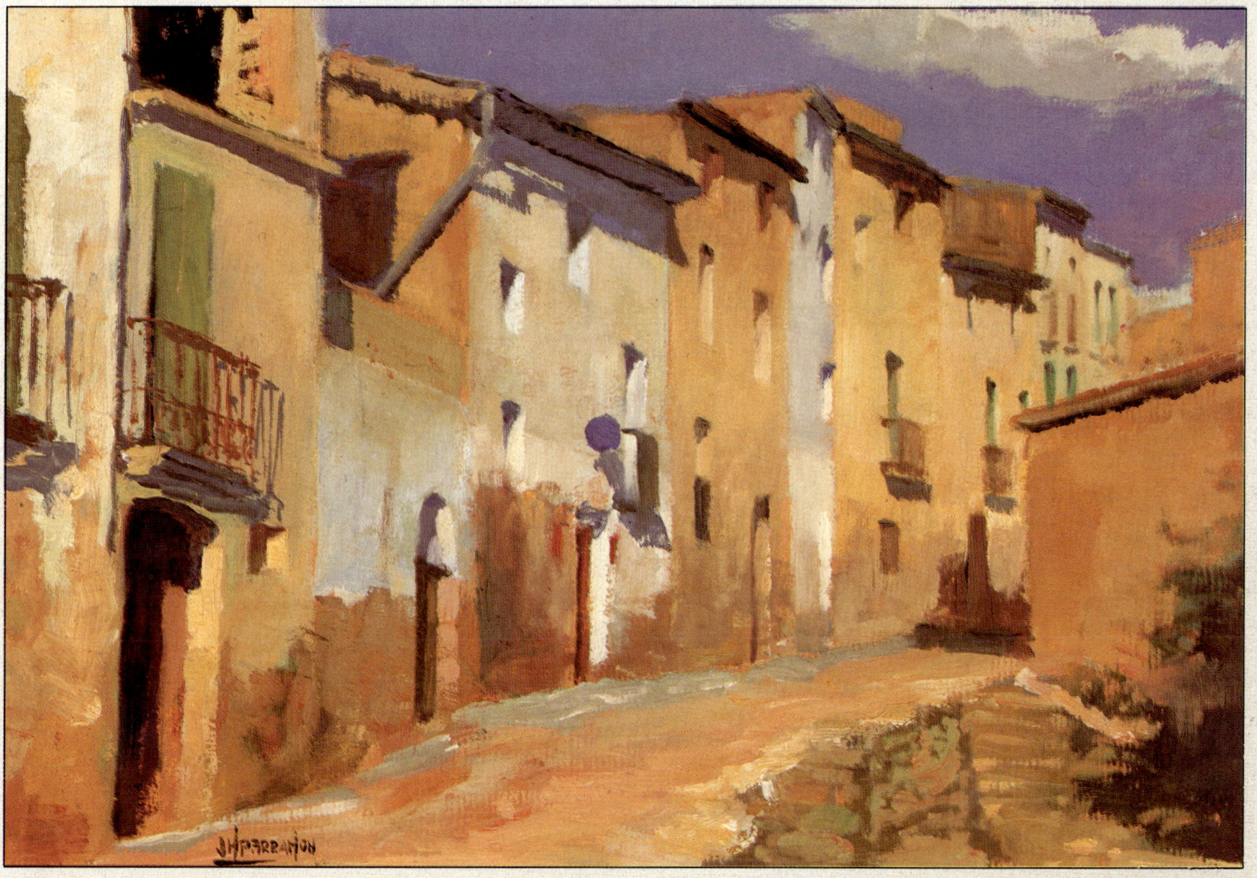

Fig. 171. José M. Parramón, *La Torra*. Collection particulière.

Voici la rue principale d'un village peinte vers cinq heures du soir par une chaude journée d'été (fig. 171). À cette heure-là, le soleil « peint » avec des couleurs chaudes, des jaunes, des ocres, des terre de Sienne, des rouges...
D'un point de vue théorique, la gamme des couleurs chaudes est constituée des couleurs indiquées sur le schéma de la figure 163A, page 79. Dans la pratique, en considérant les couleurs proches, ou ayant un rapport avec le rouge, et en tenant compte de celles utilisées par l'artiste, nous avons sélectionné les couleurs suivantes :

Jaune, ocre, rouge, terre d'ombre brûlée, carmin de garance, vert permanent, vert émeraude et bleu outremer

Le fait d'avoir exclu le bleu de cobalt et le bleu de Prusse ne signifie pas que ces couleurs – ainsi que toutes les autres, d'ailleurs – ne peuvent pas s'intégrer à une gamme de couleurs chaudes. L'expression *gamme de couleurs chaudes* est synonyme de tendance chromatique vers le rouge, l'orangé, l'ocre, le Sienne...
Comme vous pouvez le voir ici, les bleus et les verts ne font pas défaut. Ils sont toutefois appliqués de manière à s'intégrer à l'harmonie générale, jouant comme en contrepoint à la dominante jaune.
Les mélanges réalisés pour obtenir les couleurs les plus caractéristiques de ce tableau sont décrits à la page précédente.
Il saute aux yeux que certaines des couleurs que nous avons citées sont ici dominantes, en particulier le jaune et le terre de Sienne brûlée. Comme vous le savez maintenant, les proportions sont approximatives. Les quantités correctes dépendront toujours des essais que vous effectuerez sur la palette.

Aquarelle et mélanges de couleurs chaudes

Fig. 172. Les verts clairs de l'herbe, dans la partie supérieure de l'aquarelle, sont réalisés en partant d'un vert permanent très dilué, auquel on ajoute de l'ocre jaune ainsi qu'un peu de bleu outremer.

172

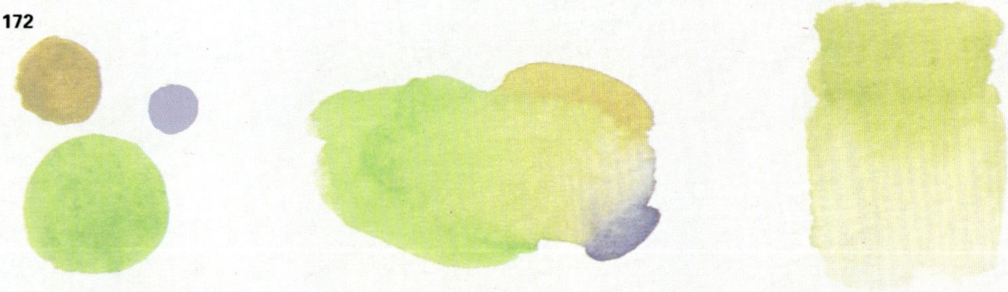

Fig. 173. La couleur dominante de l'aquarelle est un ocre jaune clair ; c'est celle de l'herbe fauchée et sèche. Elle se compose de deux parts égales d'ocre jaune et de terre de Sienne brûlée, additionnée d'une pointe de jaune citron.

173

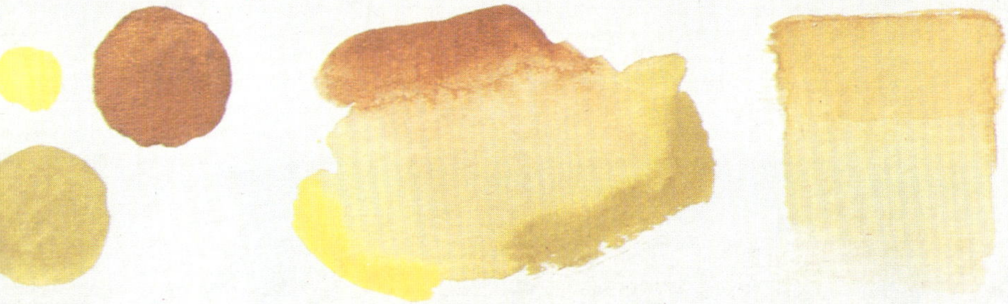

Fig. 174. La couleur des bottes de paille, dans leur partie éclairée, est d'un ocre plus foncé que celui du champ. Il est obtenu avec de l'ocre jaune et deux fois moins de jaune citron, un peu de terre de Sienne brûlée et une pointe de bleu outremer.

174

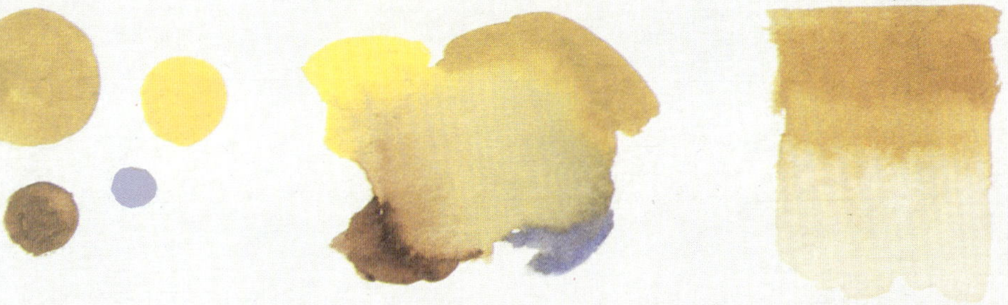

Fig. 175. Les ombres au premier plan sont réalisées grâce à un mélange où domine l'ocre jaune, additionné d'un peu de vermillon et de violet de cobalt, ainsi que d'une pointe de bleu de cobalt.

175

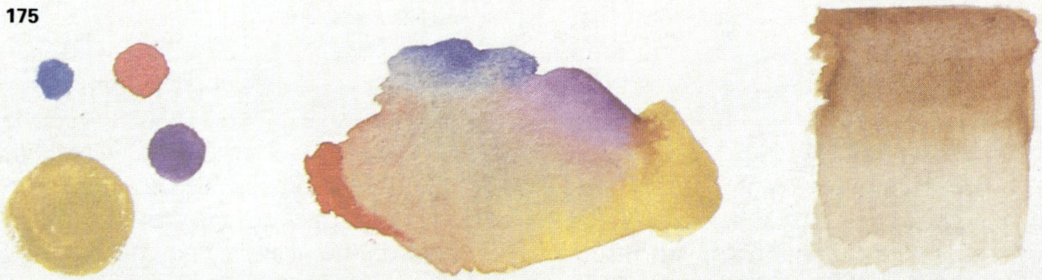

Fig. 176. Les ombres les plus profondes, à certains endroits sur les bottes de paille, sont constituées d'une part de terre de Sienne naturelle à laquelle s'ajoutent une demi-part de vermillon et un peu de bleu de cobalt.

176

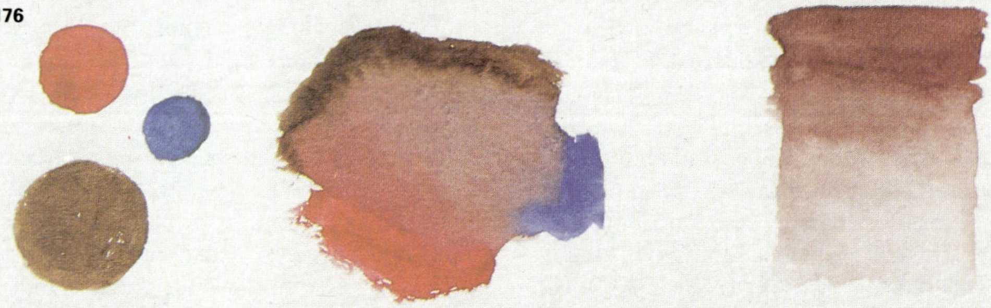

177

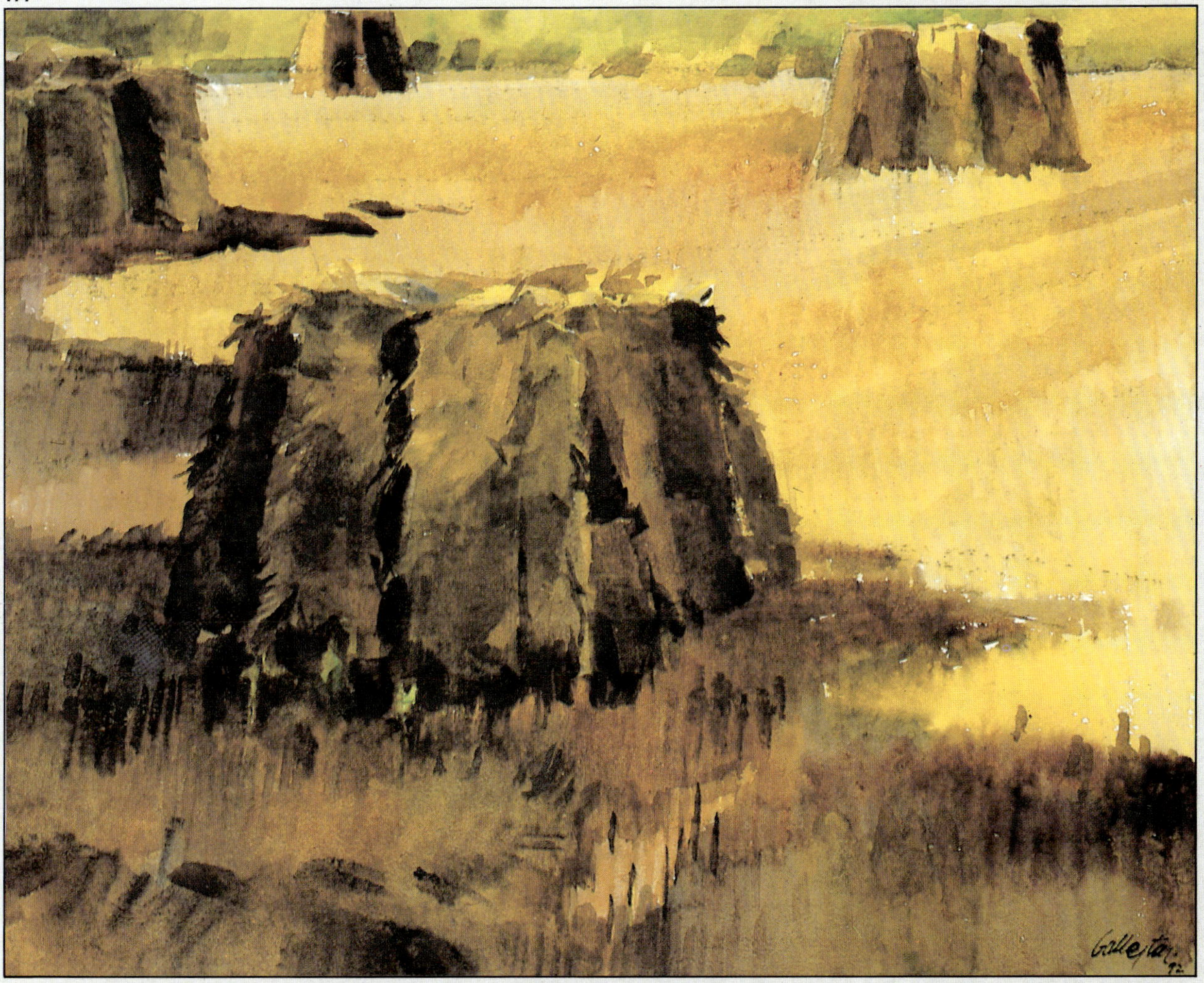

Ballestar a peint ce champ venant d'être fauché à la fin du mois d'août, par un après-midi très chaud (fig. 177). Il l'a peint d'après nature, en posant son chevalet de campagne à cet endroit même, et en travaillant... à l'ombre.

Si nous imaginons, un instant, l'aspect que pouvait offrir ce champ dans la réalité, nous allons sans aucun doute percevoir cet ocre jaune, une des couleurs les plus chaudes que l'on peut obtenir, comme étant la couleur dominante. Toutefois, le problème consistait à ne pas convertir l'aquarelle en une surface monochrome et monotone, vide d'expression. Ballestar trouva la solution en utilisant au mieux les variations d'intensité de la couleur et les possibilités chromatiques des ombres. Les impressionnistes furent les premiers à réaliser le fait que la couleur complémentaire de la couleur propre est présente dans l'ombre projetée par un corps.

Ballestar connaît bien les leçons de l'impressionnisme, c'est pourquoi il a introduit une quantité importante de bleu et de violet (complémentaire du jaune vif de la paille) dans les ombres projetées par les bottes de paille. Ces couleurs contrastent violemment avec la couleur dominante, qu'elles renforcent et vivifient en même temps.

C'est ainsi que le plus chaud des motifs picturaux contient sa « dose » de couleur froide, indispensable à l'harmonie complète.

Fig. 177. Vicenç Ballestar, *Champ fauché.* Collection particulière.

Peinture à l'huile et mélanges de couleurs froides

Fig. 178. La couleur du ciel est d'un bleu plus ou moins uniforme, composé principalement de bleu de Prusse, auquel s'ajoutent du blanc ainsi qu'un peu de terre de Sienne naturelle.

178

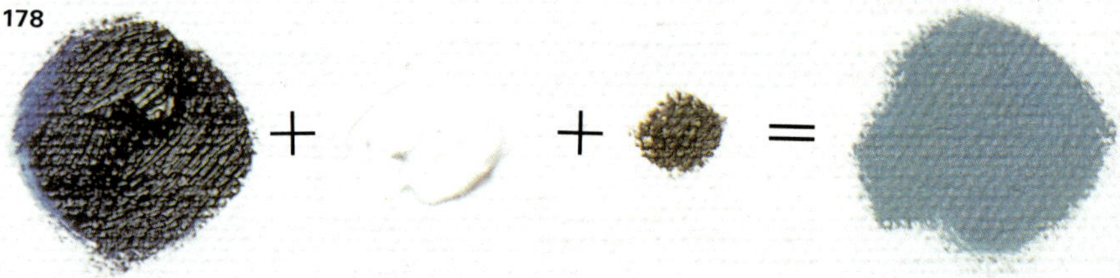

Fig. 179. La couleur que nous avons ici correspond à la partie de la façade se trouvant dans l'ombre, en haut et à droite. Elle est obtenue en partant du blanc et en y ajoutant du bleu de Prusse et un peu d'ocre jaune.

179

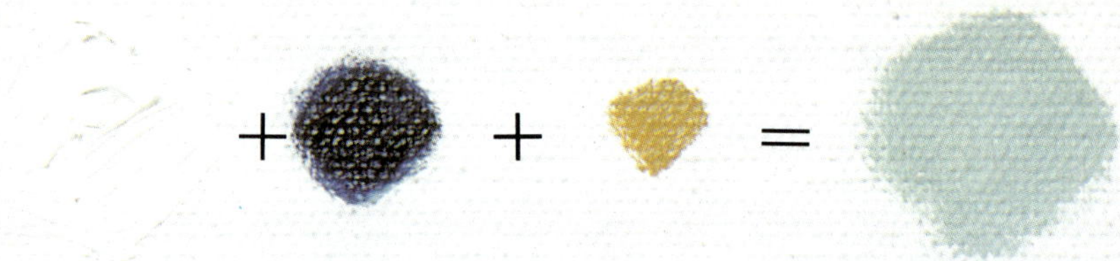

Fig. 180. Voici le vert correspondant au store. Sa composition comprend du bleu de Prusse et du blanc, en quantités égales, ainsi qu'un peu de jaune citron, d'ocre jaune et de terre de Sienne naturelle.

180

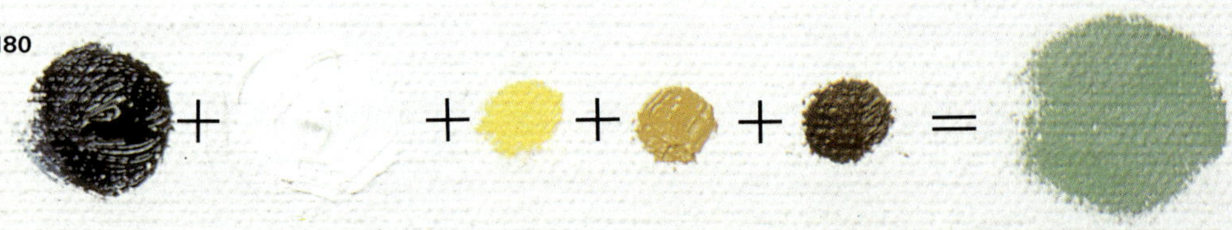

Fig. 181. Le vert des grandes portes de la maison est un mélange à parts égales de bleu de Prusse et d'ocre jaune. Le blanc et le jaune citron entrent également dans la composition.

181

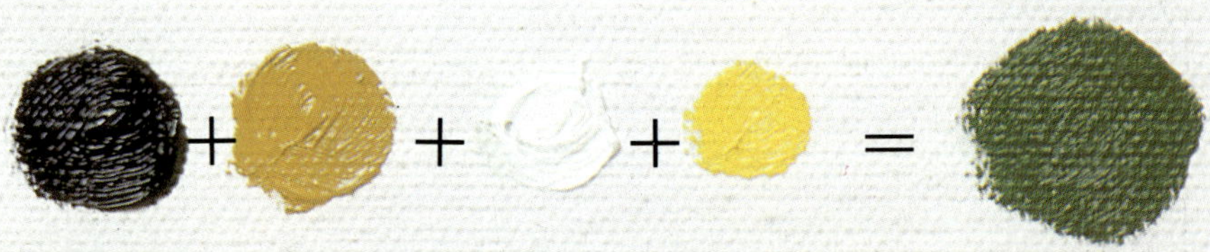

Fig. 182. Cette couleur correspond aux gris créés par les reflets du soleil sur l'eau. Le bleu de Prusse est mélangé à une quantité plus importante de blanc et à une autre plus petite de terre de Sienne naturelle.

182

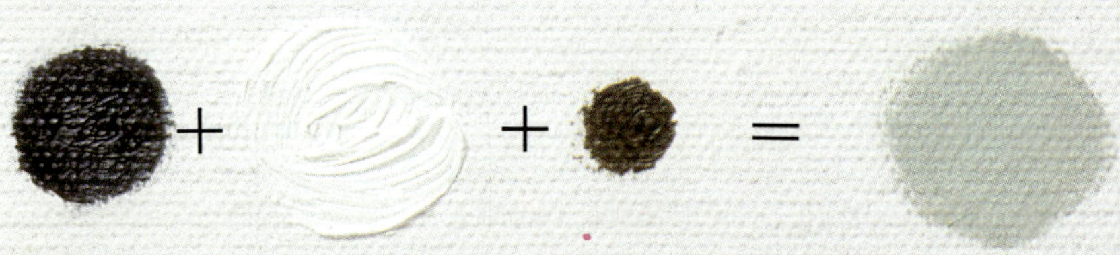

Fig. 183. Ce vert profond représente les reflets foncés sur l'eau. Il est obtenu en mélangeant le bleu de Prusse et le terre de Sienne naturelle en quantités égales, et en y ajoutant un peu de blanc, de terre de Sienne brûlée et de jaune citron.

183

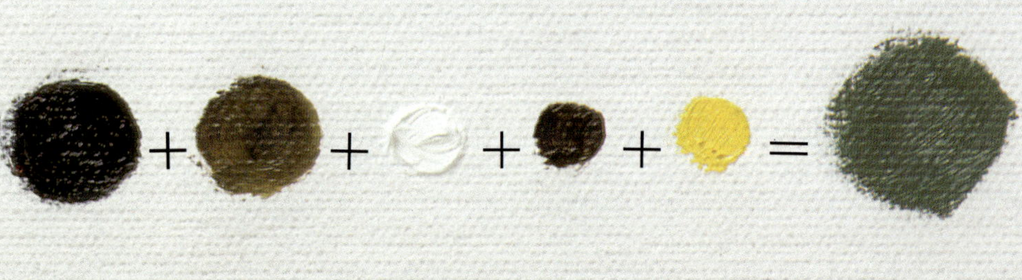

184

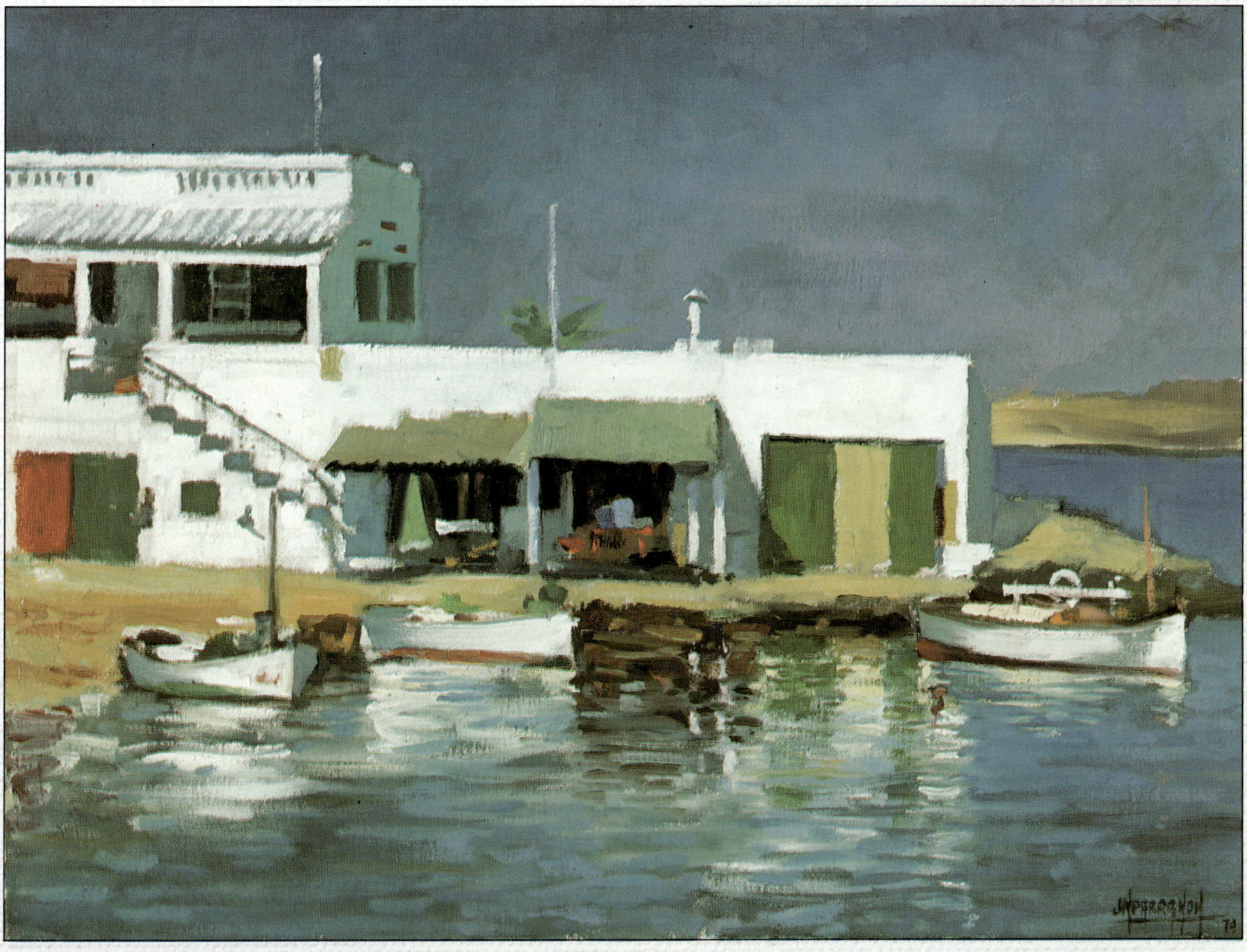

Fig. 184. José M. Parramón, *Fornells.* Collection particulière.

Pour démontrer que l'intensité de la lumière ne détermine pas nécessairement les gammes chromatiques, nous avons choisi cette marine peinte d'après nature par l'auteur lui-même (fig. 184). L'atmosphère ne pourrait pas être plus lumineuse que le sont certaines froides et paisibles matinées de janvier. La lumière est très pure, l'air est léger et d'une grande transparence. Chaque couleur est comme resserrée sur elle-même, limitée avec une précision absolue par les lignes d'un dessin simple et précis. Ce sont des couleurs froides. Celles que nous avons vues sur le schéma de la page 78 (fig. 162A) constituent théoriquement cette gamme froide mais, dans la pratique, les couleurs de cette gamme sont conditionnées par celles que l'artiste utilise couramment. Pour la peinture à l'huile, les couleurs froides les plus employées sont :

Bleu de Prusse, bleu outremer foncé, bleu de cobalt foncé, vert émeraude, vert permanent, carmin de garance, terre d'ombre naturelle, ocre jaune

Nous avons utilisé, pour cette marine, la plupart des couleurs mentionnées ci-dessus à l'exception toutefois des verts, obtenus directement sur la palette à partir du bleu de Prusse, de l'ocre et du jaune, nous rapprochant ainsi davantage de la couleur naturelle.

La théorie est importante, mais il faut toujours se laisser guider par la nature. Ainsi en a-t-il été pour ce tableau, dont l'auteur s'estime, en toute modestie, très satisfait.

Aquarelle et mélanges de couleurs froides

Fig. 185. Ce gris est celui de la partie supérieure de l'aquarelle. Il se compose de deux couleurs très diluées : le bleu outremer et, en quantité moindre, le terre de Sienne brûlée.

185

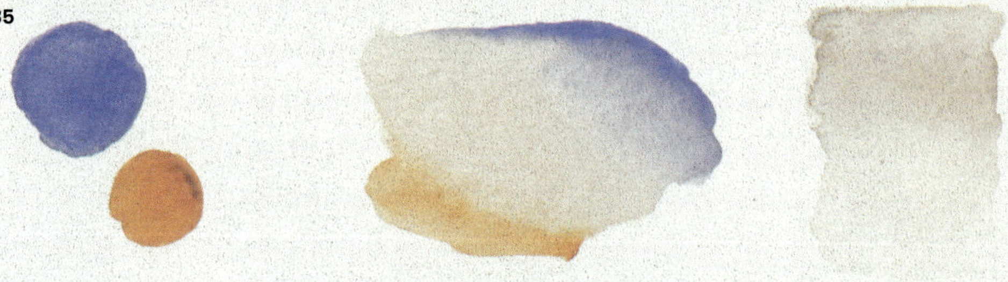

Fig. 186. Cet autre gris correspond aux bandes claires bordant les bateaux. Il contient du bleu outremer, un peu de terre de Sienne brûlée et une pointe de vert permanent.

186

Fig. 187. Voici le jaune acidulé de la bâche recouvrant le bateau de droite. Il se compose de jaune citron, auquel s'ajoute une petite quantité de terre de Sienne naturelle.

187

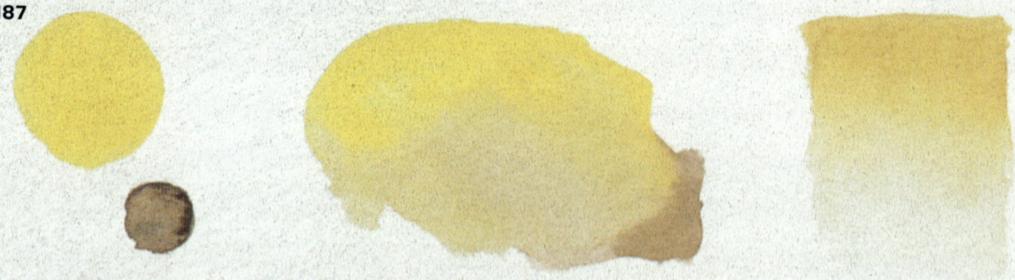

Fig. 188. Cette tonalité est celle de l'eau pour la quasi-totalité de la moitié inférieure de l'aquarelle. Elle contient du bleu de cobalt et un peu de rouge de cadmium moyen.

188

Fig. 189. Les ombres les plus foncées, à la surface de l'eau, sont réalisées en mélangeant du bleu de Prusse à de petites quantités de bleu de cobalt et de terre d'ombre brûlée.

189

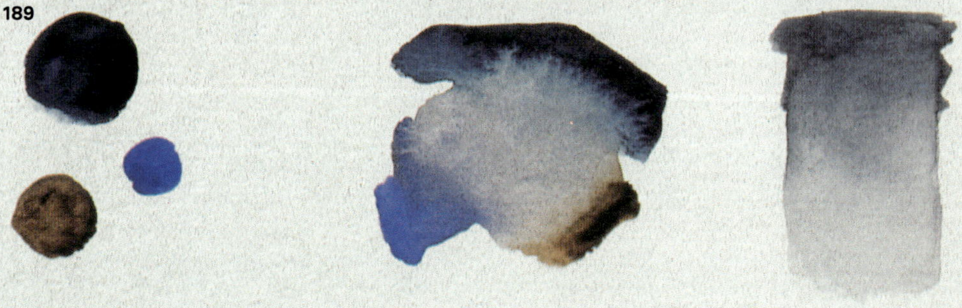

190

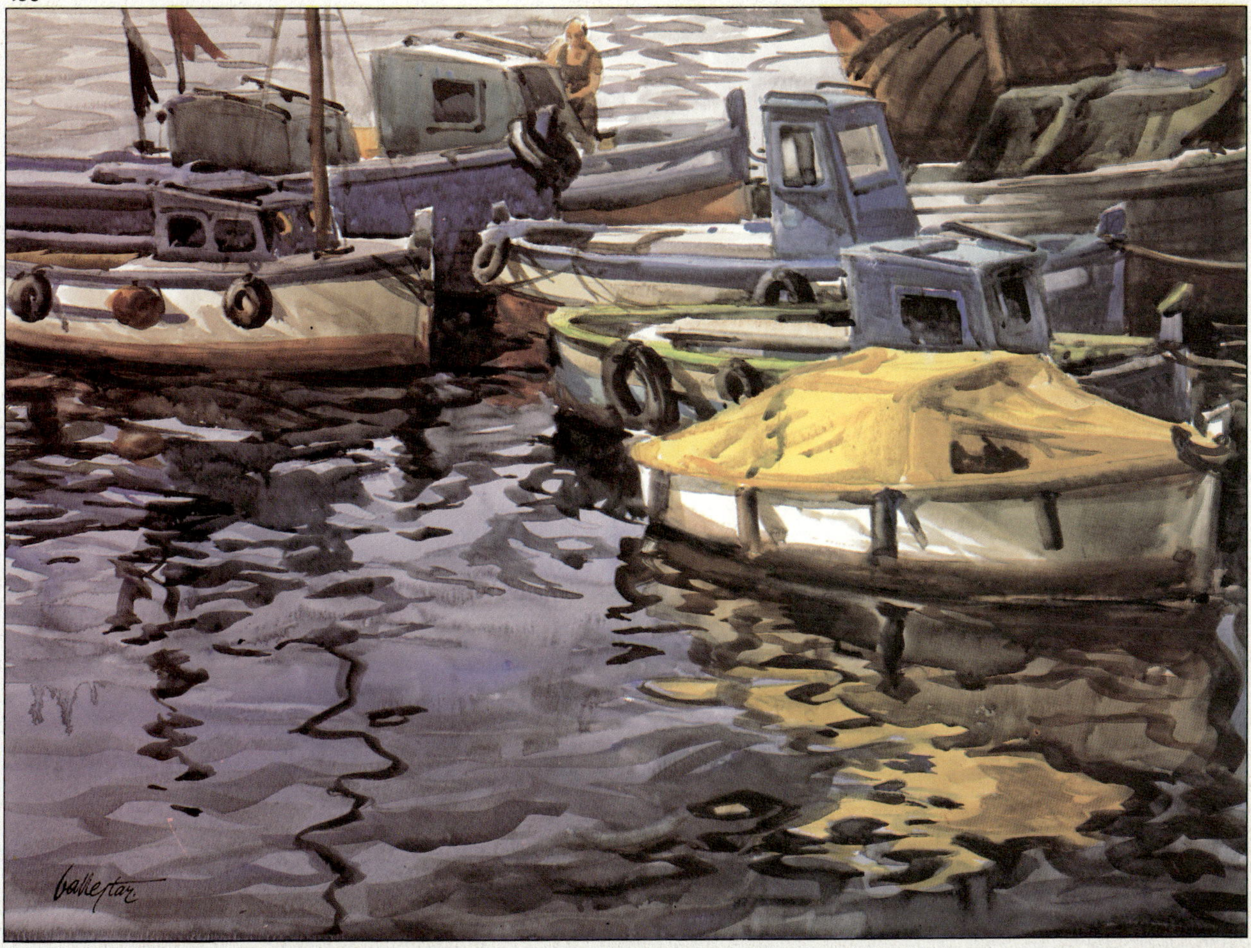

Fig. 190. Vicenç Ballestar, *Port de pêche*. Collection particulière.

Nous avons souvent accompagné Ballestar allant peindre sur le port. Le port de pêche de Barcelone est l'un de ses thèmes de prédilection ; il l'a peint sous tous les points de vue, avec ou sans bateau, en hiver comme en été. C'est pour expliquer le mélange des couleurs froides à l'aquarelle que nous avons choisi cette œuvre où même les couleurs « théoriquement » chaudes deviennent froides, tel ce jaune acidulé de la bâche, à droite du tableau (fig. 190).
Ballestar a peint cette aquarelle en utilisant trois bleus : le bleu outremer, le bleu de cobalt et le bleu de Prusse. De fait, les bleus jouent ici un rôle primordial. C'est une des raisons de l'intérêt suscité par les aquarelles de Ballestar ; l'artiste décline un nombre important de nuances à partir d'une gamme très limitée.
La surface de l'eau est très différente en fonction de l'ombre et de la lumière, selon qu'elle est proche ou lointaine. Ballestar a su tirer parti de tous ces facteurs avec une grande habileté. Il est même parvenu à exprimer cette opacité caractéristique de l'eau de mer dans les ports, avec ces nuances généreusement grisées et l'aspect perlé des reflets.

Peinture à l'huile et mélanges de tons rompus

Fig. 191. Le ciel presque blanc présente néanmoins des nuances bleutées obtenues en ajoutant au blanc des quantités décroissantes de bleu turquoise, d'ocre jaune et de bleu de Prusse.

191

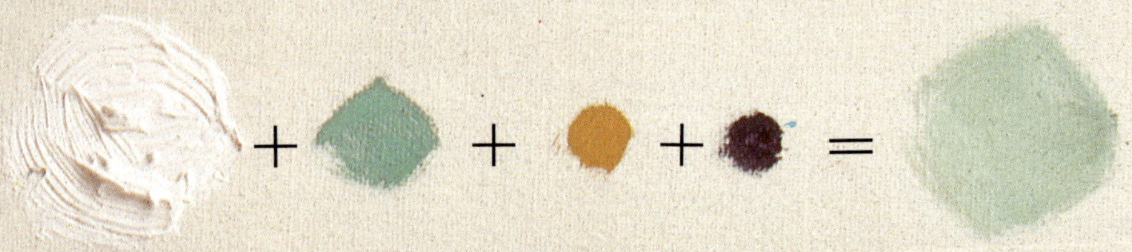

Fig. 192. Le rouge du toit de la maison, à gauche du tableau, se compose de rouge anglais, auquel viennent s'ajouter du rouge de cadmium moyen ainsi qu'un peu de bleu de Prusse et de blanc.

192

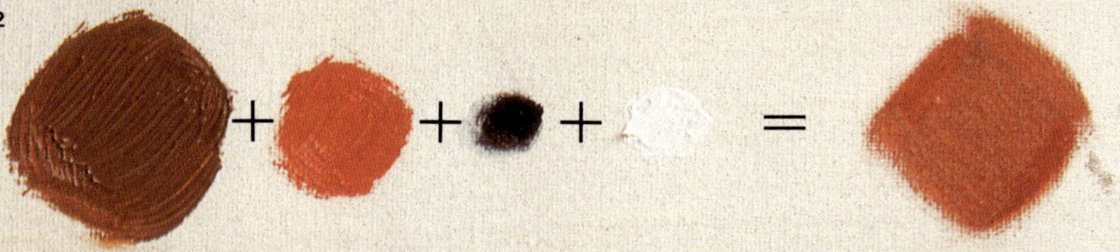

Fig. 193. Le jaune est la couleur dominante du mélange qui nous donne le vert des prés. S'y ajoutent, dans des proportions moindres mais égales, du bleu de Prusse et de l'ocre jaune.

193

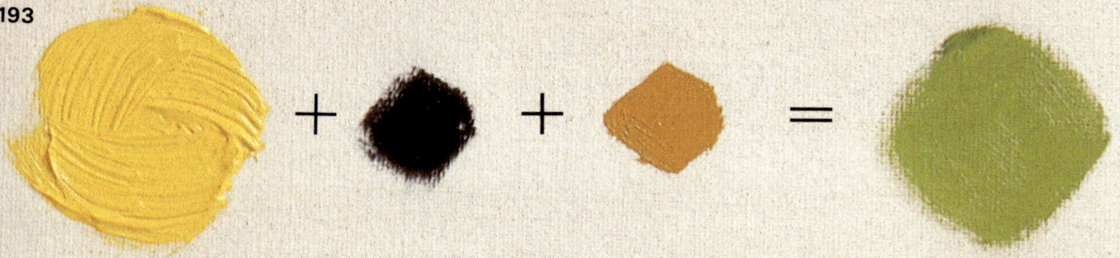

Fig. 194. La couleur du toit situé sous le précédent se compose d'une quantité importante de blanc et de deux autres, plus petites, de bleu turquoise et de carmin.

194

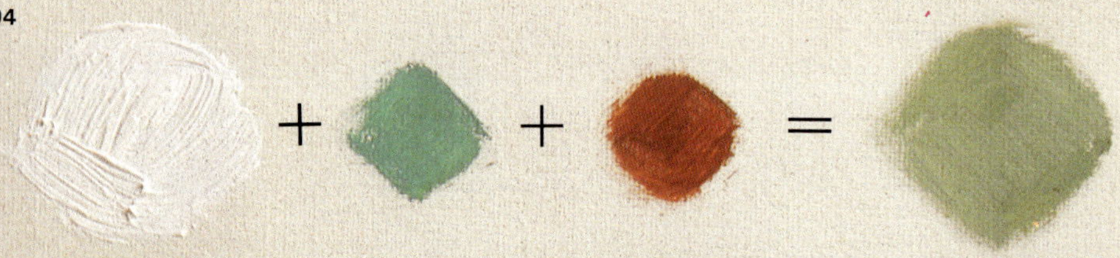

Fig. 195. Voici maintenant la couleur des champs clos par des murets. Elle contient du jaune de cadmium moyen, ainsi que de l'ocre jaune, du vert permanent et du carmin en quantités moindres.

195

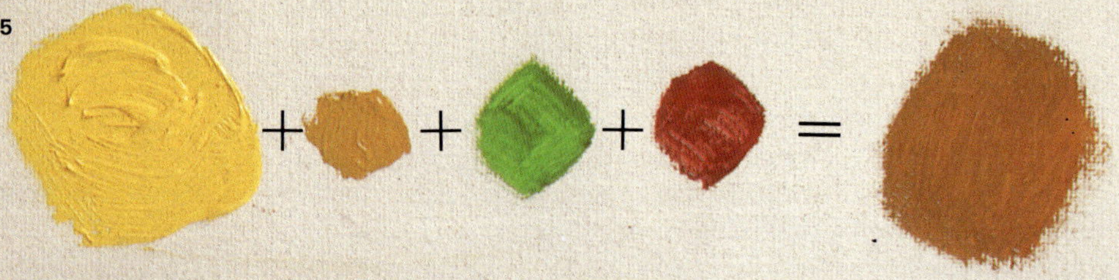

Fig. 196. Les zones d'ombres des enclos sont composées d'un mélange de bleu de Prusse, auquel s'ajoutent du carmin et, dans une moindre mesure, du vert permanent et du blanc.

196

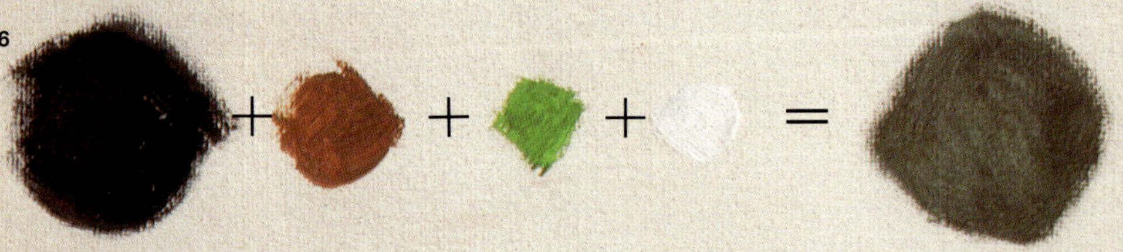

197

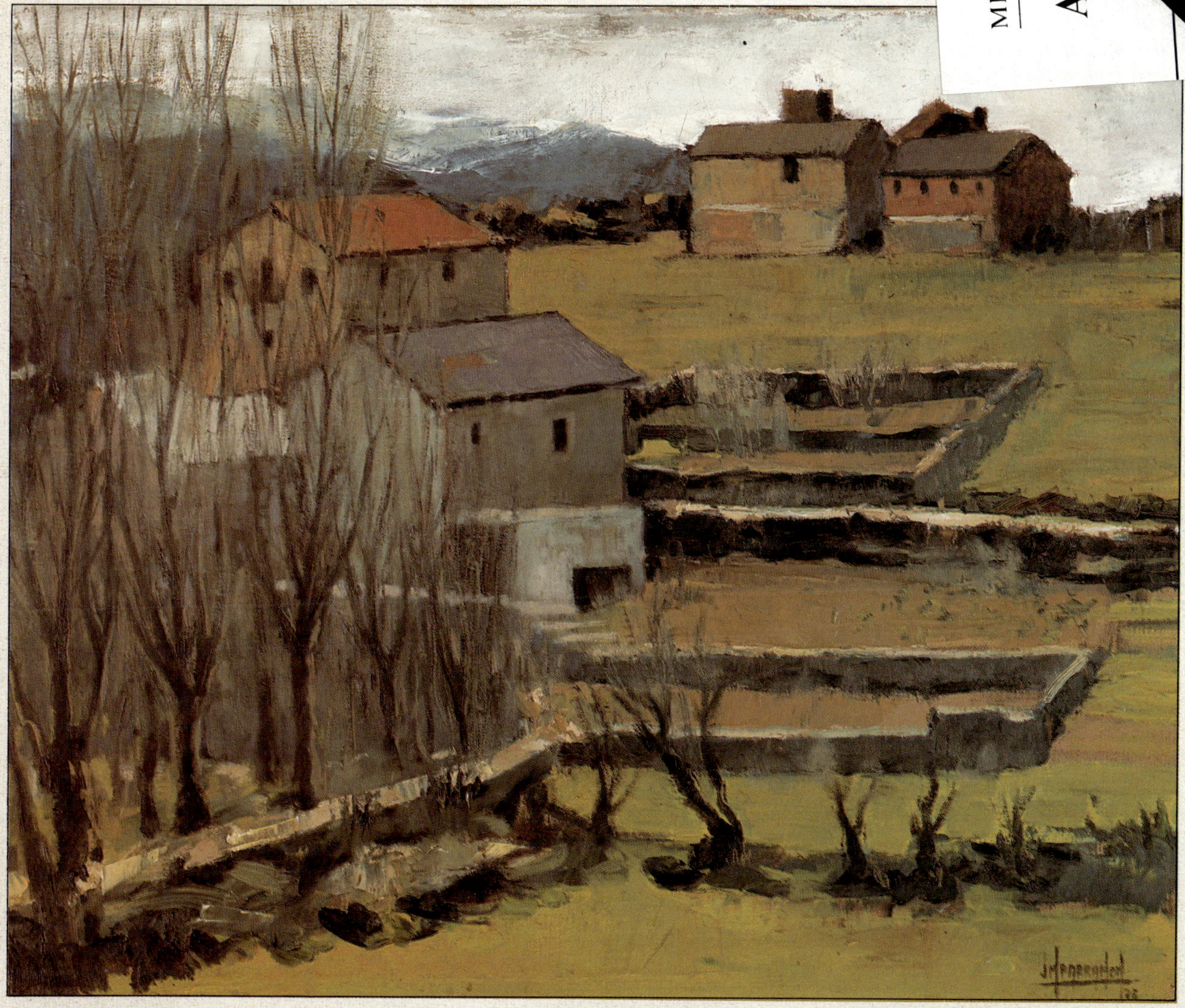

Fig. 197. José M. Parramón, *Paysage des Pyrénées catalanes*. Collection particulière.

Prenez deux couleurs complémentaires entre elles ; par exemple, un vert et un rouge intense. À une quantité donnée de vert, mélangez quatre fois moins de rouge intense, puis ajoutez du blanc à volonté. Vous avez obtenu un ton marron, kaki, ocre, vert..., qui dans tous les cas sera grisé et « sali ». Il sera d'autant plus foncé que les quantités de chaque couleur seront proches, et d'autant plus gris que la quantité de blanc ajouté sera importante. Ces couleurs sont des tons rompus. Aucune couleur de la palette n'est à exclure de la gamme des tons rompus, car il est toujours possible d'obtenir de chacune une version « salie » et grisée.

La variété de tons rompus fait que nous pouvons choisir une tendance froide ou chaude pour harmoniser notre œuvre. Nous avons pris, pour le paysage reproduit ici, des tons rompus de tonalité chaude (fig. 197). Ce choix nous a été suggéré par le paysage naturel qu'offrent ces montagnes pyrénéennes, près de la frontière française, par une journée grise et froide au ciel couvert.

relle et mélanges de tons rompus

198

Fig. 198. Voici le gris qui représente le ciel. C'est un gris riche en nuances, constitué d'une quantité importante de bleu de Prusse et de deux quantités moindres d'ocre jaune et de brun Van Dyck.

199

Fig. 199. Les verts qui courent sur l'horizon sont à base d'un mélange de vert de Hooker avec un peu de terre de Sienne brûlée et de brun Van Dyck.

200

Fig. 200. Presque blanche, mais pas totalement ; telle est la couleur de la neige. Elle s'obtient en mélangeant en quantités sensiblement égales le bleu de cobalt et le terre de Sienne brûlée.

201

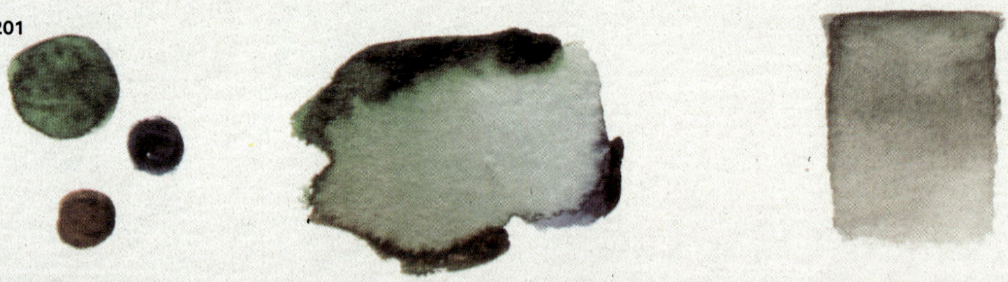

Fig. 201. Les ombres les plus foncées de la forêt sont réalisées à l'aide d'un mélange de vert de Hooker, qui est la couleur dominante, et de petites quantités de bleu de Prusse et de brun Van Dyck.

202

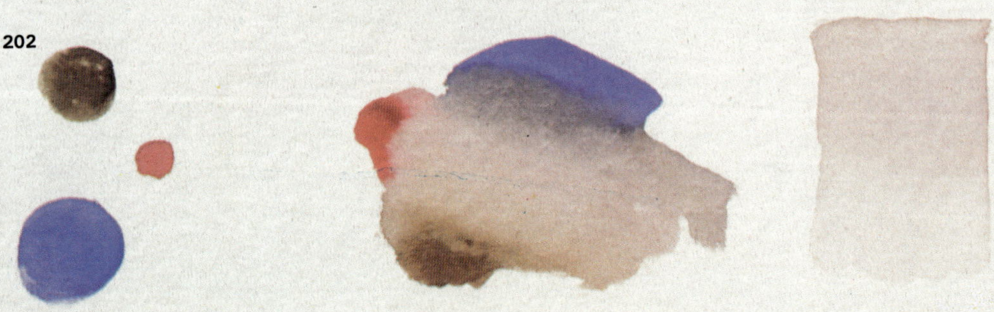

Fig. 202. La couleur de la rivière tend vers le gris. Elle a été obtenue à partir du bleu outremer, auquel s'ajoutent un peu de brun Van Dyck ainsi qu'une pointe de carmin.

203

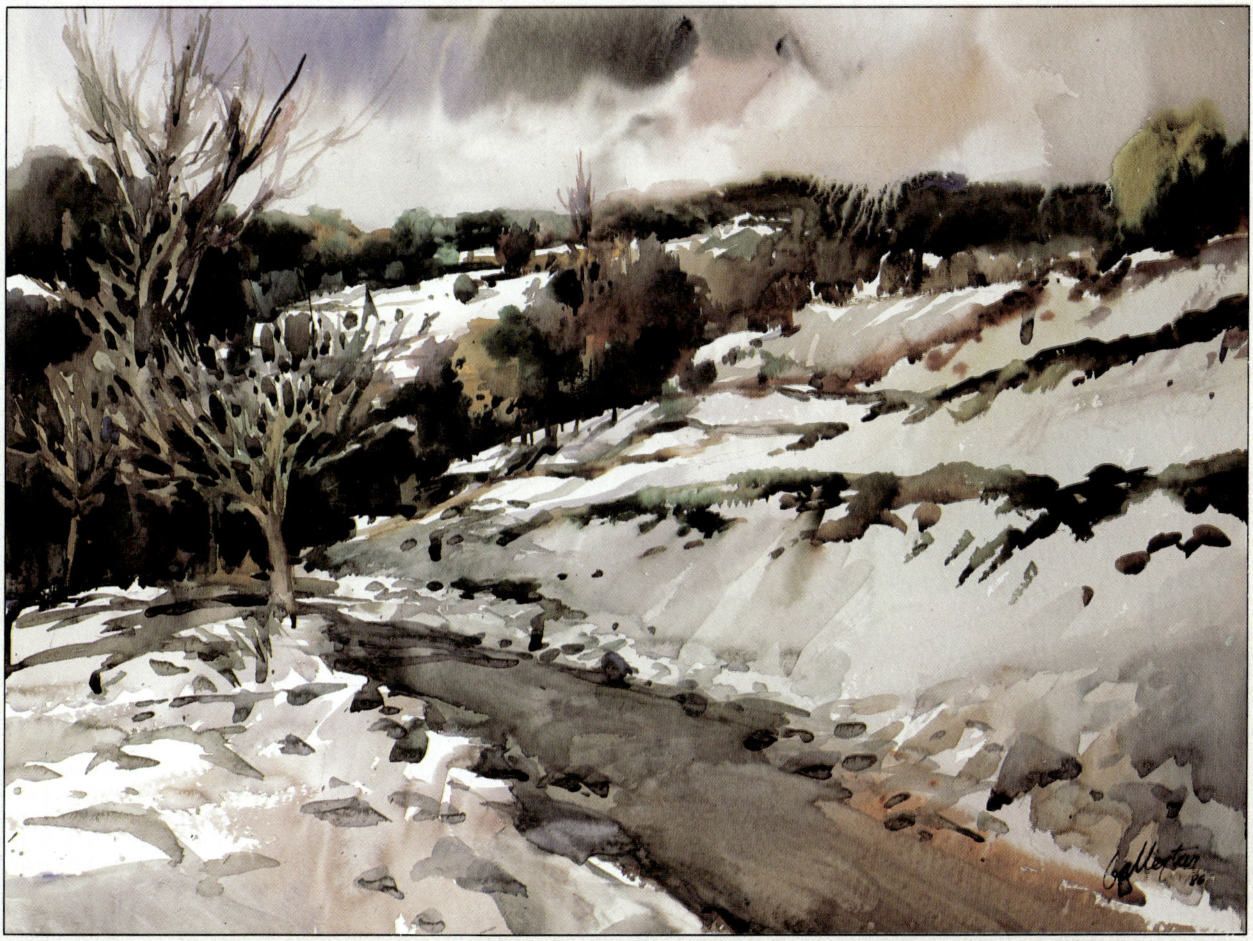

Obtenir des tons rompus en peignant à l'aquarelle ne diffère pas, pour l'essentiel, de ce que nous avons vu pour la peinture à l'huile. Mais il faut avoir bien présent à l'esprit que pour ajouter du blanc à l'aquarelle il suffit, comme vous le savez, d'ajouter de l'eau, c'est-à-dire de diluer la couleur afin de la dégrader jusqu'à l'intensité voulue.

Cet aspect est très important en ce qui concerne les tons rompus. Comme nous l'avons déjà dit, les tons rompus sont le produit de multiples mélanges de couleurs le plus souvent complémentaires. Ceci nous donne donc des tonalités très foncées, parfois presque noires.

En peignant à l'aquarelle, il devient nécessaire de vérifier chaque couleur en la diluant et en faisant un essai, ceci surtout afin de contrôler son intensité avant de l'appliquer sur le papier.

Cette aquarelle a été réalisée avec une gamme de tons rompus de tendance chaude (fig. 203). Observez comment Ballestar a peint la neige grâce à de fines couches de couleur transparente, donc très claire, qui contrastent fortement avec les tons foncés du ruisseau. Les unes comme les autres sont des tons rompus, résultant de nombreux mélanges. Le problème est de savoir graduer les intensités. Ballestar résout celui-ci à la perfection.

Fig. 203. Vicenç Ballestar, *Rivière gelée*. Collection particulière.

Voici, à titre d'exemple et comme conclusion à tout ce que nous avons étudié jusqu'à maintenant dans ce livre, trois réalisations picturales représentatives. Tout d'abord, José M. Parramón va peindre un paysage à l'huile en n'utilisant que les trois couleurs primaires. Notre invité, Vicenç Ballestar, va ensuite réaliser à l'aquarelle le même sujet vu sous un angle différent, à partir de mélanges (nombreux et très variés, comme nous le verrons) entre le jaune citron, le carmin de garance, le bleu de Prusse et le blanc.
Miquel Ferrón sera responsable de la dernière œuvre : un portrait à l'huile réalisé avec toutes les couleurs de la palette.
L'expérience et la qualité du travail de ces trois artistes ne sont pas à commenter ici. L'essentiel est que vous suiviez le processus de réalisation, illustré pas à pas, de chacune de ces œuvres et que vous en étudiez les résultats afin de les mettre à profit. Parramón, Ballestar et Ferrón vous offrent ici les meilleures leçons que vous puissiez souhaiter sur les mélanges de couleurs, avec un enseignement très visuel basé sur une connaissance profonde du sujet.

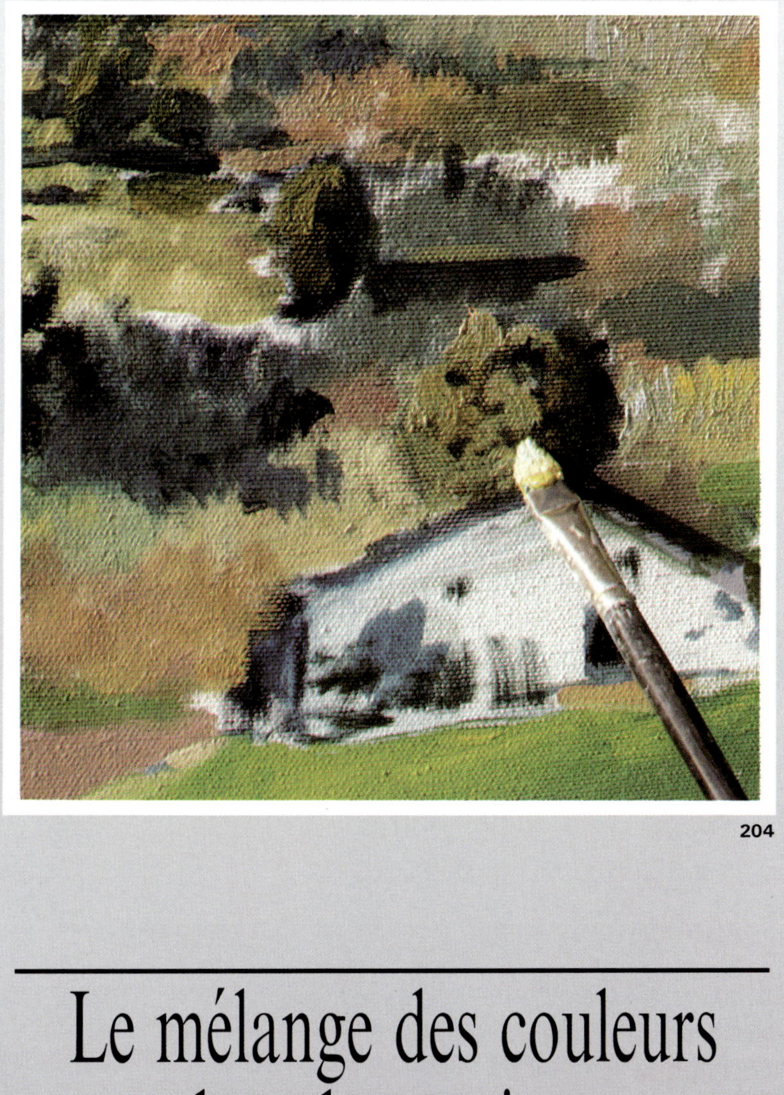

204

Le mélange des couleurs dans la pratique

Parramón peint à l'huile avec trois couleurs

205

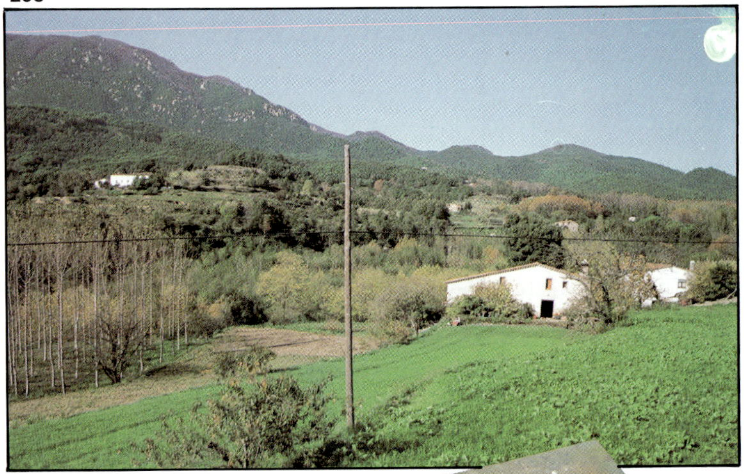

Nous avons choisi ce site après une longue recherche (fig. 205). Cette photographie a été prise à l'endroit même où nous avons planté notre chevalet de campagne : une terrasse cultivée dominant un panorama qui s'élève lentement vers une chaîne montagneuse. Nous nous proposons de peindre ce paysage uniquement avec les trois couleurs primaires – bleu de Prusse, carmin de garance et jaune citron – plus le blanc.

Quant à la composition, le paysage suggère un horizon élevé, proche de la limite supérieure de la toile. Si vous étudiez le dessin tracé sommairement sur la toile avant de peindre (fig. 207), vous constaterez que la ligne d'horizon est dessinée très haute, d'une hauteur exagérée par rapport à la ferme, ce qui amplifie l'étendue du paysage les séparant et donne davantage d'ampleur aux différents plans (cultures, forêts, collines, etc.). Les grandes lignes de l'ébauche ont été réalisées avec du bleu de Prusse mélangé à un peu de carmin (fig. 206), et dessinées d'un trait souple, à la pointe du pinceau, sans préciser les détails ni les formes. Voyons maintenant les mélanges. La photographie de la figure 208 montre un détail de la zone boisée précédant les montagnes à l'arrière-plan. Le fond est peint avec du bleu de Prusse, éclairci avec du blanc pour le ciel, puis nuancé avec du jaune pour obtenir les tonalités légèrement verdâtres sur la ligne

206

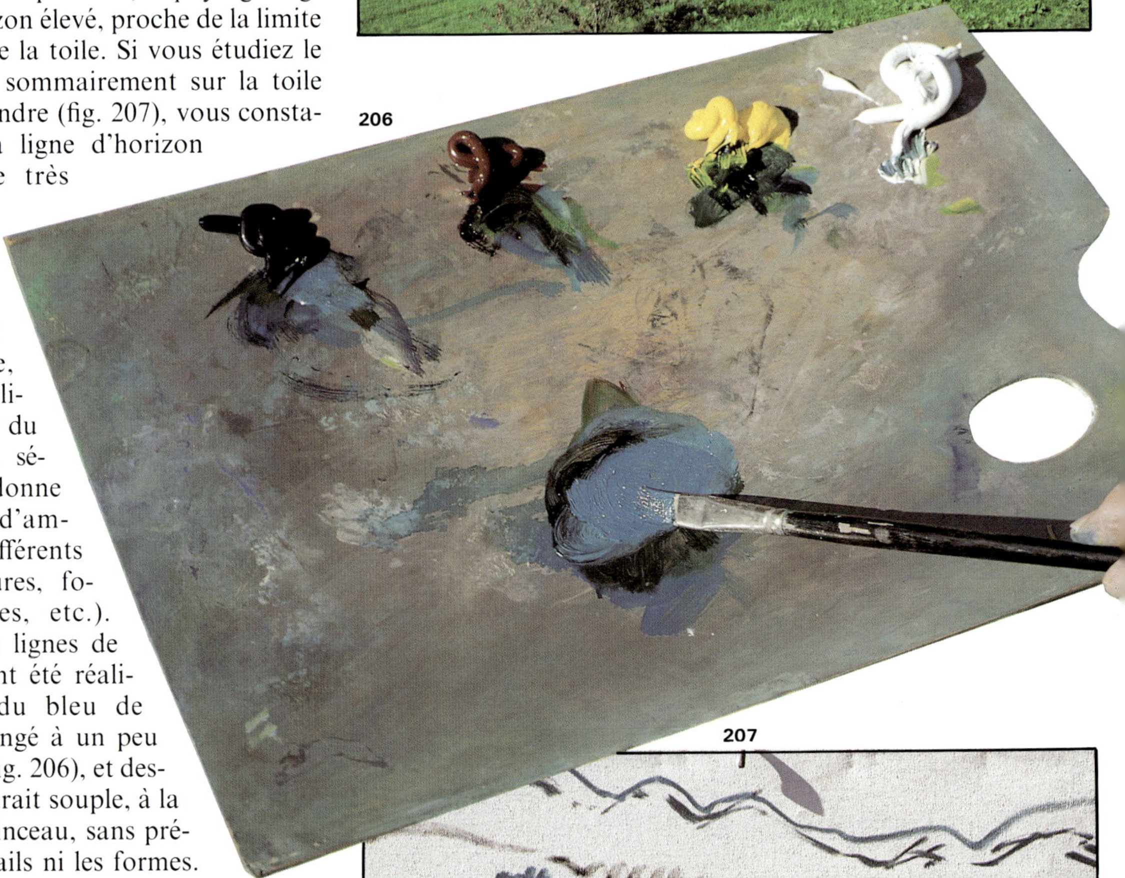

207

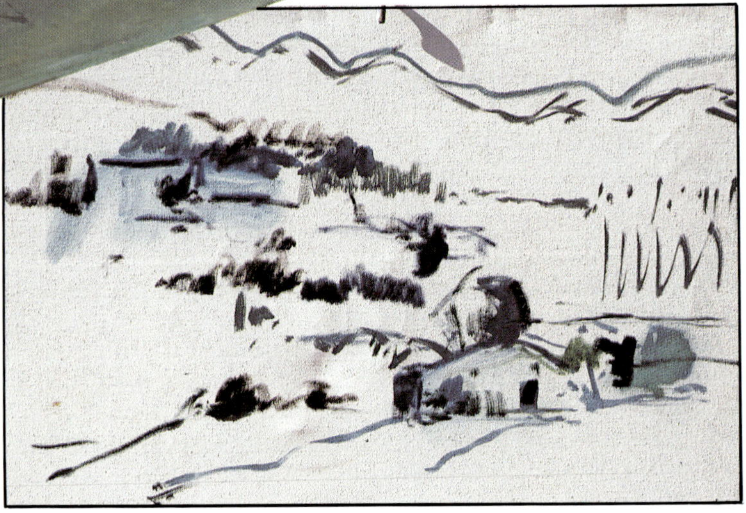

Fig. 204. (Page précédente.) Détail du paysage peint par José M. Parramón.

d'horizon. Les verts, les ocres, les roses et les terre de Sienne des arbres proviennent de mélanges dominés par le jaune, qui sont ensuite tirés vers le rose ou le Sienne grâce au carmin (fig. 209), ou vers le vert par l'adjonction de petites quantités de bleu de Prusse. Dans chaque cas, les tonalités ont été convenablement éclaircies par du blanc.

Notez que l'application de la couleur ne prend pas en compte la définition des formes, et que les tons se fondent entre eux sans se « découper » mutuellement. Il est important de procéder ainsi ; rappelez-vous que nous peignons ici les plans les plus éloignés, là où ne se discerne aucun détail, sinon des masses et des variations de couleurs.

Fig. 205. (Page ci-contre.) Voici le paysage choisi comme motif pour la réalisation d'une peinture à l'huile avec seulement trois couleurs plus le blanc.

Fig. 206. Bleu de Prusse, jaune citron et carmin de garance seront les seules couleurs utilisées par l'artiste.

Fig. 207. L'ébauche est tracée à la pointe du pinceau avec un mélange de carmin et de bleu de Prusse très dilué à la térébenthine.

Fig. 208. Détails des premières applications. Le bleu de Prusse domine sur le ciel et les montagnes, tandis que sur les arbres alternent les tons rompus.

Fig. 209. Les couleurs des arbres ont été obtenues en additionnant du blanc aux mélanges dominés par le jaune et en ajoutant une pointe de carmin et de bleu de Prusse.

209

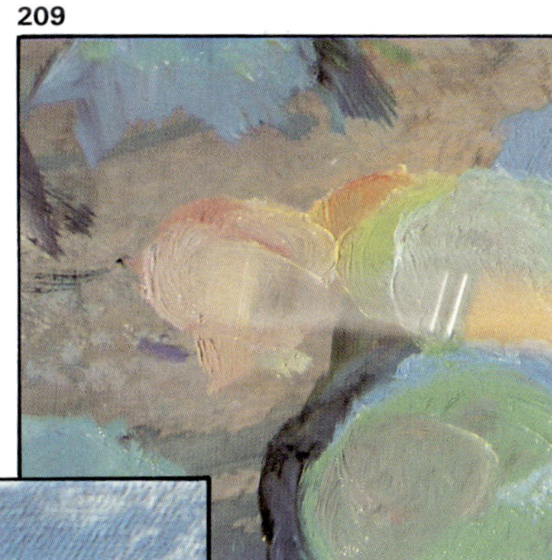

208

Mélanger, faire des essais, rectifier...

Nous voici maintenant dans les mélanges, à faire des essais, à rectifier, à mettre de la couleur sur la toile pour en vérifier les effets, pour la modifier ensuite directement sur le support et en définir peu à peu la tonalité.

À mesure que la palette se couvre de mélanges, ceux-ci sont utilisés comme point de départ pour la recherche de nouvelles tonalités (fig. 211). Au vert clair venant d'être employé vient s'ajouter, par exemple, un peu plus de jaune, et nous constatons alors que la couleur est devenue trop agressive ; une pointe de bleu de Prusse va intensifier ce vert et rendre plus juste la tonalité. Nous pourrons ensuite utiliser cette couleur comme base et y ajouter une petite quantité de carmin et de blanc pour obtenir un brun, qui, à son tour, peut se transformer en ocre en l'additionnant de jaune.

Nous avons maintenant besoin d'un vert intense et saturé pour couvrir le paysage au premier plan. Rien de plus facile : au mélange utilisé pour les montagnes – surtout composé de bleu de Prusse – nous ajouterons du jaune jusqu'à ce que nous ayons la tonalité voulue (fig. 212). En étendant cette couleur, nous constatons qu'elle vire trop vers le bleu, nous revenons alors à la palette pour augmenter la quantité de jaune ; un nouvel essai... et nous pouvons maintenant travailler sans crainte (fig. 210). Cette démarche n'a rien de systématique, et il serait absurde de vous dicter les quantités relatives de chaque couleur primaire contenues dans chaque mélange. À ce stade, vous avez dû vous rendre compte que le mélange des couleurs n'est pas une science mais plutôt un art où le coup d'œil compte pour beaucoup, ainsi que l'« intuition » apportée par la pratique. De même, l'étude du sujet est essentielle : un mélange est réussi lorsqu'il correspond à la tonalité manifestée par la réalité du paysage.

Sur la figure 213, vous pouvez constater l'effet suscité par le vert dont nous avons parlé plus haut : une grande étendue de couleur presque uniforme soulignée, dans la composition, par une diagonale ascendante qui s'oppose à la diagonale descendante déterminant l'horizon.

Fig. 210. Le vert au premier plan est à peine nuancé, c'est une couleur en aplat.

Fig. 211. La réalisation des différentes tonalités s'effectue en utilisant les mélanges effectués antérieurement.

Fig. 212. La couleur verte du pré est composée de bleu de Prusse, auquel il suffit d'ajouter un peu de jaune.

Fig. 213. Voici la toile avant que soient harmonisées les tonalités des différents éléments de cette peinture.

Fig. 214. La réalisation de l'arbre exige une observation attentive des effets d'ombre et de lumière sur le feuillage.

211

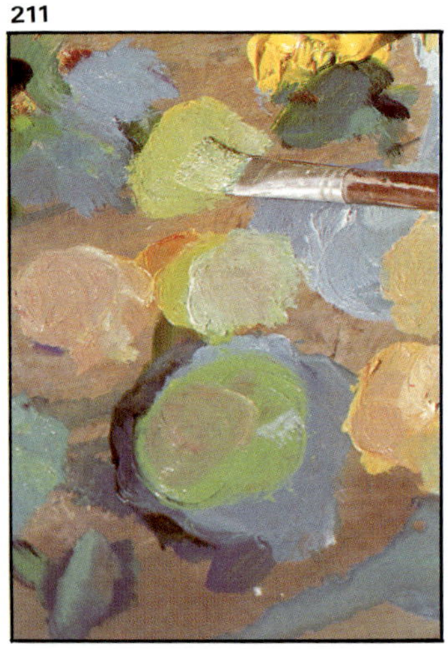

210

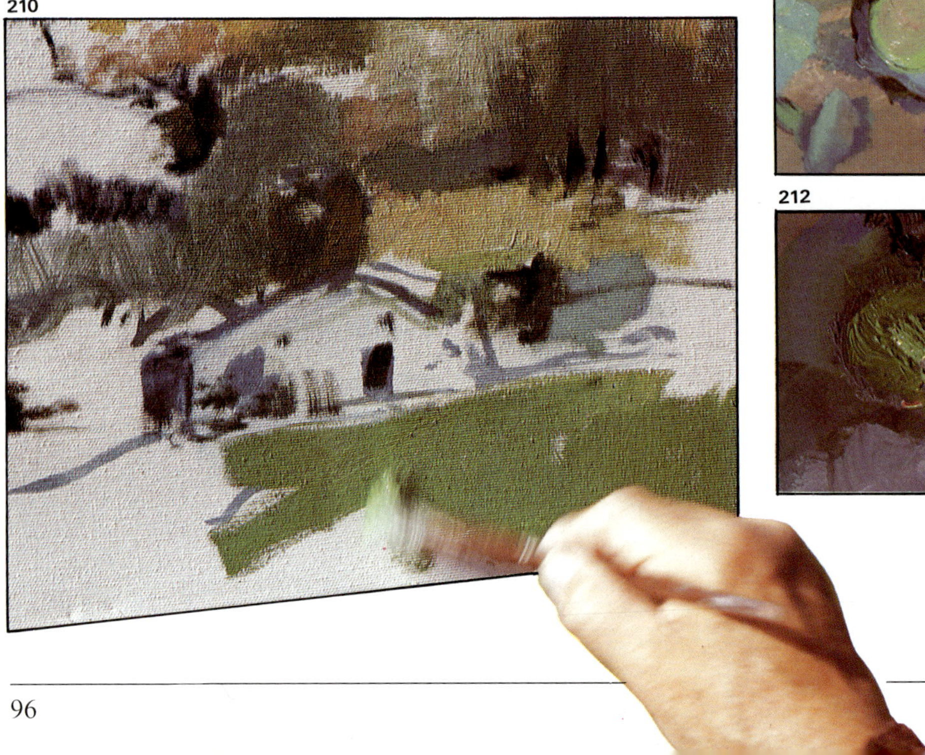

212

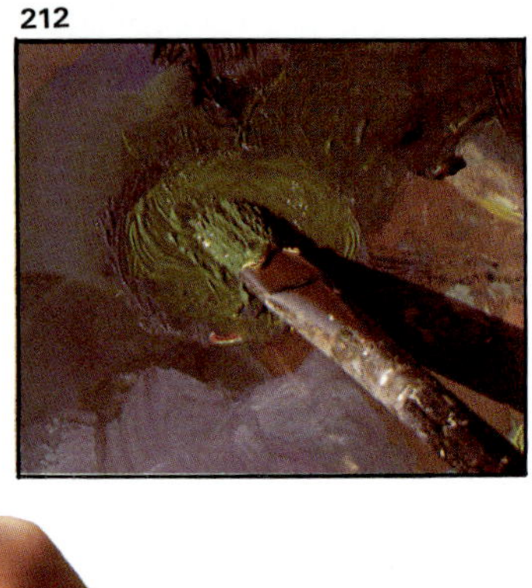

L'arbre qui apparaît au-dessus de la ferme nous a posé quelques problèmes (fig. 214). En plein soleil, la cime présente un contraste intense d'ombre et de lumière. L'ombre a d'abord été réalisée avec un vert très bleuté, additionné de carmin sur la bordure droite, là où l'effet d'obscurité suscite la couleur complémentaire. La partie éclairée a tout d'abord été peinte avec un vert semblable à celui des autres arbres, mais cela n'allait pas car le contraste était insuffisant. Nous avons donc éclairci ce vert avec du blanc et du jaune, et le résultat n'était toujours pas convaincant. C'est alors que nous avons compris qu'un simple contraste n'était pas suffisant et qu'il était nécessaire d'alterner soigneusement les taches claires et les taches foncées pour suggérer la mobilité des branches et des feuilles.

C'est là un principe d'ordre général : les corps et les objets proches sont plus contrastés et offrent davantage de détails que les plus éloignés ; Léonard de Vinci avait souligné cet aspect avec justesse.

213

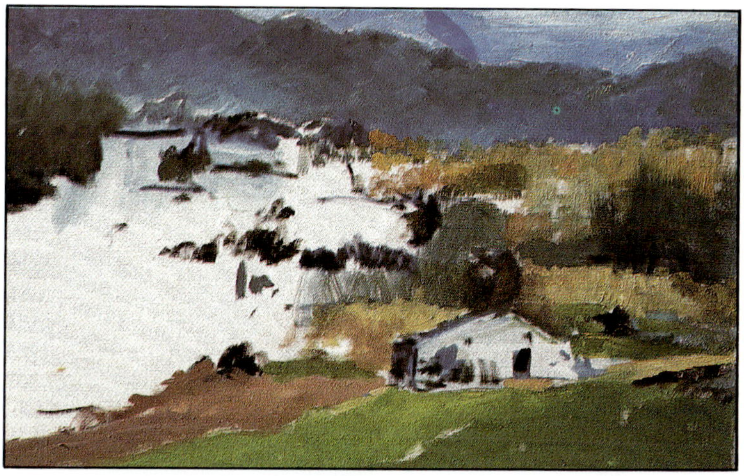

214

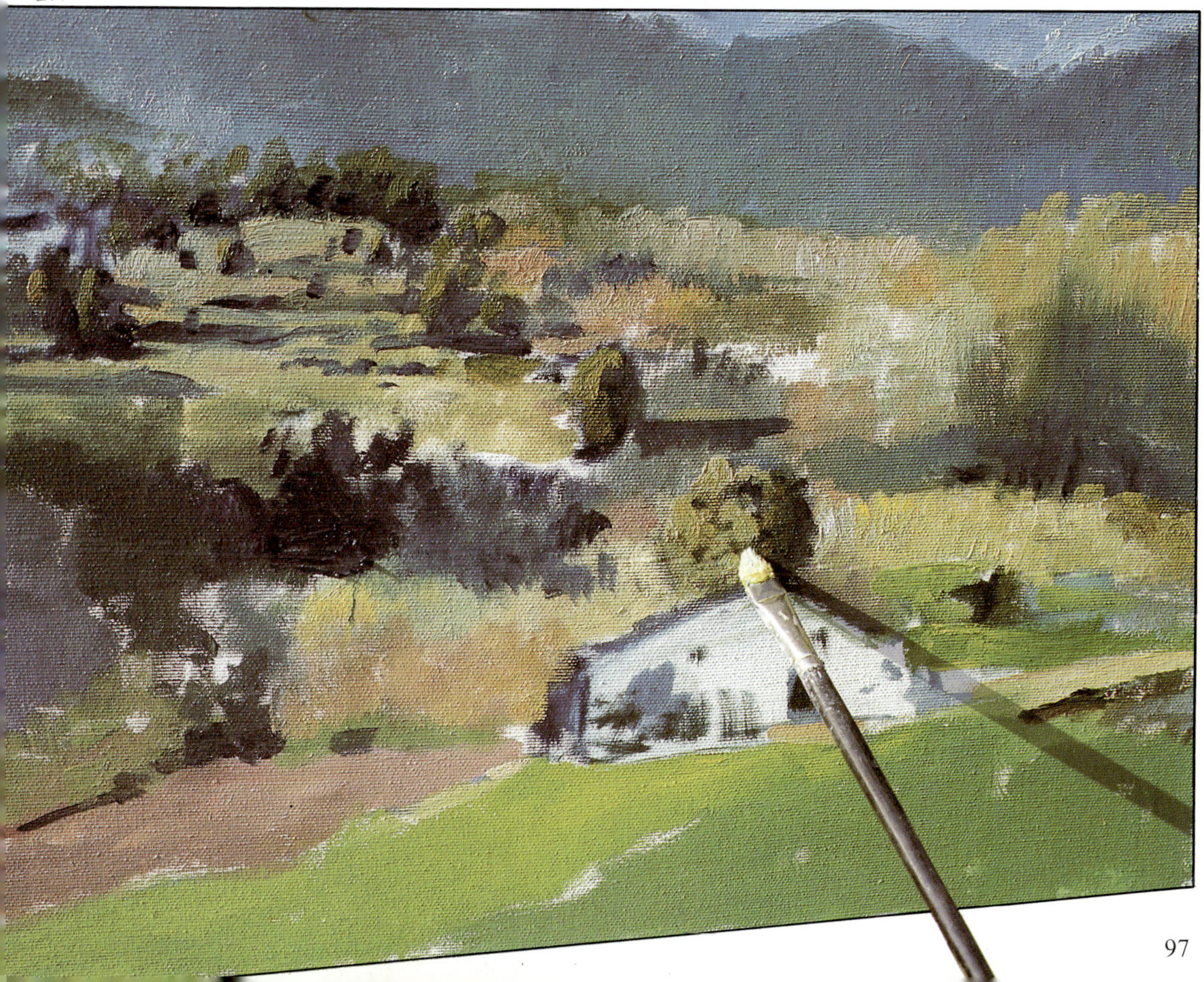

La finition

La peinture est maintenant à un stade avancé (fig. 215). La tonalité de l'ensemble est bien définie, avec une gamme froide dominée par le bleu de Prusse et par les verts. Les couleurs chaudes ne sont toutefois pas absentes, elles contrastent avec la dominante froide tout en l'accentuant. Il en va ainsi des orangés de la toiture de la ferme et de l'arbre qui lui fait face. Quelques tons rompus sont présents, comme les ocre-gris répartis ici et là au second plan du paysage et qui oscillent « indécis » entre le vert et le jaune. N'oubliez pas que peindre dans une gamme ou une harmonie donnée ne signifie pas qu'il faille se limiter aux couleurs de cette gamme. La richesse chromatique est synonyme d'opposition et de contraste afin d'éviter la monotonie (fig. 217). Il convient d'ajouter que peindre dans un registre chromatique étendu oblige à nettoyer les pinceaux de temps à autre pendant la séance de travail. Il ne s'agit pas de les nettoyer à fond mais de retirer l'excès de peinture accumulé sur la soie avec un bout de papier journal (fig. 216) afin d'éviter que le pinceau lui-même ne ternisse les mélanges.

La peinture est maintenant presque achevée (fig. 218). La finition se fera à l'atelier quelques jours plus tard en réalisant les deux petites futaies apparaissant à droite et à gauche de la toile, en faisant ressortir la façade de la ferme, en éclaircissant quelques couleurs, en précisant les détails de la grande bâtisse sur la colline, en retouchant ce qui n'exige pas d'être fait devant le motif même. Il est bon de procéder ainsi, l'esprit en repos, avec le sens critique qu'apporte un écart de plusieurs jours. L'auteur travaille toujours ainsi et cela lui convient.

Fig. 215. L'harmonisation complète du tableau intègre des couleurs appartenant à toutes les gammes, bien que la gamme froide soit largement dominante.

215

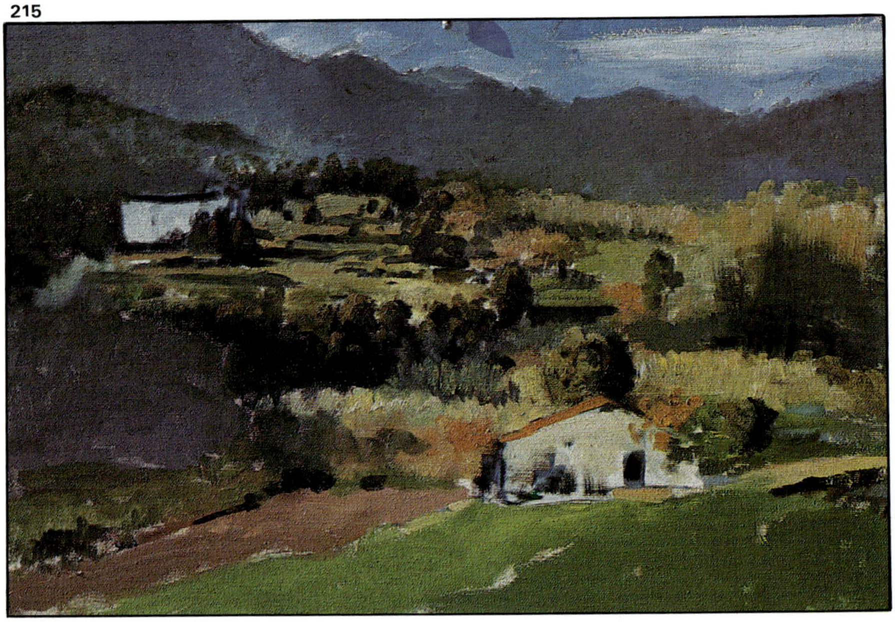

216

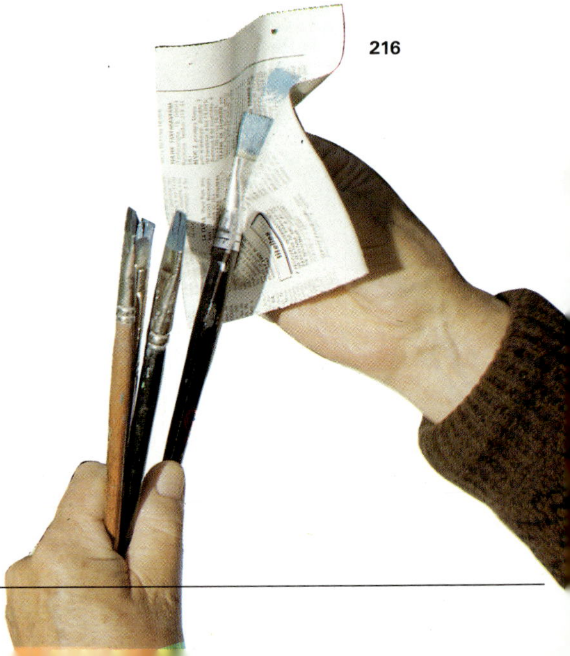

217

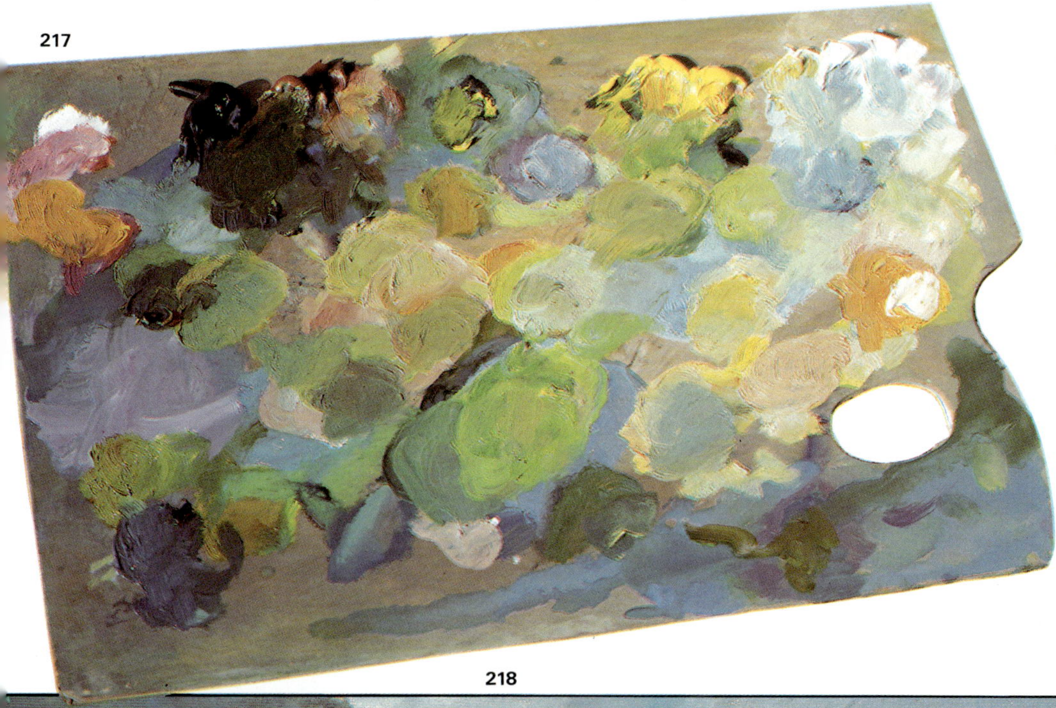

Fig. 217. Les nombreux mélanges sur la palette ne laissent pas deviner qu'ils sont le produit de trois couleurs seulement.

Fig. 218. L'œuvre achevée, riche en nuances et en détails.

218

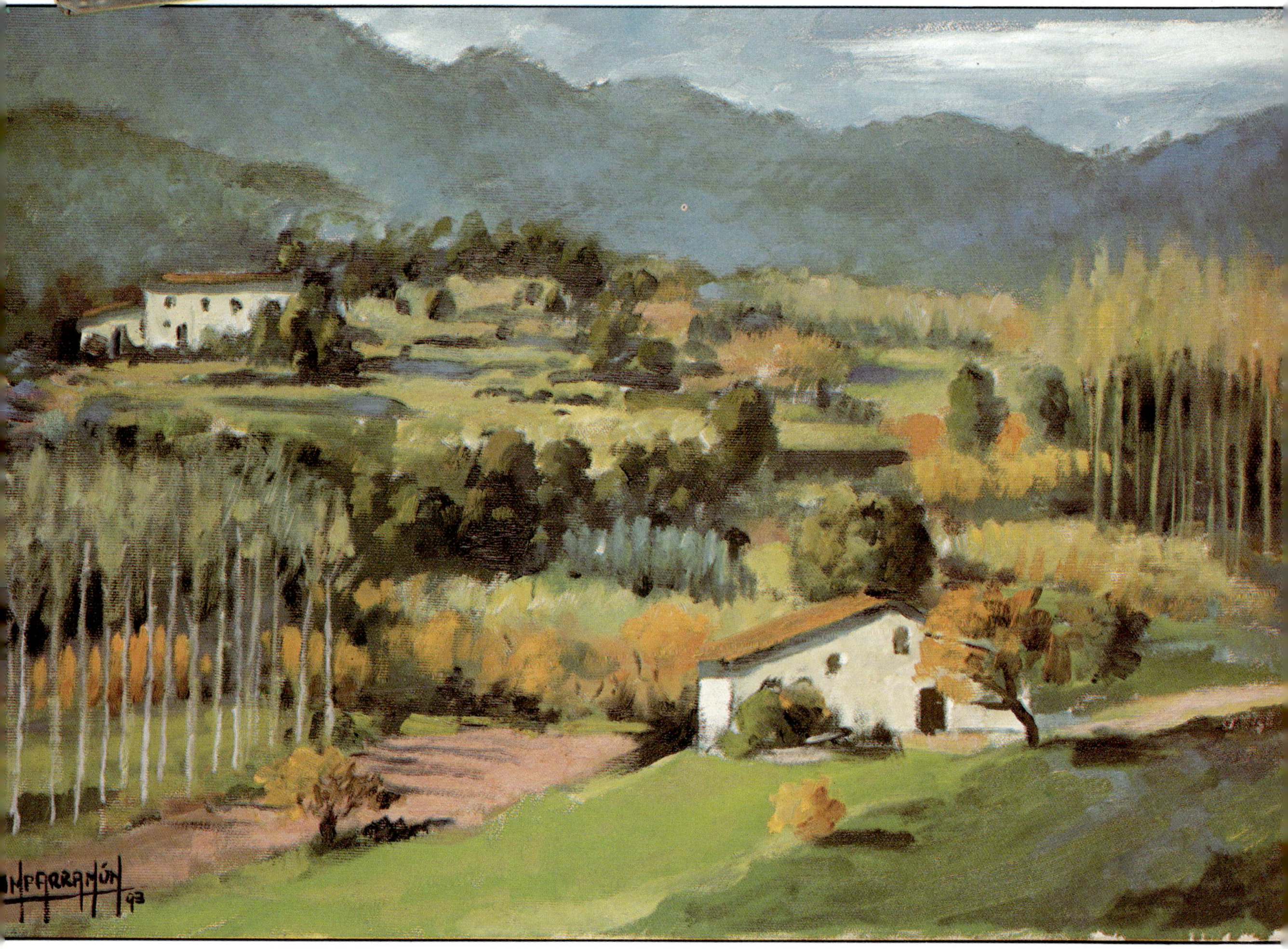

Ballestar peint un paysage à l'aquarelle avec trois couleurs

C'est une matinée claire et froide, aux premiers jours de l'hiver, en montagne. Depuis les terrasses qui s'échelonnent des versants, on domine un vaste panorama de forêts, de prés et de cultures qui fragmentent l'étendue verte du paysage. C'est là que Vicenç Ballestar a installé son chevalet de campagne. Fixé à celui-ci, une tablette en bois supporte un papier à aquarelle à grain moyen.

Ballestar prend tout d'abord un fusain pour dessiner les lignes principales de la composition. Comme vous le voyez ci-contre (fig. 219), les formes se répartissent en suivant deux diagonales qui s'opposent : celle du premier plan et celle de l'horizon. Entre elles se détachent les vastes courbes de l'arbre qui domine le schéma de composition.

L'artiste utilise un coffret muni d'une palette et contenant des tubes d'aquarelle. Vous pouvez voir (fig. 222), la palette, les couleurs et les pinceaux. Les couleurs sont le jaune de cadmium moyen, le rouge de cadmium et le bleu outremer. Les couleurs primaires de Ballestar ne sont pas le jaune citron, le carmin et le bleu de Prusse que nous utilisions dans les premiers chapitres de ce livre. Comme beaucoup d'artistes, Ballestar s'écarte de ce que dicte la théorie de la couleur pour obtenir des résultats plus en accord avec sa créativité, des résultats qui, comme nous allons le voir, sont appréciables en eux-mêmes, ainsi que pour leur extraordinaire richesse chromatique et leur capacité d'expression.

Ballestar emploie des pinceaux en poils synthétiques : deux brosses de

219

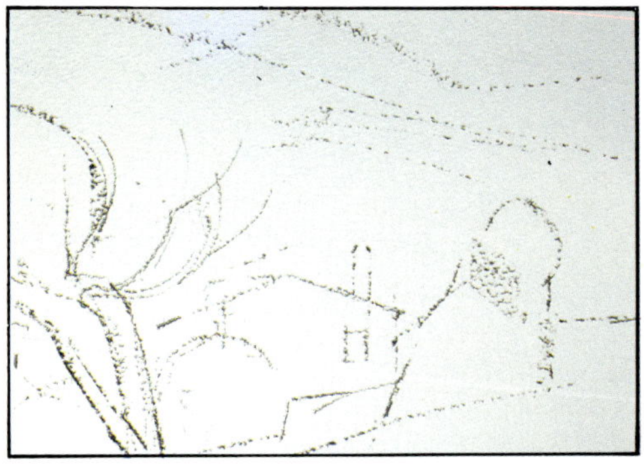

Fig. 219. Ébauche dessinée au fusain, puis fixée afin de pouvoir peindre.

Fig. 220. Après le dessin préalable au fusain, Ballestar peint le ciel en commençant par la partie supérieure.

220

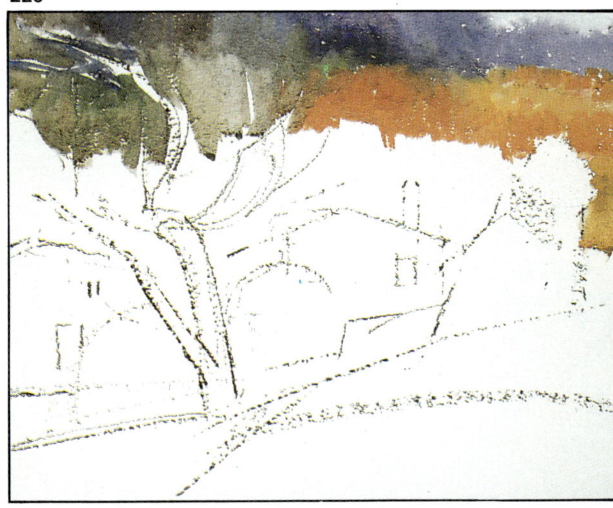

221

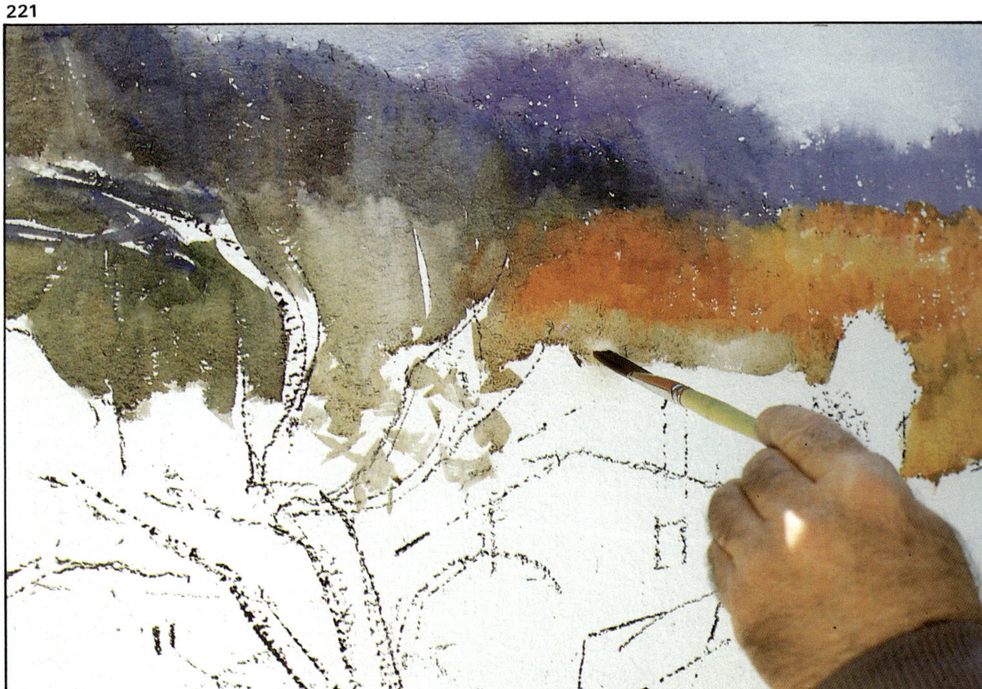

deux centimètres, un pinceau plat n° 14 et un pinceau rond n° 12, un récipient à large bec pour l'eau ainsi qu'un vieux chiffon pour essuyer et nettoyer les pinceaux. L'artiste se met maintenant à peindre en commençant par le haut (comme toujours à l'aquarelle), après avoir humidifié la partie supérieure de la feuille.

Le ciel est recouvert d'une pointe de bleu outremer très dilué, très clair et transparent, sans aucun mélange. Observez, sur la figure 220, la progression des couleurs à partir de l'horizon : un violet composé d'outermer et d'un peu de rouge très dilués, puis un gris froid, plutôt verdâtre, obtenu par le mélange des trois couleurs, avec une légère prédominance du jaune, et enfin un rouge orangé réalisé en mélangeant sur le papier humide des coups de pinceau alternativement jaune et rouge. Sur l'illustration suivante (fig. 221), nous voyons Ballestar peindre avec le gris précédemment décrit, mais dans une tonalité plus claire, tout en réservant les branches de l'arbre.

Fig. 221. L'alternance de couleurs chaudes et froides laisse entrevoir la richesse de couleur qui accompagnera cette aquarelle.

Fig. 222. Tout le matériel est là : le rouge de cadmium moyen, le bleu outremer et le jaune de cadmium moyen, ainsi que quatre pinceaux en poils synthétiques (un seul est un pinceau rond).

222

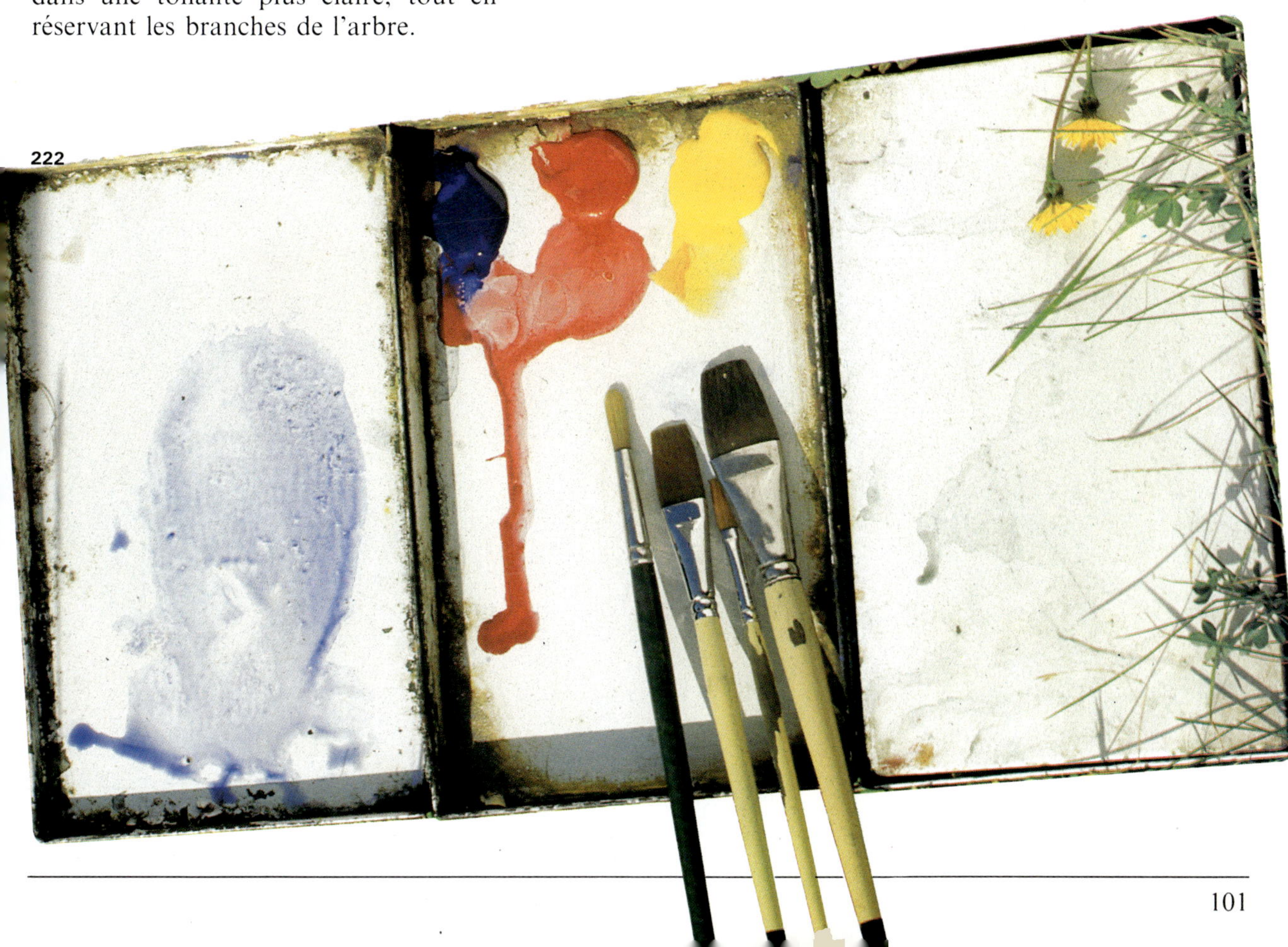

Construire par le contraste

Ballestar mélange rapidement ses couleurs, en ajoutant beaucoup d'eau et en recouvrant la palette de grandes taches (fig. 223). Il prend tantôt dans les couleurs primaires, tantôt dans les autres mélanges. Il n'est pas facile de le suivre. Observez, sur la figure 224, de quelle manière il a intensifié le rouge orangé de la forêt à l'arrière-plan en l'entourant, par le bas, d'une tache de vert (outremer et jaune) un peu grisée par l'adjonction d'une petite quantité de rouge : un pur contraste de complémentaires.

Il poursuit avec le vert, ou plutôt les verts, en couvrant maintenant le premier plan d'un jaune-vert clair et tendre, composé simplement de jaune et d'une pointe de bleu, le tout très dilué (fig. 225). Cette nuance claire n'est que le prélude à un prochain contraste très marqué.

Dans sa manière de travailler, Ballestar est un artiste qui avance en se laissant guider – on pourrait presque dire porter – par les possibilités de contraste maximal que lui offre le motif. Nous retrouvons en effet, au tout premier plan, la note grave et profonde d'un vert complexe, diversement composé et plus ou moins dilué, mélangé directement sur le papier, et dont la couleur de base vire vers une nuance terre en augmentant la proportion de bleu et de rouge (fig. 225). Voyez aussi cette superbe tache qui exprime la forme de l'arbre au centre du tableau (fig. 226) : un vert dense, avec une bonne proportion de bleu, et même un peu de rouge, qui se détache sur le paysage et ressort énergiquement sur le fond.

Au contraste entre les intensités s'ajoute celui entre couleurs froides et chaudes. Aux verts précédents se juxtaposent la teinte Sienne de la meule (vert clair avec du rouge et du jaune) et surtout ces jaunes purs et vibrants qui se détachent sur le tronc pourpre foncé (rouge avec un peu de bleu) de l'arbre.

Fig. 223. En travaillant à l'aquarelle, les mélanges sur la palette sont beaucoup moins précis et délimités qu'avec l'huile. C'est pour cela que Ballestar nettoie celle-ci au fur et à mesure avec une éponge.

Fig. 224 à 226. Ballestar maîtrise à la perfection la technique consistant à réserver les blancs, propre à la peinture à l'aquarelle. Les branches de l'arbre présentent certaines difficultés (fig. 224) que l'artiste résout en respectant scrupuleusement son dessin. Il borde celles-ci avec les tonalités du fond (fig. 225) et y ajoute les jaunes du feuillage (fig. 226).

223

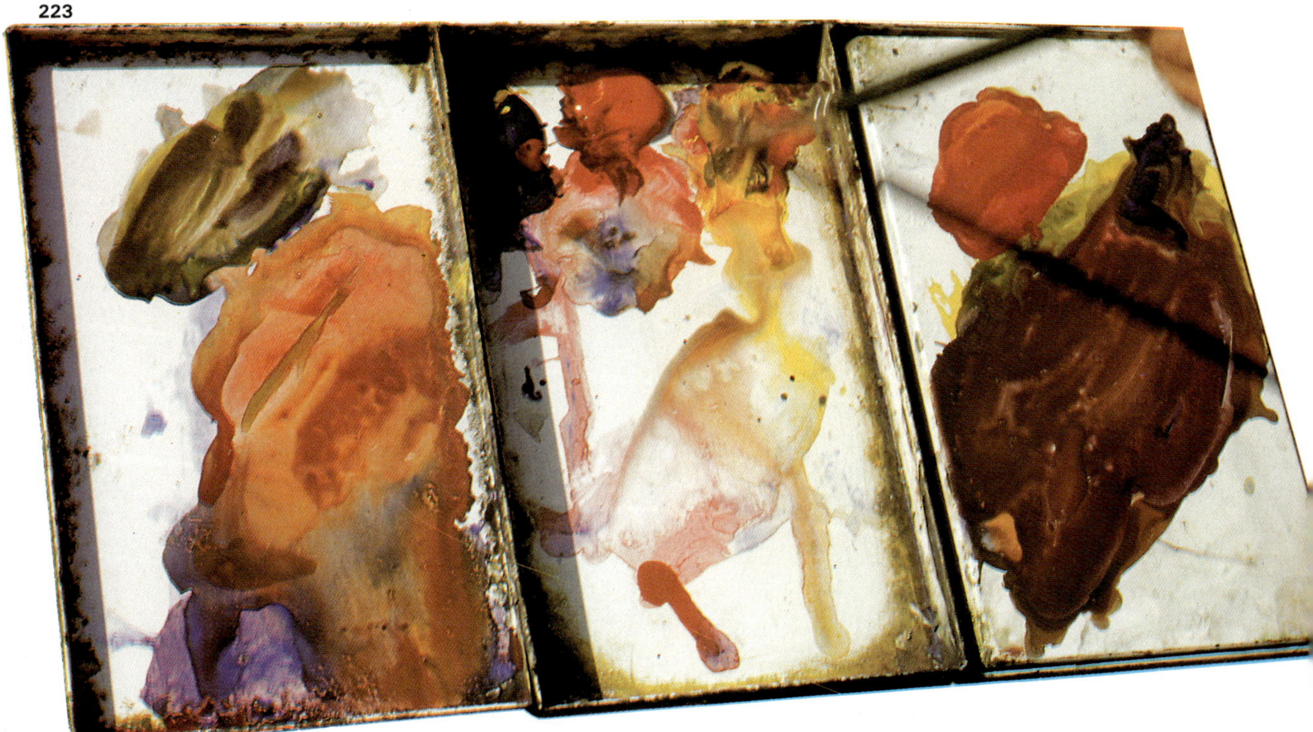

224

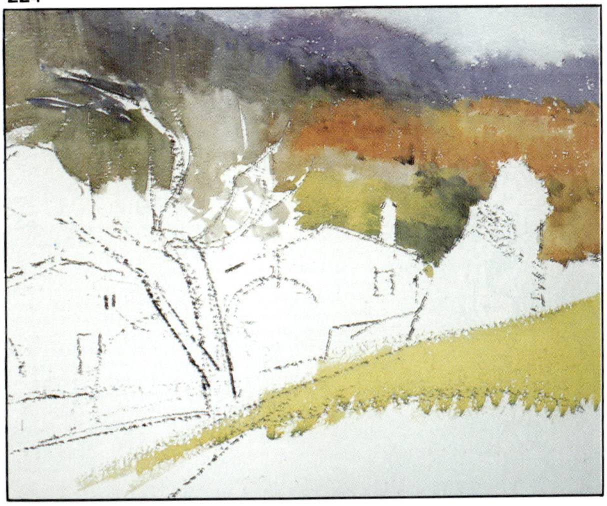

225

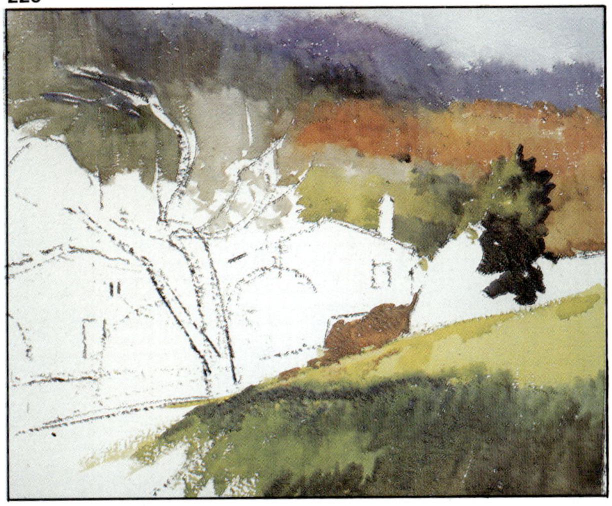

226

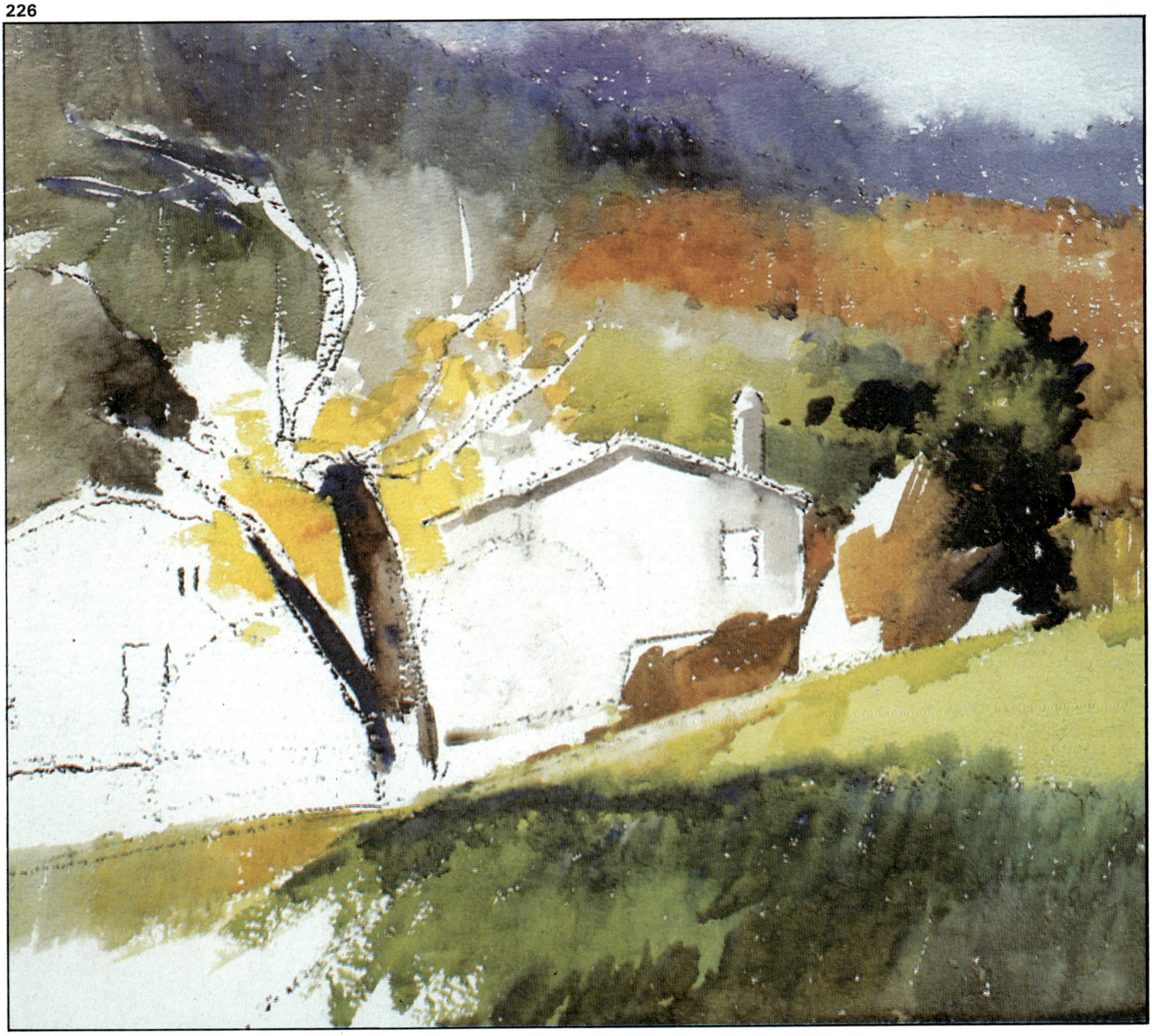

Les détails, les ombres, l'ensemble

Si vous observez bien la palette de l'artiste à un stade avancé de l'exécution (fig. 229), vous constaterez que les mélanges communiquent les uns avec les autres. En fait, chaque nouveau mélange participe à l'élaboration d'autres couleurs. Les violets permettent d'obtenir des tons rompus de verts, et ces derniers peuvent donner à leur tour des couleurs terre plus ou moins foncées. Les jaunes, les orangés et les carmins constituent également un ensemble qui peut générer de nouveaux mélanges sur la palette.

Ballestar dessine maintenant les branches de l'arbre à la pointe du pinceau en utilisant un carmin foncé avec de l'outremer (fig. 227). Ces tracés presque calligraphiques se détachent sur la surface nue de la façade, traitée comme un lavis à peine grisé (fig. 228). Le peintre nuance maintenant les surfaces qu'il avait auparavant réservées en blanc. Il laisse plus claires les branches hautes en conservant quelques blancs qui contribuent au relief, au développement tridimensionnel de l'arbre. Il recouvre le mur de la maison à gauche avec un lavis terre de Sienne, d'une tonalité très précise, parfaitement réaliste, sur laquelle se découpe le noir de la porte et de la fenêtre. Voici maintenant l'aquarelle dans son état définitif (fig. 230).

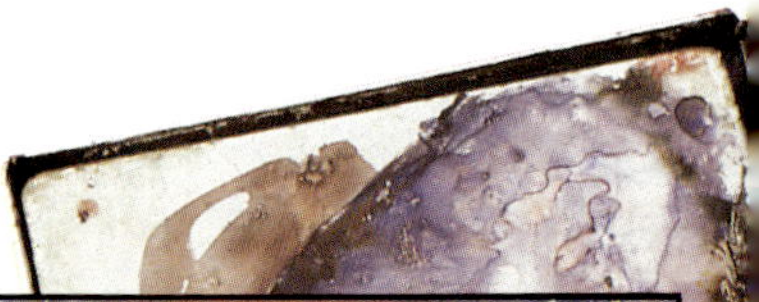

227

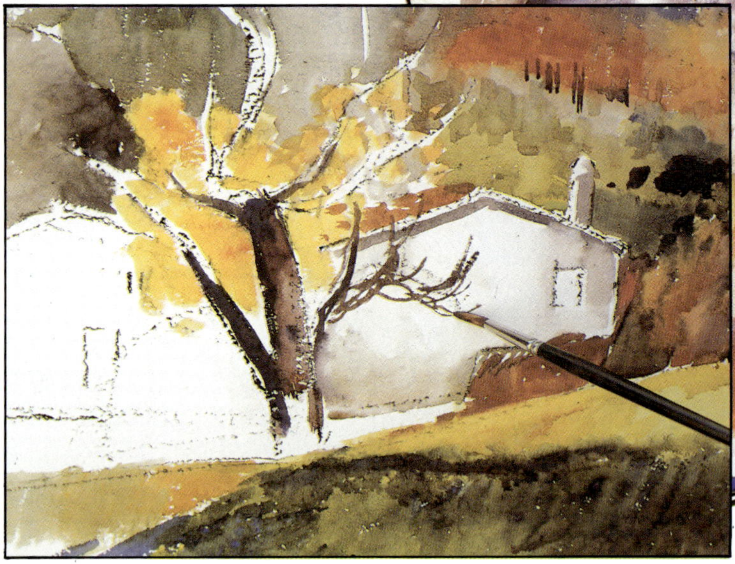

228

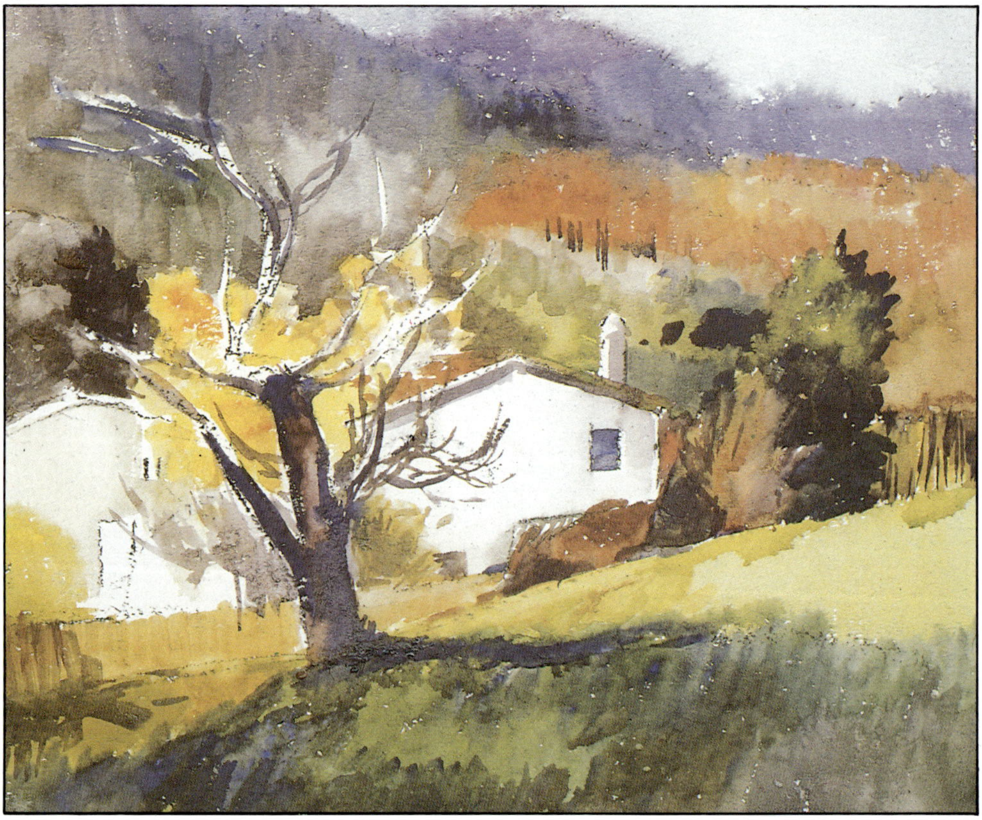

Fig. 227. Après avoir réservé des blancs pour les branches, Ballestar ajuste sa couleur à la pointe du pinceau.

Fig. 228. L'entrelacement de lignes est devenu un arbre intégré dans le paysage.

Fig. 229. À ce stade avancé, la palette de Ballestar offre une considérable richesse de tonalités.

229

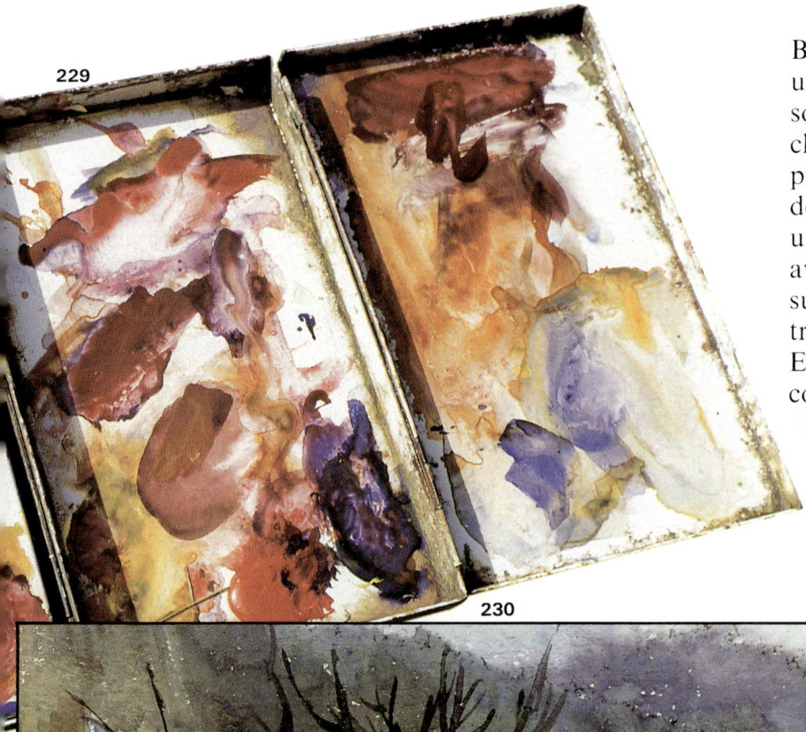

Ballestar a harmonisé les contrastes par un usage chromatique des ombres. Elles sont de toutes sortes : claires et foncées, chaudes et froides ; celle de l'arbre est profonde, presque noire ; celle qui tombe de l'arbre sur la clôture, à gauche, est une ombre chaude, d'un ocre jaune cassé avec du rouge ; celle que suscite le buisson sur le mur de la ferme est froide et transparente, d'un outremer très dilué. Espace profond, précision des formes, couleur généreuse et vibrante... Pour Ballestar, trois couleurs sont plus que suffisantes.

Fig. 230. Le résultat final associe la luminosité de la couleur à la précision du dessin.

230

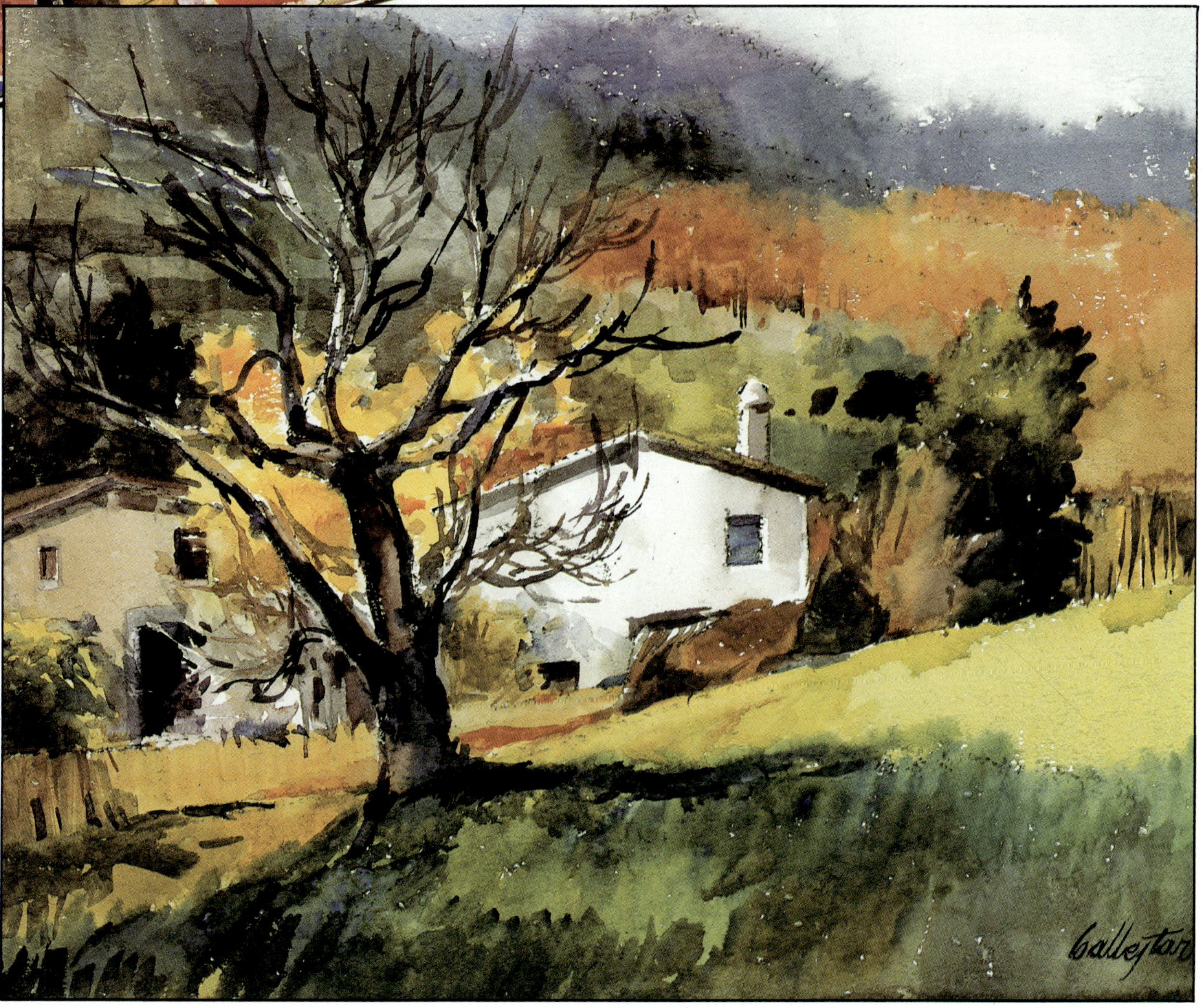

Un portrait à l'huile peint par Miquel Ferrón

Tout d'abord, la pose ; le corps du modèle est disposé latéralement, légèrement en raccourci par rapport au peintre, tandis que la tête se tourne pour être vue de face. Si vous comparez la photographie du modèle (fig. 231) avec le dessin au fusain de Ferrón (fig. 232), vous noterez que le cadrage choisi par l'artiste supprime en partie le mollet afin de donner davantage de force aux formes qui occupent le bas de la toile. Observez aussi que l'axe central de la figure s'est un peu déplacé vers la droite du tableau. La palette de Miquel Ferrón se compose des couleurs suivantes : blanc de titane, jaune de cadmium citron, ocre jaune, jaune de cadmium orange, rouge de cadmium, carmin de garance, terre d'ombre brûlée, bleu turquoise, bleu outremer, vert émeraude et violet de cobalt. Une palette très complète qui laisse supposer des mélanges riches et complexes. Sur l'illustration ci-contre (fig. 233), la tête et les bras du modèle apparaissent déjà avec leur tonalité de base. Ferrón a obtenu ces nuances par l'enrichissement progressif des mélanges, à partir du blanc, avec du terre d'ombre, de l'ocre et du carmin, c'est-à-dire avec les tons les plus proches de la « couleur chair » conventionnelle. Le rose des tonalités moyennes (fig. 234) résulte d'un mélange de blanc et de carmin, avec une légère pointe d'orange qui « réchauffe » la couleur.

Les tons les plus clairs apparaissent en ajoutant de l'ocre au mélange précédent et en augmentant la proportion de blanc (fig. 235).

C'est en enrichissant et en nuançant ces mélanges initiaux avec de petites quantités de bleu turquoise et de rouge de cadmium, et en les dégradant plus ou moins avec le blanc, que l'artiste accroît une gamme qui va de la luminosité la plus forte aux colorations foncées des ombres, alternativement chaudes ou froides (fig. 236). Ferrón obtient les tons foncés en ajoutant une pointe de violet au mélange de blanc et d'ocre (fig. 237), ce qui lui donne un brun très chaud et profond.

231

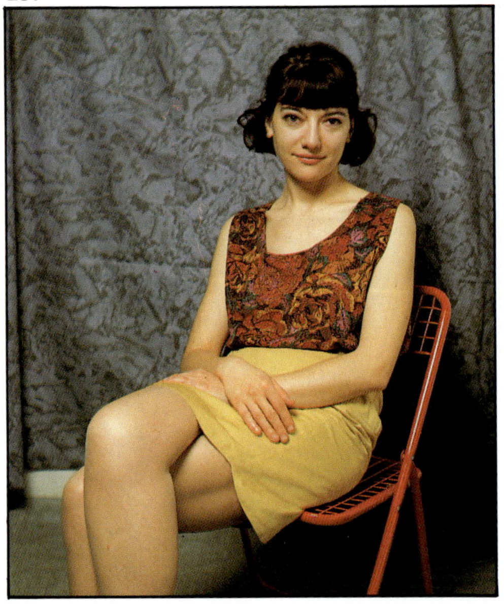

232

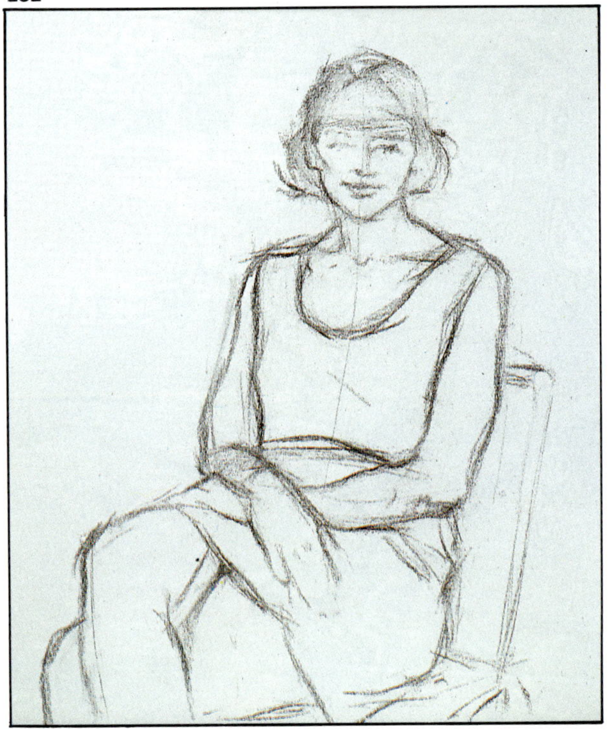

Fig. 231. La partie supérieure du corps est en position frontale, les jambes un peu de profil. L'éclairage atténue les ombres et accentue les contours.

Fig. 232. Ferrón calcule parfaitement dimensions et proportions.

Fig. 233. La chevelure et la peau du modèle sont travaillées en premier par l'artiste.

Fig. 234 à 237. Les nuances de la peau sont obtenues par des mélanges successifs de carmin, d'ocre, de jaune de cadmium moyen, de jaune de cadmium orangé et de blanc.

235

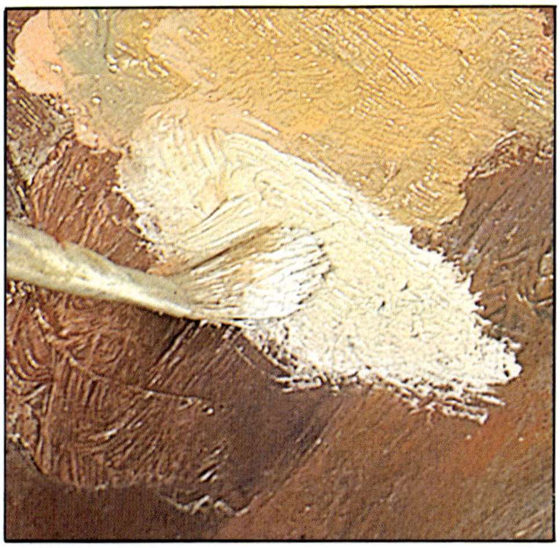

234

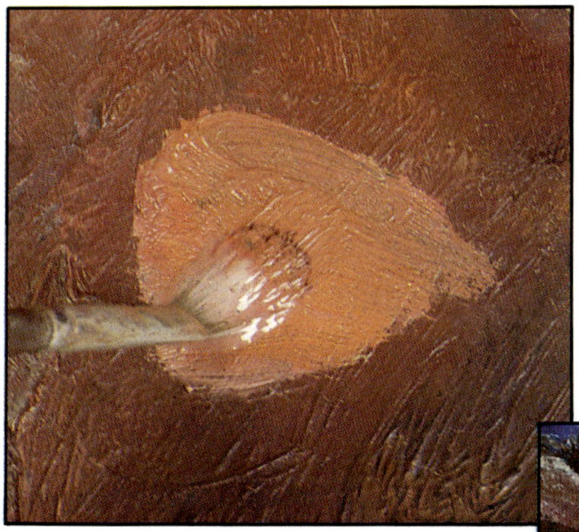

236

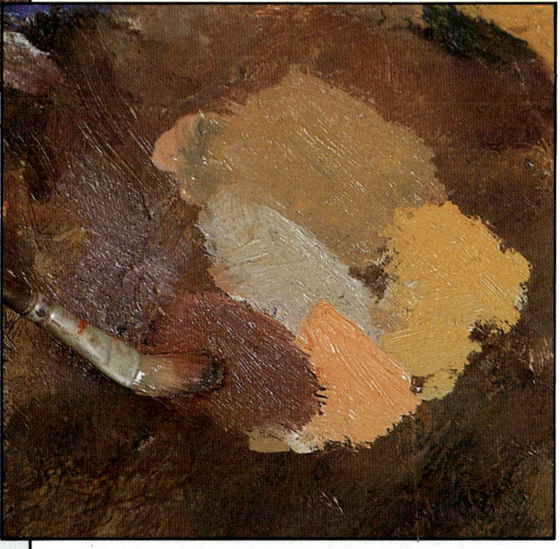

233

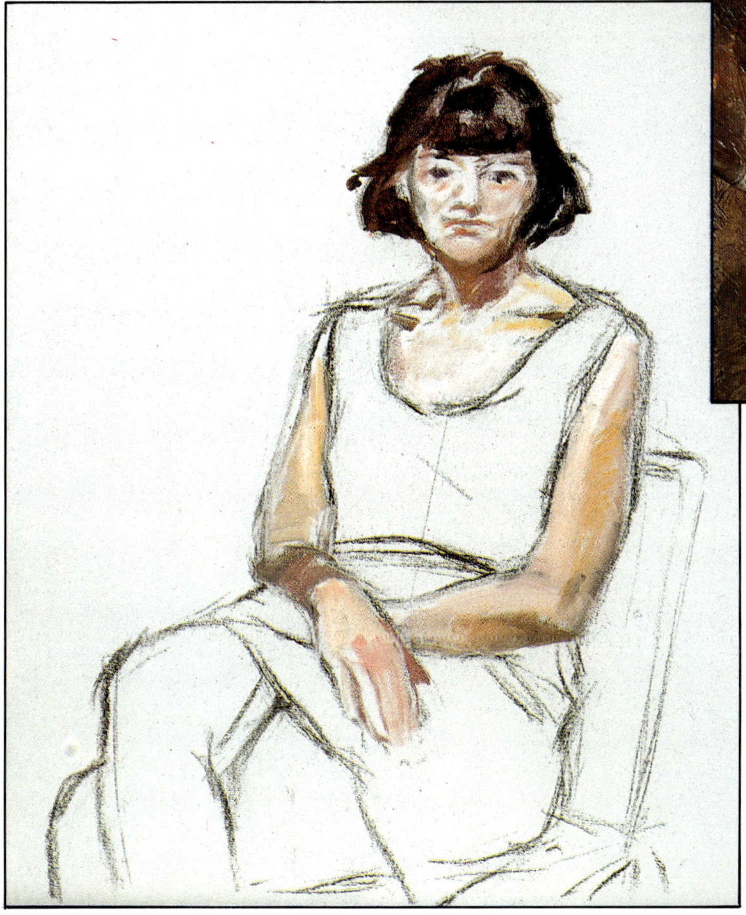

237

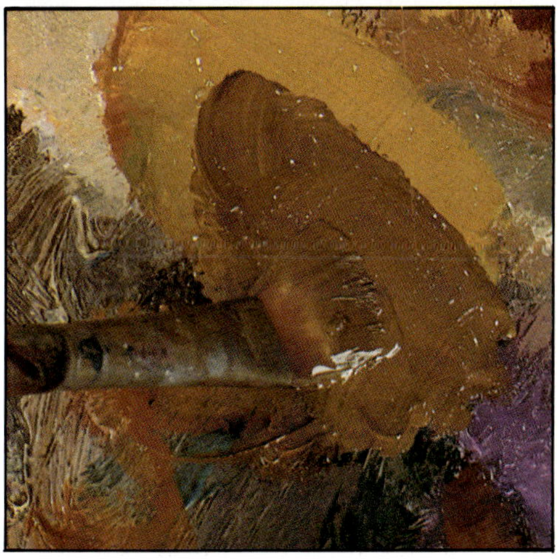

L'harmonisation de l'ensemble

Le chemiser imprimé du modèle représente une incitation picturale attrayante pour un artiste comme Miquel Ferrón, davantage à la recherche de la vivacité de la couleur que d'une sèche précision réaliste.

Les impressionnistes furent les maîtres dans l'art d'intensifier les sensations chromatiques par un usage répété et généreux de la couleur qui suggère, plutôt qu'elle imite, la vigueur du motif.

Ferrón restitue les tonalités précises du chemisier en associant des rouges, des ocres et des violets (fig. 238). Le rouge de cadmium est prédominant dans tous ces mélanges (fig. 239), nuancé par de l'orangé, du carmin, du violet de cobalt, et éclairci par du jaune. Il ne s'agit pas ici d'obtenir une tonalité correspondant parfaitement à chaque point du motif,

238

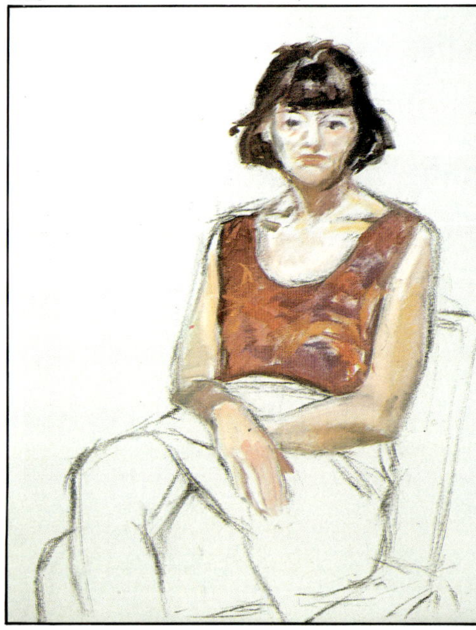

Fig. 238. Le chemisier du modèle met en valeur les tons chair réalisés en accentuant les contrastes.

Fig. 239 et 240. Le rouge de cadmium moyen est la couleur dominante du chemisier. Pour la jupe, l'artiste a utilisé le jaune de cadmium orange et l'ocre jaune comme couleurs de base.

Fig. 241. Ferrón a déterminé l'harmonie générale du portrait en se basant sur une prédominance des couleurs chaudes.

Fig. 242. Le fond, réalisé avec des couleurs froides, fait ressortir par contraste les contours du personnage.

239

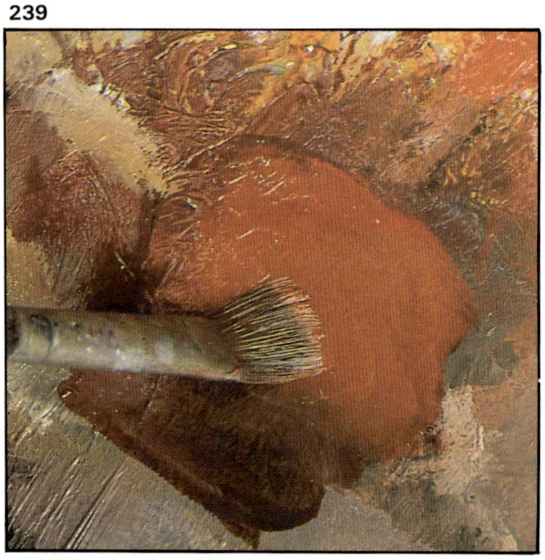

240

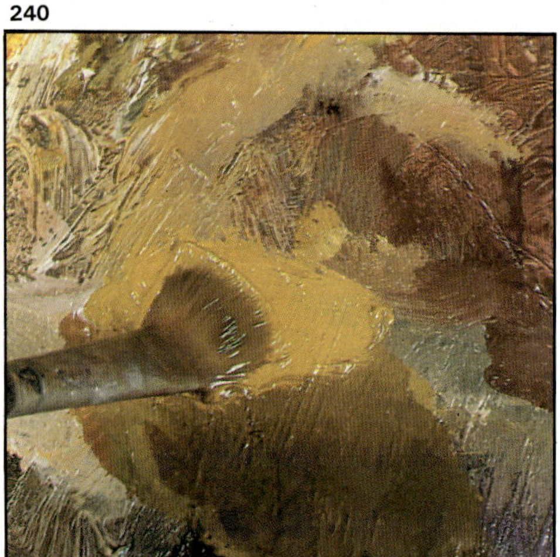

241

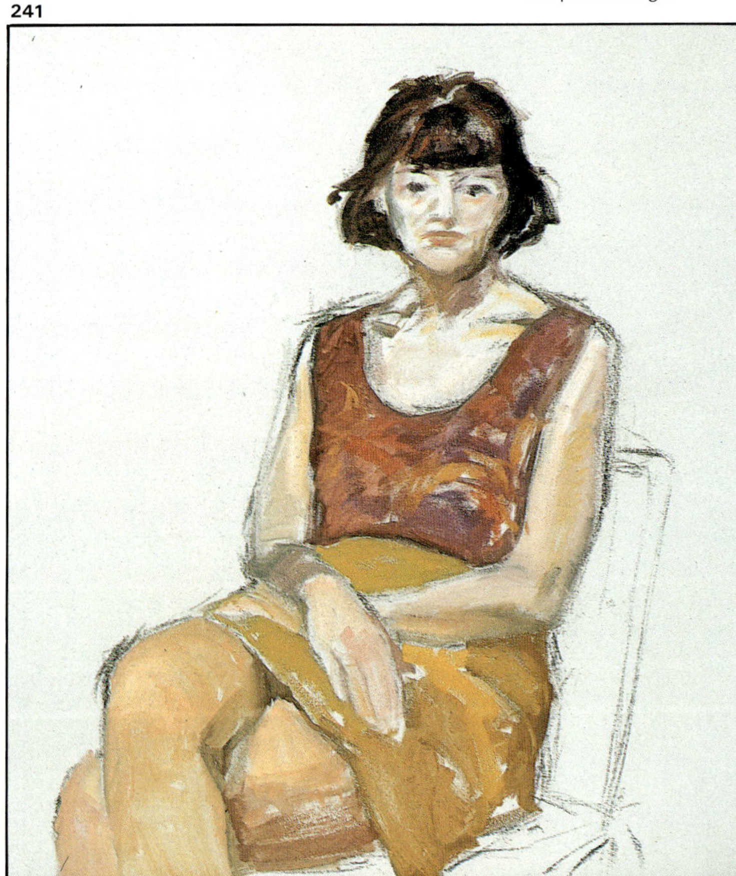

242

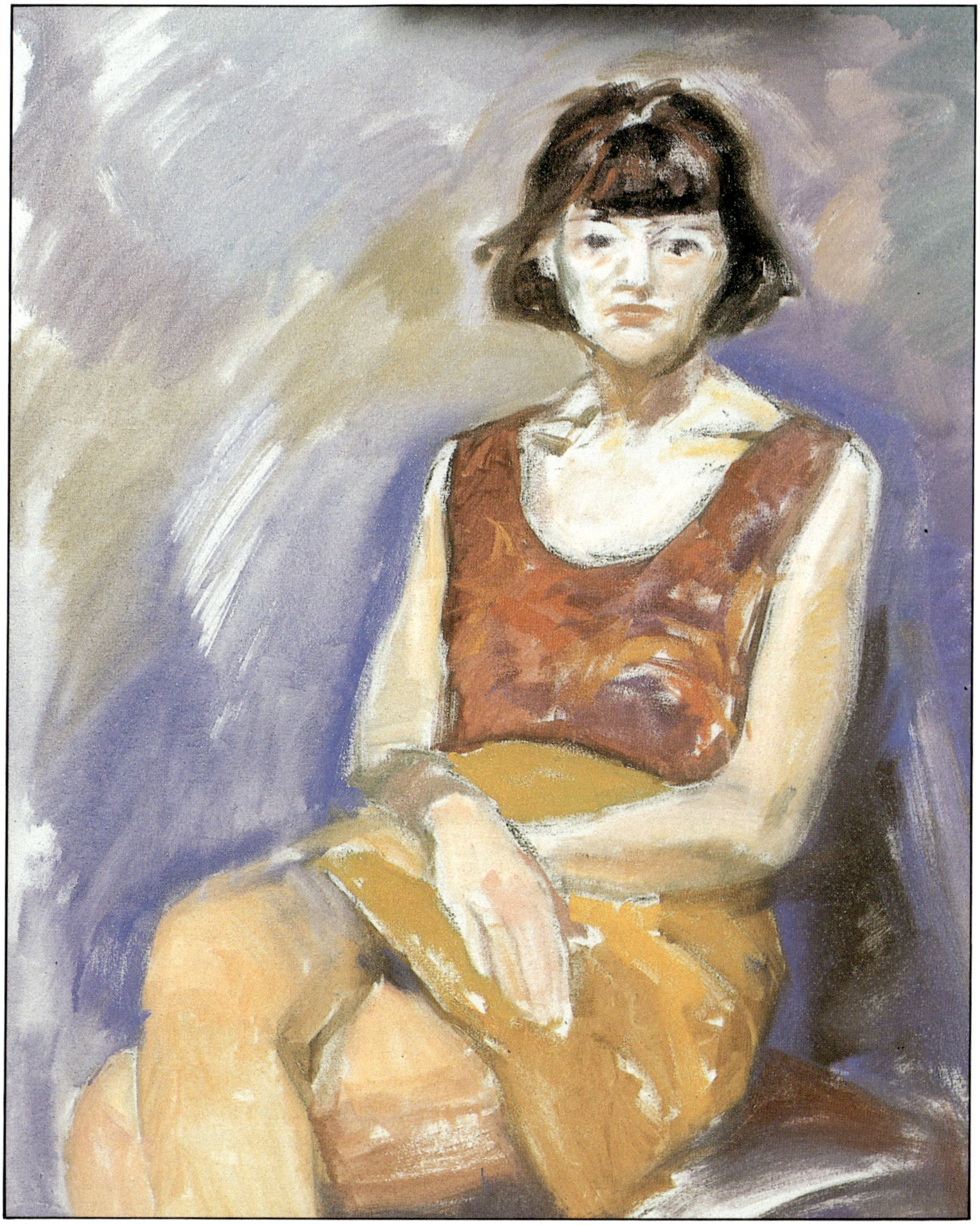

mais de suggérer l'imprimé par des coups de pinceau légers qui se mélangent directement sur la toile.
La couleur de la jupe (fig. 240) se trouve parfaitement définie grâce à un ocre mélangé à de petites quantités de jaune et de terre de Sienne brûlée, et additionné de rouge de cadmium pour foncer la couleur dans les zones d'ombre (fig. 241). Sur l'illustration de cette page (fig. 242), le portrait est reproduit après que l'artiste a passé la couche de fond. Nous aborderons en détail sa couleur et sa composition dans les pages suivantes.

Le fond et les retouches finales

243

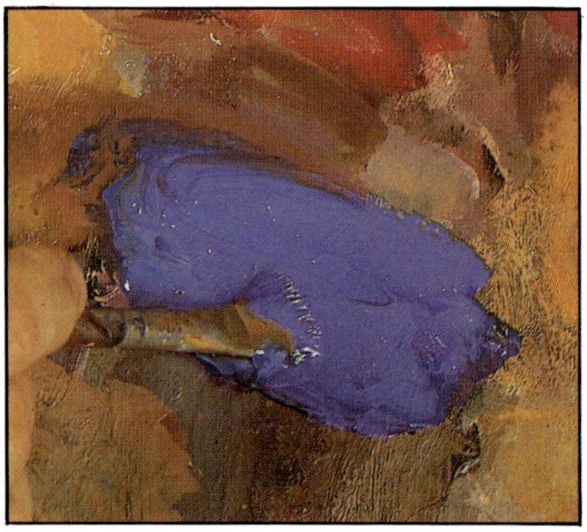

244

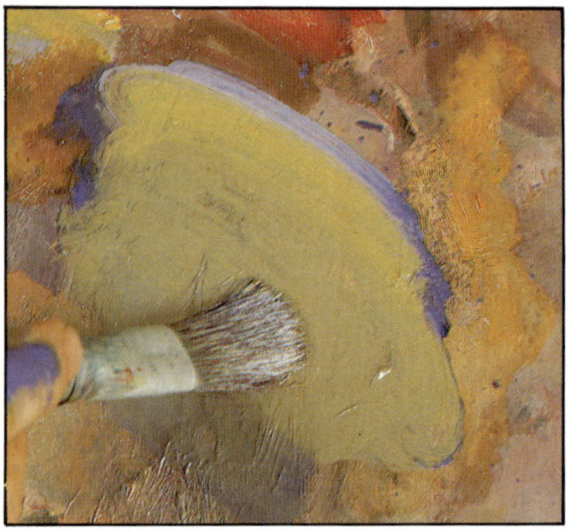

245

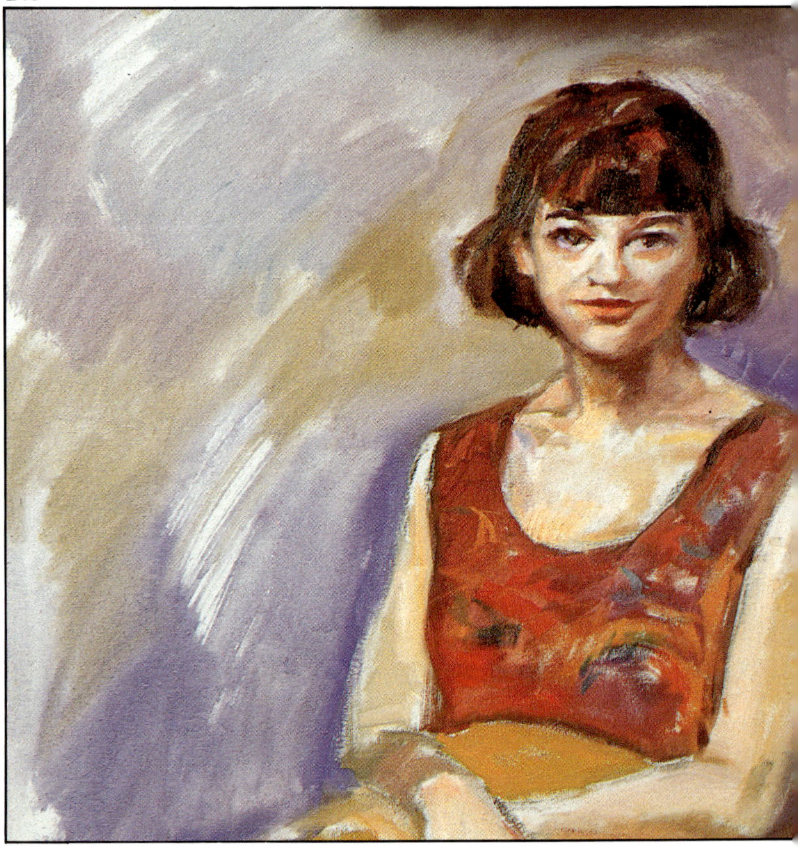

Pour le fond, Ferrón a choisi un ton bleuté mais cependant chaud, en harmonie avec la dominante chaude du personnage. L'illustration ci-dessus (fig. 245) reproduit un fragment agrandi de l'œuvre achevée permettant de distinguer clairement la richesse chromatique déployée par l'artiste. Un chromatisme basé sur les bleus, les mauves et les violets (fig. 243), ainsi que sur des tons rompus ocre clair obtenus par le mélange d'ocre et de violet, couleurs complémentaires (fig. 244). L'application de la couleur à partir de larges taches brossées par le pinceau et mélangées directement sur la toile en toute liberté produit un effet vigoureux mais discret, légèrement grisé, qui souligne la présence du personnage en le faisant ressortir sur le fond.

Vous pouvez voir le portrait achevé (fig. 247), ainsi qu'un détail du visage pris antérieurement (fig. 246). À l'évidence, les traits ont beaucoup changé. L'artiste a épaissi les lèvres et précisé leur contour, tout en intensifiant leur coloration rosée. Il a également modifié l'ovale du visage, non par le dessin mais par la couleur, en faisant ressortir le volume par les ombres, en accentuant les contrastes et en délimitant les contours par la juxtaposition de nuances claires et foncées.

Le portrait de Miquel Ferrón est enfin terminé. Merci Miquel !

Fig. 243 et 244. Le violet et l'ocre jaune sont les couleurs dominantes du fond. Elles ont toutes deux été appliquées par Ferrón avec beaucoup de diluant et en étendant énergiquement la couleur.

Fig. 245. Le fait d'appliquer la couleur de fond à l'aide de coups de pinceau brossés à la fois larges et souples évite que le centre d'intérêt se détourne du personnage.

Fig. 246 et 247. En comparant les différentes étapes de l'élaboration du visage, on peut apprécier le travail de définition des formes et d'ajustement de la couleur mené à bien par Miquel Ferrón.

246

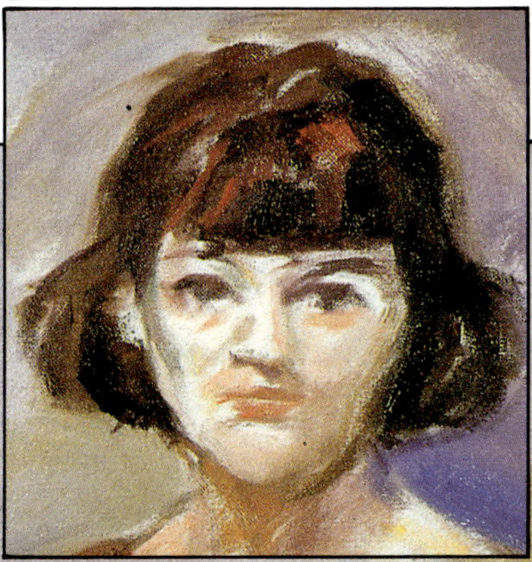

247

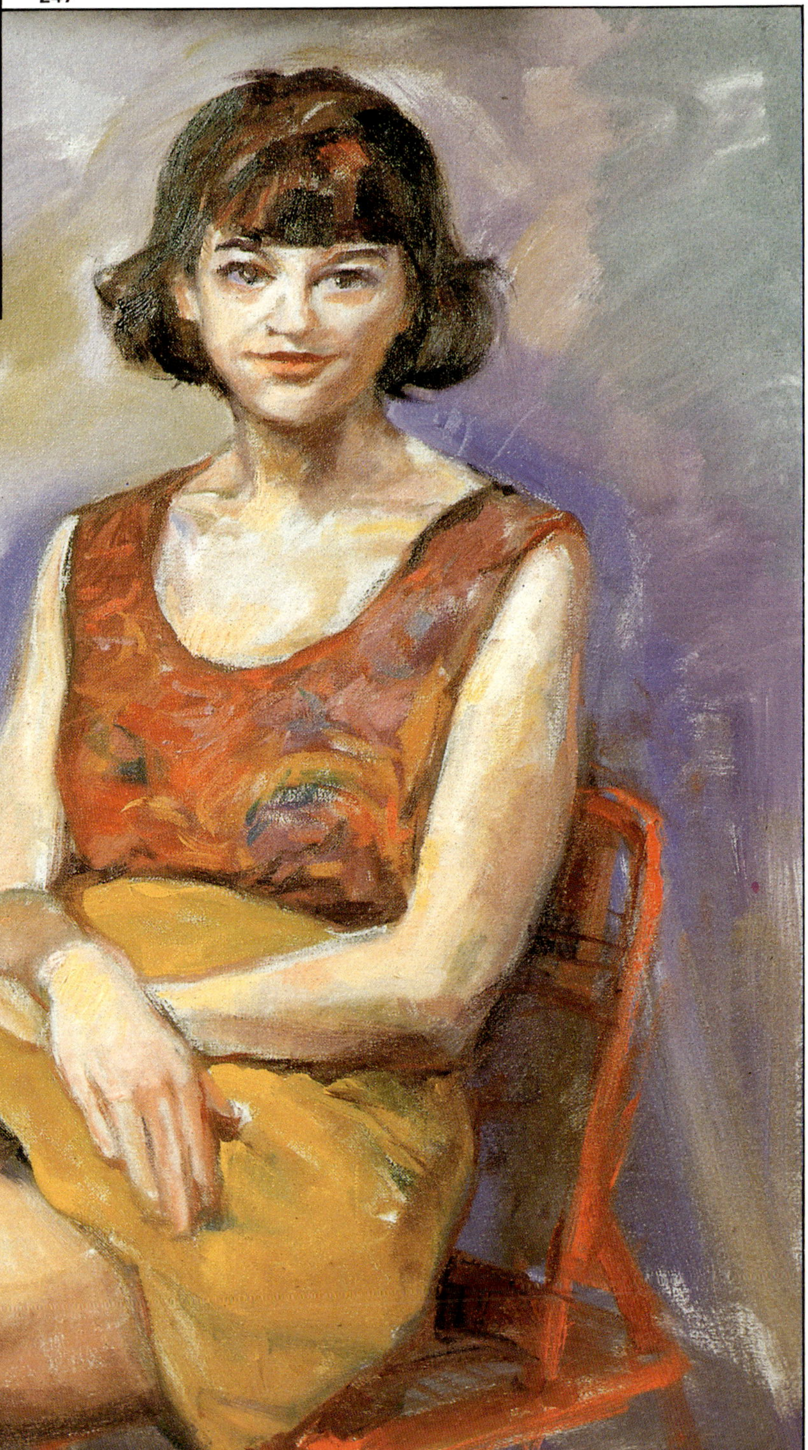